"百部好书"扶持项目
GUANGDONG PUBLISHING
"十三五"国家重点图书出版规划项目

丛书总主编
王　兆　胜
陈　剑　晖

文体与跨文体研究丛书

中国语境下科幻文学的文体建构

杨　琼　著

广东高等教育出版社
Guangdong Higher Education Press
·广州·

图书在版编目（CIP）数据

中国语境下科幻文学的文体建构/杨琼著. —广州：广东高等教育出版社，2020.12

（文体与跨文体研究丛书/王兆胜，陈剑晖主编）

ISBN 978－7－5361－6840－4

Ⅰ.①中… Ⅱ.①杨… Ⅲ.①幻想小说－小说研究－中国－当代 Ⅳ.①Ⅰ207.42

中国版本图书馆CIP数据核字（2020）第245469号

书　　名　中国语境下科幻文学的文体建构
ZHONGGUO YUJING XIA KEHUAN WENXUE DE WENTI JIANGOU

出版发行　广东高等教育出版社
地址：广州市天河区林和西横路　电话：（020）87554153
http://www.gdgjs.com.cn

印　　刷　佛山市浩文彩色印刷有限公司

开　　本　787毫米×1 092毫米　1/16

印　　张　14.25

字　　数　198千

版　　次　2020年12月第1版

印　　次　2020年12月第1次印刷

定　　价　48.00元

总 序 ◇◆

中国是一个“文体论大国”。在古代，文体和文体论蔚为大观。但自“五四”新文学以降，在西方文艺理论的强势冲击下，现当代文学研究者和作家的文体意识越来越淡薄，而关于文体研究方面的丛书更为少见。20世纪90年代中期，童庆炳先生曾主编一套“文体学丛书”，在云南人民出版社出版，受到季羡林、王蒙等著名学者和作家的高度评价，在学界产生了良好影响，但不知什么原因，这套丛书只出版了5本就终止了，之后国内一直未见到相关丛书出版。直到2011年，北京大学出版社又重新关注文体问题，并推出“中国古代文体学研究丛书”，这是文体研究成果作为丛书形式的又一次集中展示，也是文体研究的深化。但这套丛书只限于中国古代文体研究，没有涉及现当代文体和跨文体写作。因此，我们认为出版一套贯通我国古代、现代、当代文体和跨文体写作，既具开放意识与现代视野，又有时代感与当代性的文体研究丛书，有助于促进我国的文体研究和增强当代作家的文体意识，提升中国当代作家和文学研究者的文化自信。

本丛书纵论古今文体传统，钩沉千年文脉，汲取前贤英华，哺养现代精神。丛书不仅有新的创意和设计，有较大的学术价值，而且，丛书还呼应了弘扬传统文化，恢复文化自信这一主题。具体来说，本丛书有几方面的价值：

1. 立足于传统与现代、历史与现实、东方与西方，通过对中国传统文体资源的挖掘，将其同当代文化建设，同民族的复兴、文化的自信，以及整个中华民族国民素质、精神文明的提高联系起来。比如，《中国现代小说文体的发生》一书认为，中国小说文体有着本土化的天然特点，但这个特点过去我们重视不够，研究也不系统不深入。因此，本册以回归还原中国小说文体和文体观念的本体论为出发点，对中国古代小说如《世说新语》与“世说”体、唐人传奇之“奇”体、宋元话本到《聊斋志异》的“讲唱”体、明清章回小说的“文白”叙事体，进行了“谱系学”的爬梳考释。在文体类型研究的基础上，再对中国现代小说文体整体形态，文体类型的起源、发展演变进行全面、系统的探讨。该册虽以考释中国小说文体的本土化语境为旨归，尽可能还原中国小说的独特谱系，但又注重与西方文体谱系进行比较，力图使中国小说的文体既拥有自主性和独立性，又具系统化和学理化。此外，把小说文体研究作为本土文体学研究的重要内容，还肩负着传统文化回归、恢复文化自信的使命。

2. 文体是文学最为直观的表现，也是作家心智的外化形式。因此，文学观念的变迁往往表现为文体的变迁，文学革命离不开文体的变革。但在过去，我们过于强调文学作品的“工具性”，过于注重作品的内容和社会功能，忽视了文体和文体探索的重要性，对我国古代丰富的文体资源也挖掘总结得很不够，这在很大程度上阻碍了中国当代文学的发展。本丛书将起到某种纠偏的作用，弥补以往在文体问题上认识和研究的不足。

3. 跨文体或多文体写作，是当前文学创作的一个趋势，但过去的文体研究在这一点上认识不足。以往的文体研究要么止步于古代，要么仅仅局限于某一类文体。本丛书中的《新媒体时代的文体美学》《本真与转换：影视文体论》《跨文体：从虚构到非虚构》《中国语境下科幻文学的文体建构》等分册，既贯通我国古代、现代、当代的文体，又关注到跨文体问题，这就拓展了文体研究的空间。

一套有学术价值和现实意义的丛书，应有自己的特色。本丛书的特色主要体现在：

1. 开拓性与前沿性。文体学研究不是新问题，丛书也不是对以往研究的重复，而是以新的视角，构建了新框架，注进了新的理念和创见。这样，丛书便不仅立足于传统文化，而且有着鲜明的开拓性与前沿性。

2. 强调中国文体传统的现代转换。研究文体和挖掘我国传统文体资源，应有现代性的视野，体现出时代性并服务于当前。如《中国文体传统的现代转换》，一方面主动向西方文学借鉴有效的异域文体经验，另一方面又或显或隐地传承中国古代文学的本土文体资源，在古今中西立体维度中进行传统文体的现代转换。这个专题正是在对中国文体传统的现代转换的宏观思考基础上，以中国现当代小说和现当代旧体诗词对传统文体进行现代转换为观察点，由此展开对中国现当代的新文学和旧体文学创作的整体考察。丛书中的其他专题，对现当代各种文体观念和文体形式发展演变的考察爬梳，以及对跨文体文学现象的研究，都体现了这一学术理念。

3. 宏观梳理与文本细读并重。丛书中的各册既注重对各种文体发展演变的宏观考察，更强调对文本的细致解读，并在个案解读中发现文体的新价值。如《现代散文文体观念与文体演变》这一本，既有对古代文体的演变与特征考察，以及对文体研究的观念与方法问题、文体研究的现代转型等问题的思考，又有对叙述学与散文叙述、散文意象、语言等的具体细致的分析。同时还兼顾到创新性、学理性和可读性的统一，尽量做到雅俗共赏。《中国现当代作家的跨文体写作》也是如此。著者既有宏观论证也有个案剖析，个案剖析力求破解名家名作的文体转换肌理，宏观论述力求落实到文体转换的历史经验和内部机制。

没有传统的文化必然失根；而没有文化自信的民族必然陷入茫然，不能正确找到自己前行的方向。本丛书试图寻求文化自信的传统依据，通过对最具中华民族特色的“文体”的梳理阐释，夯实当代思想文化建设的坚实地基，推动中国当代文学的发展。感谢评审专家和有关部门的充分肯定，将这套丛书列为“‘十三五’国家重点图书出版规划项目”和“百部好书”扶持项目。希望丛书的出版，对于深化现当代文学研究、提升文化自信有积极意义。

王兆胜　陈剑晖

2018 年 9 月 5 日

目录

CONTENTS

绪　论 ◇◆

人类的现代化和科学的关系是难以分开的。虽说现代化是一个从物质、实践到思想的全面过程，涉及政治、经济、文化等各个方面的社会生活，但这些方面无一不以某种形式与科学技术的进步和发展有关联。在关于现代化的讨论中，从卡尔·马克思所言的商品化，到马克斯·韦伯所说的理性化，也都关涉借助科学实现的生产进步。

无法否认的一点是，人类的现代化经验打上了深深的科学印记。虽说关于科学和现代化在思想和精神上给人类带来的究竟是福祉还是阻碍，存在各种不同的理解，但正如刀之于人可为有用的工具，也可为伤人的武器，科学只是一个中性的客观存在，如何真正去使用，最终仍然由人来决定。

于是，欲考察人类现代化经验的精神遗产，就必须考虑到科学以何种方式介入人的社会和情感生活，人们如何将科学经验和科学话语纳入日常生活和审美经验中，以及作为人类审美展示的文学又是如何再现科学的现代化成果的。对于这种考察，当然有很多文化文本可以使用，比如科学著作，科学家的笔记、通信，报道科学进展的新闻，将科学原理进行通俗展示的大众科普读物，讲授基本科学原理的各种教材，等等；又比如科学是如何运用在商业产品中，如何渗透在人们的日常实践里……但最能展示人类关于科学的想象的文本无疑是科幻文学，因为它方便地结合了科学、幻想、文学和各种价值判断。这些因素结合在一起，其实可能产生非常不同的文学形态，但有趣的是，在世界上许多文化中，科幻文学都得到了长足的发展，成为此类文学中代表性的类型。这说明，现在我们普遍接受的科幻文学，确实具有某种共通性的东西，对世界各国人民具有相似的吸引力。

诚然，现代意义上的科幻小说产生于西方，对于中国以及其他许多文化来说，一开始本是舶来品。但是以中国的情况为例，它的落地生根和发展过程都具有自己独特的审美品质和精神面向，并且由于其主题和表现方式的独特性，也呈现了与其他中国文学类型不同的景观。就以现代中国科幻小说生发之际为例，不论是《女娲石》，还是《新石头记》《新中国未来记》，这些代表性作品都有着强烈的中国印记，无论在内容还是形式上，都大量取用本土的资源。世界科幻小说乃至世界文学的多样化丛林里，少不了中国科幻小说的贡献。

正如许多研究中国近代文学乃至古代文学的学者指出的那样，在中国古代文学中，已经孕育着与科学幻想相类的想象。① 这种想象虽然和如今我们所理解的与现代科学相关的想象具有相当大的不同，但它具有独特之处：谈到西方科幻小说的起源，论者往往追溯到乌托邦小说、旅行文学或哥特

① 已经有相当数量的中外学术成果讨论古代和近代中国文学中孕育的科学想象的种子，比如，武田雅哉的《中国科学幻想文学史》（浙江大学出版社 2017 年版）将从《山海经》《楚辞》所代表的中国神话传统到传奇小说、传统戏剧中的幻想因素视为“中国 SF（科幻小说，即 science fiction 的缩写）前史”；王德威的《被压抑的现代性：晚清小说新论》（北京大学出版社 2005 年版）将中国技术想象上溯到清代俞万春的《荡寇志》［另参考王德威的《贾宝玉坐潜水艇：晚清科幻小说新论》，收入吴岩主编的《贾宝玉坐潜水艇》（福建少儿出版社 2006 年版）］；著名科幻作家刘兴诗主编的《中外科幻小说大观》（少年儿童出版社 1994 年版），将列子的《偃师造人》列为第一篇，以此作为中国科幻文学史的开篇。

小说，① 但是中国古代可称科幻小说前身的小说，却往往与奇人异事、志怪传奇相关。较早对中国古代传说故事中的科幻元素进行整理的成果之一，方铁群编译的一本《中国古代科学幻想故事》，就将《朝野佥载》《酉阳杂俎》中记载的鲁班造木鸢的故事、唐居士使用发光的纸片照明的故事，《梦溪笔谈》中返老还童药的故事，《夷坚志》中能保水温不变冷的瓦瓶的故事、阆州道士赠人防蚊药的故事、能染出各种颜色布料的神奇坛子的故事、活人下颚移植的故事，《五杂俎》中诸葛亮的妻子制造木头人干活的故事等统统纳入"科学幻想"的标签下。② 饶忠华编的《中国科幻小说大全》更是将夸父追日、女娲补天、后羿射日、嫦娥奔月、偃师造人等民间传说也补了进来。③ 固然，这些故事中的奇妙幻想和神奇宝物与现代人理解的"科学"技术相去甚远，故事对世界的想象也并非在现代科学的框架下展开，但幻想从来不是凭空生出来的：中国科幻小说无论是写作还是阅读，都是在中国独特的文学和文化传统里展开的。如若不然，何以科幻小说唤起了对这些流传久远的民间传说和故事的记忆呢？它们之间，必定有着某种文化思维上的联系，虽然这种联系可能并非从甲到乙的直接关系。无论如何，这些寻根溯源的成果说明，中外科幻小说产生的土壤本身就具有不同的文化品质。

现代时期的中国科幻文学则为中国文学的多样化发展和话题领域的拓宽提供了更为丰富的文本资源。晚清民国时期的诸多天马行空的想象，有的涉及政治蓝图，有的涉及科技新知，有的糅杂了新旧文本的知识体系，显现出繁杂丰富的多样图景。这番图景一方面反映了中国人在世纪之交新知识、新价值涌现出来的情况下，思想受到触动所激发出来的丰富想象力和在社会生活各个方面进行变革的热忱，另一方面也反过来激发了国人的

---

① 西方科幻文学的起源同样也是一个众说纷纭的论题，下文将详述。

② 方铁群．中国古代科学幻想故事［M］//《科幻海洋》编辑部编．科幻海洋：第一辑．北京：海洋出版社，1981.

③ 饶忠华．中国科幻小说大全：上［M］．北京：海洋出版社，1982：1－4.

想象力和学习探索的热情。如果说梁启超、鲁迅、胡适、郭沫若等思想家和文学家关于新文学的主张和形式多样的作品代表了当时中国文学中深沉严肃的一系，那么以荒江钓叟、吴趼人、徐念慈（也包括梁启超①）等早期科幻文学的作者则以跳脱的想象和同样形式多样的作品，代表了当时中国文学中以一种奇特的形式表现希冀与民族意识的一系。

1949 年以后的中国科幻小说经历了几次高潮，在 20 世纪进入了持续繁荣发展期。从 20 世纪五六十年代、八九十年代以及 21 世纪之交直到现在，产生了非常多的作品。这些作品无论在对科学的认识上还是在形式表达上都具有独特的时代特征，并且在发展中具备了更为丰富多样的主题、形式。集体性特征与个性化形式，都具有中国特色，给中国文学增添了其他类文学所不具备的幻想性和创造性。

无论是研究中国文学、文化还是思想，科幻文学都是不可绕过的一部分。本书的目的，就在于探讨中国科幻小说作为一种文体所具有的形式和内容特征，揭示科学与中国本土文化、现代性经验的关系，在中国的社会文化以及文学语境中研究中国科幻文学的具体文体特征的形成过程。

一、“落寞”的类型

“科幻文学”通常被理解为一种类型文学。长久以来，学界认为，“类型文学”与“纯文学”或“主流文学”相对，是通俗文学中最为典型的代表。这种对立显示了一种学术上的梯级：无论是从艺术价值还是社会价值上来讲，类型文学都被认为是低一等级的文学。这一点在文学史的编写上可以清楚地看到，它不是被完全省略，就是蜷缩于大部头著作的末章，常常以“通俗文学”的名义勉强占据几页位置。虽然在 20 世纪初，通俗文学在胡适、郑振铎等学者的努力下进入了文学史，也在五四时期、延安时期

① 有趣的是，梁启超自身亦是早期科幻文学的实践者之一。

以及后来的实践中得到了很大的发展，但是通俗文学地位上的提升有其特定的背景和政治文化含义，即强调民众和人民地位，与精英文化对立。文学史对于这种地位的变化，多还是从政治文化价值上理解，对于通俗文学的文学意义上评价，相对纯文学来说，还是比较低。至于类型文学，成体系的讨论难得一见，具体到科幻文学上就更是少之又少了。即便在关于中国通俗文学的讨论中，关于科学小说或科学幻想内容的部分也是难得一见。

这也是一个世界性的问题：科幻文学是与“高雅”文学相对应的，因此在相对“高雅”的学术研究中，对科幻文学的研究是缺乏的。作为“类文学”（para literature）一种的科幻小说，因为其主要处在商业文化的控制之下而受到如下的责难：它们“不再承载任何诗学—认知信息，它就是信息本身”①。也就是说，科幻小说不具有美学和诗学意义，只是传播奇谈怪论的载体。在很长一段时间里，对于科幻小说传播情况和读者的研究也几乎不存在，美国科幻文学研究者达科·苏恩文（Darko Suvin）称：“或许除了一些偷偷摸摸的书籍和杂志出版商之外，甚至没有人会去估算读者群的大小——是以万计还是以百万计？”②

在中国，情况虽有所不同，但科幻文学落寞的境遇是类似的。它长期被作为儿童文学的一个分支，在近年来逐渐走上主流文学舞台之前，一直是一个“灰姑娘”③，一支“寂寞的伏兵”④。中国创办时间最久的科幻杂志《科幻世界》前总编辑谭楷写道，科幻小说这个“灰姑娘”“缺乏持久的魅

---

① 苏恩文. 科幻小说面面观［M］. 郝琳，李庆涛，程佳，等译. 合肥：安徽文艺出版社，2011：17.

② 苏恩文. 科幻小说面面观［M］. 郝琳，李庆涛，程佳，等译. 合肥：安徽文艺出版社，2011：37.

③ 中国作家协会书记处书记鲍昌在20世纪80年代曾经把饱受冷落的中国科幻称为“灰姑娘”。参见：侯大伟，杨枫. 追梦人：四川科幻口述史［M］. 成都：四川人民出版社，2017：48；谭楷. “灰姑娘”为何隐退［N］. 人民日报，1987-06-20（8）.

④ 2010年夏天，贾立元以《寂寞的伏兵》为题在复旦大学“新世纪十年文学”国际研讨会上发言，讨论中国当代科幻文学的成绩和意义，具有很大影响，使“寂寞的伏兵”成为中国科幻的“代名词”。

力，始终没有走进‘舞会’的中心，去赢得众多的爱慕者”①。科幻小说家贾立元这样描述人们对科幻文学的误解：“长期以来，人们对科幻文学有很多误解，有人认为它只是为青少年普及科学知识的一种手段，有人认为它是怪力乱神，有人认为它就是好莱坞科幻大片。”虽然跨越了30年的时间，他们对科幻小说地位的论述可以说具有共通性和代表性。在西方，不论是作家还是研究者，也都对自己被等而下之的地位颇有微词。

但是，在阳春白雪和下里巴人之间，如果存在层级，那也是某种社会建构的结果。是否属于某一“类型”与文本在思索社会生活时达到的深度、广度无关，与其文学水平的高低也无必然的联系。如果说类型作品更容易陷入“套路”，因而文学性较差或者缺乏对人类社会历史和现实的反思，那么那些没有陷入“套路”，甚至反叛和利用“套路”的作品呢？它们在其反叛行为中体现了文学的力度和策略性。而在所谓纯文学中，不同样也存在套路化、庸俗化的写作吗？事实上，任何文学作品都不是凭空产生的，都不同程度地脱胎于已经存在的文学传统；文学一定是以某种形式与存在的作品对话的产物。对于优秀的作品来说，是否属于类型并不是判断其高下的标准。

并且，那些不能算质量上乘的作品，它们是在何等情况下被划归类型的，它们自身的文学自觉性在哪里，它们与社会、历史和未来关系如何？这些问题也不应该因其“类型”身份（很多时候这种身份还很可疑）而被轻轻滑过。甚至，如果我们考虑“这些作品何以存在”“它们对于社会和生活的价值究竟在哪里”这类问题，并且加以深究，它们因此可提供给我们的东西也许远超想象。

诚然，科幻小说中确实有很多在文学上不成熟的作品，但是，作为一个整体，它们确实为文学提供了新的东西，而这些新的东西是科幻小说独

① 谭楷．“灰姑娘”为何隐退［N］．人民日报，1987－06－20（8）．

有的。贾立元提出的“寂寞的伏兵”的说法，之所以被反复引用，就是因为其鲜明的意象性和丰富的语意：寂寞。中国科幻文学的确寂寞，但它一直“潜伏”着，并没有完全断裂过，一直在大众的视野之外发展。更重要的是，它是一个“兵”，有着去前线拼打的潜能。从近年来中国科幻文学及电影在国内乃至国际上逐渐增强的影响来看，这种潜能才刚刚开始发挥出来，可以期待日后中国科幻更为繁荣的发展。不可忘记，这种潜能的发挥确实是在百年来中国科幻自身积累的基础上做出的。

二、科幻文学的形式问题

对中国科幻文学的研究由来已久。在中国几乎还没有本土科幻文学作品的时候，在日本留学的鲁迅就已经翻译了《月界旅行》(1903)、《地底旅行》(1903)、《北极探险记》(1904)和《造人术》(1905)等四部(篇)科幻小说，而更具有学术意义的是，他在《月界旅行·辨言》(1903)中从传播和普及科学精神的角度论述了创作科学小说之必要性。他认为，现代文明固然已经取得恢弘的成就，但是人类的能力在自然面前终归是有限的，追求希望和进步的精神是唯一使人前进的力量。科学小说“经以科学，纬以人情”，“改良思想，补助文明”，正是使国人产生此种力量的有力助手。鲁迅的论述第一次道出了学界对中国科幻文学的希冀。周作人则在《科学小说》一文中对儿童读科学小说发表见解。他认为科学小说虽听上去很美，似乎符合大人对教育儿童功能的期待，但实际上吸引儿童的是其中的想象部分，与科学并无直接关系。①

此后除了评论家关于作品的一些评论之外，还有不少关于这类文学的论述和研究来自科幻文学作家本身。比如，科学小品和科幻小说作家顾均正在《在北极底下》(1940)的序中提出自己对此种文学功能、价值的看

① 周作人. 科学小说 [M] //雨天的书. 北京：新潮出版社，1925：174－177.

法，强调科学小说作为普及科学教育的工具的实用作用。①

这些较早的讨论常常是将“科学小说”视为一种不言自明的存在，或者笼统地默认带有科学内容的小说即为科学小说，并未在定义、范畴或文体特征方面对科学小说做出明确的论述。这是可以理解的：本土创作的科学小说作品是如此之少，引进的作品也谈不上蔚为大观，在没有足够文本支撑的状况下，实难讨论一类文学之特征。上引几位学者和作家的讨论，确实也常是对今后创作的展望，而非对已有创作成果的总结或概括。

在1949年以后，逐渐出现了较多专长科幻小说的作家，作品也丰富起来。这个时候，科学小说的概念已经基本为科学幻想小说，即科幻小说和科学文艺等概念所替代。② 从科学小说到科幻小说，转变的不仅是名词，更是名词背后的创作理念，以及更深层的文学生产机制。20世纪上半期“科学小说”概念下的创作基本是基于作家的个人偏好，其涉及的题材比较个人风格化，作品也因此显现出了多样化的特征，相应的文学图景也呈现了分散而常令人耳目一新的特征。而中华人民共和国成立后，科学幻想小说在更为集中的文学创作理念和文学生产机制的影响下，创作目的更为明确、风格更为统一、数量上更为稳定。较早的科学幻想小说受到苏联小说的影响较大，在对苏联科学幻想小说文学理论进行相应的研究和文学实践的同时，这种影响很快被吸纳入中国科学幻想小说的体系之中。同时存在的还有“科学文艺”的概念，它涵盖的更为广泛，在体式上更为多样化，而其深层的科学教育目的与科学幻想小说的概念有相当的一致性。在“科学幻想小说”及后来更常用的“科幻小说”成为固定的概念被使用之后，这类文学内部持续发生着文体特征的变化，及至21世纪，中国科幻文学已经经历了长足的发展，呈现出崭新的面貌。

---

① 顾均正．在北极底下［M］．上海：文化生活出版社，1940：序．

② 关于“科学幻想小说”概念出现的具体时间和开始广泛应用的情况，已有一些研究，但尚无定论。参见：吴岩．论中国科幻小说中的想象［J］．中国现代文学研究丛刊，2018（12）：17－29．

虽然文学场域的基本状况和文学生产机制是中国科幻文学产生和发展的大背景，但无疑，变化都是在作者的笔下具体产生的。在出版单位或创作会议的邀约下，很多作者都曾谈过自己对科幻文学的认识，如叶至善、郑文光、叶永烈、童恩正、刘兴诗、迟叔昌、肖建亨、金涛、赵世洲等。①

主要由科幻文学的创作者和参与者做出这些论述，这一事实至少说明三个问题。一是在20世纪，由于关于此类文学的认同建构（包括作者的认同、读者的认同、文学界的认同等方面）一直在持续之中，所以“正名”和界定科幻文学的问题始终存在。对每个作者和每个读者来说，可能科幻文学都意味着不同的东西。二是科幻文学一直游走在学术界的边缘，迟至20世纪八九十年代才开始逐渐在文学史中成为可供讨论的稳定话题。尤其明显的是，像科幻文学是不是文学这样的问题，都在不同时期被多次讨论，这正说明了此种文学的尴尬地位。三是在同样的时段中，“科幻文学如何写”也确实始终是一个问题。如果说对于文学是什么、科学与技术是什么，作家、读者和研究者之中大致有一个一般的共识，那么对于科幻文学是什么，却一直有多样化的理解。这也是科幻文学的生命力和创造力的来源之一：正是因人人不知道它的边界可以扩大到何处，才使得它的幻想到达了远处，到达了人所未及之处。创新蕴含在科幻文学的内在气质中最基本的部分里。因此，科幻文学所呈现出的形式亦是多样的。

在新中国成立后的一段时间内，报刊短文和作品序跋中关于科幻理论问题的介绍性文字和思考讨论也比较多。许多翻译家、出版人和文学研究者对科幻理论发表了看法，这些讨论出版发表的契机主要是译介外国作品。虽然专门投入科学文艺或科幻文学的人员较少，但是在这些讨论中，不仅介绍了国外相关领域的一些状况，还讨论了关于科幻文学本质的话题，蕴

① 这些作家的创作谈发表在赵世洲编的《科幻小说十家》（海燕出版社1989年版）。此外，童恩正在获全国小说奖后谈《珊瑚岛上的死光》的文章于1980年发表。参见：童恩正．关于《珊瑚岛上的死光》[J]．语文教学通讯，1980（3）：57－58．

含有一些真知灼见。

这种情况在20世纪80年代早期得到了延续，在科幻创作重新提振的情况之下，科幻研究也呈现较为活跃的局面。其间，一些重要的科幻理论问题，比如软科幻、硬科幻的划分，科幻文学与儿童作品的关系问题，被提出并得到讨论。这种讨论在1983年、1984年左右因为客观原因中断，但在几年后由于形势的复苏，又与科幻创作同时再次出现。

随着中国科幻文学在学术界和文化界能见度的提高，相关的研究也在日益丰富。比较重要的成果包括中国科幻文学史的书写、史料的挖掘；作家作品研究；中国科幻文学的主题、价值取向分析；中外科幻文学比较；科幻影视等相关领域的研究，还出现了越来越多的科幻作品批评。这些成果在理论研究和作品研究两方面都充实了中国科幻文学学术研究的宝库，使得学科日渐成熟起来。在优秀科幻文学作品更多地涌现的同时，学术研究的数量和水平也在提升，这是一种必然，同时也是中国文学界的幸事。

不过，在优秀研究之中，尚比较少见的是对中国科幻文学的形式研究，或者将体式与内容结合在一起的研究。也即，对一位读者来说，科幻文学在形态上究竟意味着什么。如果说涉及科学、涉及幻想、涉及未来、强调认知性等是科幻文学的重要特点，那么这些内容是如何与章回体小说、现代短篇小说、传记性故事等结合在一起的？在具体的作品中，词汇、修辞、结构、主题等各个方面与科幻小说的性质有何联系？中国科幻文学在体式上是否为文学贡献了创新？如果说长期流行的科普式创作与科学幻想的本意并不完全相符，那么要如何评价二者之间的关系，中国科幻文学史又该包括或不包括哪些文体呢？对这些问题的研究还比较少。

提问这些问题之后，可能会遭遇到更大的问题，即前述问题是否成立。会不会科幻文学只是题材与其他文学不同，而表现形式根本就没有特别的特征呢？本书认为不是的。科幻文学“探索文学边界”的性质决定了它无论在题材还是在表现形式方面，都有自己的特征，只不过后者的特征可能掩盖在其题材创新的光环之下。本书想在这方面做一些努力，研究中国语境下科幻文学在文体上的特征和发展过程。这一努力必然涉及对文体学、叙事学理论的借用，这也是本书所汲取的一种方法思路。但是本书也并不是偏语言学化和技术化的研究，而是采用内容与形式相结合的方法。原因是科幻文学形式的创新与其内容的创新实际上是不可分离的，文体创新并不是科幻文学的终极目标。于是，将形式研究与内容研究相结合，并且兼顾时代和文化语境，就成为这个研究的自然要求。从中国科幻文学自身文体建构的来龙去脉中，至少可见一百年来中国文学中科学与文学的关系、教育与创造的关系是如何通过与科学有关的写作来得到思考和传播的。

三、科幻文学的建构性

在谈到类型电影与现实的关系时，艾拉·哥尼斯堡（Ira Konigsberg）认为，长久存在的电影类型反映了“普遍的困境”和“道德冲突”，人们通过类型电影的制作和对其的接受去观照与探讨这些问题。① 同样，在文学史上新出现的文学类型，则反映了新出现的困境和道德冲突。作为相对年轻的文学类型，科幻文学就反映了科学时代人们思想中经历到的新困境和新冲突。在中国，这种转变在清末民初开始明显地显现出来。

谈到20世纪中国思想和文化领域发生的大事件，不能越过的重要一幕是现代知识分子在新文化运动中对“赛先生”和“德先生”的提倡。知识领域中的科学思想和科学知识，政治领域中的民主观念，这些概念对刚刚脱离帝制的中国无疑产生了巨大的影响。新文化运动被视为揭开思想启蒙大幕的运动，此后的中国，虽然思想界发生了剧变，新观点、新思想的引进和产生速度加快，社会整体也经历了很大的变化，但是民主与科学一直居于思想界的核心地位，成为中国人民一百年来革命和建设的基本思想资源之一。

---

① KONIGSBERG I. The complete film dictionary ［M］. London：Bloomsberg，1987：144－145.

这种基本的思想状况，也是中国科幻小说产生和发展的文化土壤。作为一种在中国人面对现代性、融入现代性、生产自己的现代性的过程中生发出来的文学类型，科幻小说最大的特点就是其与科学概念和科学文化之间的紧密关系。通过对科幻文学的探讨，一方面可以研究文学、文化中的科学是怎样的，另一方面可以得知科学的兴起给文学带来了何种新的形式和新的观念。

本书认为，在对中国科幻文学的讨论中，打通文体的讨论是必要的。虽然着重教育功能和事实知识准确性的科普小说与更着重幻想性、启示性和文学性的科幻文学起点不同、思路不同，且在当代得到了越来越明晰的区分，无论是创作目的、创作主体还是读者群和相应的理论、文化都有了明显的分野，但是考察中国科幻文学的建构历程，却不能不发现二者在几十年的历史中实际上是难以截然分开的。对这段发展进行历时性的分析，采用回到中国特有的历史语境的方法，对了解中国科幻文学所承载过的思想、文化和文学功能都有意义。

1980 年，郑文光在《儿童文学研究》第七辑上发表《科学文艺杂谈》。在这篇文章中，他谈了几类科学文艺，包括文艺性的科学读物、科学故事、科学童话，以及科幻小说。他写道："在我国，科学文艺一词……除了伊林式的科学文艺读物外，还包含了属于小说一类的科学幻想小说，属于童话一类的科学童话；科学考察记和科学游记；此外，又包含了师承我国古代小品文传统的科学小品，借用了我国特有的相声艺术形式的科学相声，和科学诗。"① 进而，他将我国的"科学文艺"分为两个类别："文艺性的科学读物"和"以科学为主题的文艺作品"。前者包括伊林式的长篇科学文艺读物、短篇的科学小品、科学故事、科学考察记和游记，后者则是科学童

① 郑文光．科学文艺杂谈［M］//王泉根．现代中国科幻文学主潮．重庆：重庆出版社，2011：39．原载《儿童文学研究》1980 年第七辑。

话和科学幻想小说。①

虽然郑文光在后文指出，科学幻想小说和文艺性的科学读物具有本质性的区别，是一种“完全独立的文学样式”，但将二者统一放在“科学文艺”这一概念下进行讨论甚至创作，的确是我国文艺界的长期实践。这一实践的理论来源是科学文艺的教育性质。从鲁迅，到陈望道，到郑文光，不同时间点上的作者和理论家都是从传播科学知识这一角度来倡导科学文艺的创作的，同时他们也进行了亲身实践，有的翻译外国作品，有的写作，有的从理论上进行研究和阐释。

对科幻小说的研究不能脱离中国长期存在的“科普”传统。虽然从文体特征和文学实质来说，科幻文学和科普文艺有根本性的区别，但是它们之间有着长期纠缠的历史，不可不予考虑。具体表现至少有以下两方面。

其一，科幻文学和科普作品在分类上的模糊。自晚清时期起，多半被冠以“科学小说”名称的这类文学就包含了两种倾向的作品。鲁迅提倡以科学小说来传布科学知识、改良思想；同时代的侠人亦将科学小说的兴盛与科学本身的兴盛与否相联系：“西洋小说尚有一特色，则科学小说是也。中国向无此种，安得谓其胜于西洋乎？应之曰：此乃中国科学不兴之咎，不当在小说界中论胜负。若以中国大小说家之笔叙科学，吾知其佳必远过于西洋。且小说者，一种之文学也。文学之性，宜于凌虚，不宜于徵实，故科学小说终不得在小说界中占第一席。且中国如《镜花缘》《荡寇志》之备载异文，《西游记》之暗含医理，亦不可谓非科学小说也。”② 鲁迅未对科学小说做出具体的概念界定，而侠人的评价亦暗示，含有科学元素的小说即可称为科学小说。从晚清的创作实践而言，“科学小说”标签之下的作品可谓相当多元化，有政治小说，有理想小说，在内容和体式上都有多样

---

① 关于无法归入这两个类别的形式，他又写道：“至于科学诗，恐怕相当一部分应算是科学童话诗；而科学相声呢，应该算作表演艺术的领域。”参见：郑文光. 科学文艺杂谈［M］//王泉根. 现代中国科幻文学主潮. 重庆：重庆出版社，2011：40.

② 侠人. 小说丛话［J］. 新小说，1905（13）.

化的特色。譬如脱胎于章回体小说的《新石头记》，与翻译小说关系密切的《新法螺先生谭》，更像政治小说而非科学小说、形式上颇受美国小说《百年一觉》和日本小说《雪中梅》影响的《新中国未来记》，等等。这些多元化的作品中，除了这部分文学性较强的以外，也有《生生袋》《幻想翼》这类更偏于普及科学知识的作品，虽然其介绍的知识的科学性有待商榷。民国时期作品亦然，在数量不多的创作中，既有《铁鱼底鳃》这类偏社会反思类的小说，又有筱竹作《冰尸冷梦记》这类偏科学幻想的小说。顾均正重视科学知识的准确性，虽则其作品是基于译作基础①，但在其发表的《伦敦奇疫》中甚至包括多张化学反应图解，《和平的梦》亦强调声波知识，这类作品确实是当时中国罕见的，顾均正引入这类作品的教育目的非常明显。

其二，科幻和科普作家身份的重叠。许多科普文章作者同时也是科幻文学作家。这一点突出表现在 1949 年到 20 世纪 80 年代这段时间活跃的作者身上。比如叶至善作为《中学生》的编辑，写了不少少儿科普类文章，后来创作了《失踪的哥哥》等科幻小说，还曾试图创新一种新的科学小说——传记体科学小说；叶永烈曾经是《十万个为什么》的主要编写者之一，后来创作了著名的《小灵通漫游未来》等科幻小说；萧建亨曾出版《谜一样的地方》等科普作品，也曾创作《布克的奇遇》《奇异的机器狗》《密林虎踪》《万能服务公司》等科幻小说；刘兴诗亦是多产的科普作家与科幻作家，除广为人知的《美洲来的哥伦布》等科幻小说以外，还有丰富的科学小品、科学童话、科学诗和科普读物作品。

事实上，在这个阶段，这种科幻与科普的重叠不仅体现在作家身份上，也体现在作品的样式与创作理念上。萧建亨曾说："我一直是在科普的旗帜下写作科幻小说。"这反映了在创作实践和作者认识方面一些历史上存在的混杂。虽然在这个阶段，不同于晚清民国时期混杂使用"科学小说"概念

---

① 上原香．论顾均正对美国科幻的吸收融合：以《在北极底下》为例［J］．日本现代中国学会《现代中国》，2015（89）．

的情况，有了科学文艺、科学幻想小说等相对固定的分类，但实际上对于它们各自具体的目的、内涵、价值取向和样式等，都有不同的理解，这一点在作家和理论家繁多的论述文章中可见一斑，并且在20世纪80年代早期还发展为较大的关于科幻是姓“科”还是姓“文”的争论。于是，讨论这一阶段的科幻文学，同样也不宜依据后设的清晰定义将某些作品清楚地区分出来，而应该考虑到普遍存在的科普创作倾向。

但是正如上文所提到的争论所显示的，在这一时期，科幻文学由于自身的特征，渐渐要求突破科学文艺的束缚而成为独立的门类，与科普作品划清界限。偏向于科幻文学创作的作家频频发声，由作家和研究者在理论方面做出的论述逐渐增多，作品的特征也越发明显，此前混杂的局面渐渐明晰。一些专注于科幻文学的报纸、杂志陆续成立，在20世纪80年代以后，可以说中国科幻文学逐渐成为独立的门类。经过几十年的发展，到21世纪第二个十年，已经有多元化的科幻文学作品体系。

纵观中国科幻文学发展的上述路径，是一个以西方科学技术传入为契机，结合中国自身文学、文化传统以及社会文化界状况，逐渐发展到形成一定的自我认同，再向多样性发展的建构过程。

第一章 | ◆

表与里：文体、类型与内容

对科幻文学的研究，一直存在与西方“对标”的问题。从 20 世纪初期开始，知识分子就为中国没有自己的科幻小说而表示遗憾。鲁迅在《月界旅行・辨言》中写道：“我国说部，若言情谈故刺时志怪者，架栋汗牛，而独于科学小说，乃如麟角。智识荒隘，此实一端。故苟欲弥今日译界之缺点，导中国人群以进行，必自科学小说始。”① 20 世纪 80 年代末也有类似的评价：“我们的民族是一个缺少科学幻想的民族。……我们民族有过的幻想更多的是宗教幻想。宗教幻想和科学幻想有着本质的不同。宗教幻想是对未来的消极的把握，它是为了求得对现实生活的解脱与逃避；而科学幻想是对未来的积极的把握，是体现了对未知世界征服的欲望。”② 直到 21 世纪，学者还在发出同样的慨叹：“在（20 世纪八九十年代）这些萧条的日

① 鲁迅. 月界旅行・辨言［M］//王泉根. 现代中国科幻文学主潮. 重庆：重庆出版社，2011：3.

② 杨振昆. 科学与幻想：谈科幻小说的发展［J］. 小说评论，1989（5）：14.

子里，我常常会哀叹我们文学家科学意识的薄弱，科学家人文素质的低下，更怀疑国人是否存在幻想能力的先天不足，总之，很有点本国科幻虚无主义的味道。我一直顽固地认为：当代中国文坛上，像王安忆、韩少功、莫言这样的'纯文学'作家，早已具备了向马尔克斯们叫板的实力，但我们的丹·布朗在哪里？我们的罗琳在哪里？我们的阿西莫夫在哪里？"①

对于科幻文学缺乏的认识，鲁迅是从其作用于读者的功用这一方面来讨论的，一些其他学者则从发生学的角度对科幻文学的缺乏本身表现出担忧。在这样的思索和追问之中，科幻文学的存在和繁荣被上升到民族高度，与中华民族的科学能力和幻想能力相联系："中国没有（好的）科幻文学"成为定论，"中国为什么没有科幻文学"便成了一个涉及民族性的大问题。这个问题听起来似曾相识，与"中国为什么没有现代化""中国如何现代化""中国为什么没有史诗"这些贯穿了20世纪的问题的背后逻辑几乎一致。

科幻文学是舶来品，这一点确实毋庸置疑。凡尔纳、威尔斯以及其他西方科幻作家的作品经由翻译进入中国人的视野之后，给中国文学带来了诸多实绩：一方面，文学翻译成果丰富。根据学者统计，在1891—1917年间，我国首次出版的科幻小说翻译本有87种。② 在期刊中的数字更多。虽然在晚清文学翻译的大潮中，这些数字并没有多么突出，但是作为一个小众的文学类型，科幻文学形成了一定规模的声音，已属不易。何况像鲁迅、梁启超这样文化领域的重要人物或亲身实践科幻小说的翻译，或为科幻小说的输入呐喊，都形成了相当大的影响。无论是翻译还是创作，说到底都是在中国的土壤之中进行的。另一方面，中国作家也开始了新文体的探索。虽然科幻文学确实不起源于中国，但这不代表中国作家的探索是对外国作

① 严锋．追寻"造物主的活儿"：刘慈欣的科幻世界［J］．书城，2009（2）：56.

② 任东升，袁枫．清末民初（1891—1917）科幻小说翻译探究［J］．上海翻译，2010（4）：72－76.

家的亦步亦趋。像《新法螺先生谭》① 这样对外国作品的戏仿之作，即使是在外国作品的直接触动下被写作出来，也带有着极强的中国特色。

不可忘记的一点是，即使在英文中，"science fiction"（即我们现在所称的"科幻小说"，直译为"科学小说"）一词也直到 1927 年才为雨果 · 根斯巴克（Hugo Gernsback）提出，后来得到广泛的采用。此前，他曾用 scienti-fiction（科学的小说）来指称凡尔纳、威尔斯、爱伦 · 坡等人的作品。而在此之前，这类文学只是根据其题材被粗略地称为"scientific romance"（科学故事）等，并没有成为一个明确的文学类型。这就是说，在英文语境中，所谓科幻文学也是从某种故事开始发展，最后才蔚然成风的。在中国，科幻文学的文体形成亦经历了从相对模糊到相对明确的过程。

不过不得不承认，在很长一段时间内，中国科幻小说的平均水准不算高。科幻作家的文学水平（文学语言表达、人物形象设计、叙事结构等）常常被诟病，这只是一个表面现象。其后，尚有科学精神的形成、创作专业化程度、读者群的接受等多方面的原因。好在科幻文学的这种贫瘠状况正在好转，有了很大的改善。在数代科幻文学作家的努力之下，已经积累了许多优秀的作品。今天，中国科幻文学受到了前所未有的关注，从晚清民初到"十七年"时期，以至 20 世纪七八十年代的诸多作品，重新进入了读者的视野。其中，20 世纪 90 年代开始发表科幻小说的刘慈欣，以其富于技术性的想象和广阔的视野获得了广泛的赞誉。2015 年，他的长篇小说《三体》获得世界科幻大会颁发的雨果奖最佳长篇小说奖，这是中国作家首

---

① 《新法螺先生谭》作者徐念慈，1905 年由小说林社以"东海觉我"的笔名出版，在同一集子里出版的还有包天笑翻译的《法螺先生谭》和《法螺先生续谭》。包天笑根据日本岩谷小波（1870—1933）翻译的小说《法螺吹き男爵》重译了《法螺先生谭》，此事发生在前，而这部日文出版的小说之原作是德国民间故事《敏豪森男爵历险记》。《法螺先生谭》与科幻文学关系并不大，是一篇滑稽小说。《新法螺先生谭》是一篇非常不同的作品。参见：武田雅哉，王国安. 东海觉我徐念慈《新法螺先生谭》小考：中国科学幻想小说史杂记［J］. 复旦学报（社会科学版），1986（6）：40 - 44；任冬梅. 晚清科幻小说中的"科学"：以《新法螺先生谭》为例［J］. 山东文学，2016（9）：99 - 102.

次获得这个国际性奖项，在国际和国内都产生了巨大的影响。关于刘慈欣“单枪匹马把中国科幻提升到了世界级的水平”① 的评价获得了广泛的认同。相应地，与刘慈欣同时代的优秀作家韩松、王晋康等人也为科幻迷圈子以外的更多人熟知，更为年轻的科幻作家陈楸帆、飞氘、夏笳、糖匪等亦获得较为广泛的关注，对一般年轻读者来说，他们的名字连同更早的科幻作家的名字一起都变得耳熟能详。

就如同对“李约瑟难题”的回答最终还是指向中国自己的科学和文化传统一样，② 要回答，或者说驳斥“为什么没有”这样的问题，最富有建设性的路径大概还是回到中国独特的文化和文学语境里来。不过，本书并不意在证明中国科幻小说就是中国文化的独特成果——正如同科学原理具有通用性一样，科幻小说确实存在许多同一性的特征。造成这种同一性特征的原因，一方面是各国科幻小说作家之间的互相学习和借鉴，另一方面——也是更重要的一方面——是人类的不同现代化生活经验中那些一致的地方。在过去的一百多年里，在大多数社会中，自然科学知识成为基本的生活常识；在科学发展驱动下产生种种技术应用，使得日常生活中的方方面面脱离了传统的轨道；长久以来形成的社会关系和情感逻辑也发生了巨大的变化。面对这些快速发生的变化，不同文化中的人反应是不一样的，但其中有着可观程度的一致性，譬如对科技发明给人类带来福祉的赞叹，对自然生态受到破坏的遗憾，对与科技快速发展同时出现的伦理和社会问题的质疑，等等。正是这些一致性昭显了人类作为一个物种，在面对现代性的时候所表现出来的共同情感和精神特征。

但不可忽视的是，一致性是在差异性和个体性特征之上建立起来的。就现代性带来的社会和生活变化来说，各种文化之间的体验有着非常大的

① 严锋．追寻“造物主的活儿”：刘慈欣的科幻世界［J］．书城，2009（2）：57.

② ELMAN B A. On their own terms：science in China 1550－1900［M］. Cambridge：Harvard University Press，2005.

不同。现代化过程是快乐的还是痛苦的，对于西欧、美国、日本、中国、东南亚、非洲等不同国家和地区来说都有不同的答案。在同一个地区，不同的地方、不同的社会阶层，甚至不同的人都有独特的经历。但是本书并不意在强调极端的差异性。虽然每个个体的经历和感受都是不同的，但科幻作为一种文化现象，其文化差异性在中观层面上——也就是国别层面上——是可以描述和研究的。将中国作为一个整体讨论能够成立，因为作为一个国家的人民，中国人具有共同的文化传统，并且共同经历了许多一致的事件，见证了一致的事物的发展。这种共同性在文学中得到了展示，科幻文学亦然。

第一节　科幻文学理论

在文学的家庭中，科幻文学是后来者，因此对它的理论研究也是近一百年来的事情。肇始于欧洲，繁荣于美国的科幻文学，对其的研究在美国较为丰富。最先确定科幻文学概念的雨果·根斯巴克对科幻文学的目的和创作目标有一些论述，其主要观点是，科幻文学的目的不在于教育和传播知识，而在于幻想科学技术带来的未来图景。并且，他认为远未来比近未来更富有吸引力。但是，根斯巴克对于科学知识的准确性有较高的要求，就是说，即使科幻作品的目的不是传播科学知识，但也不能传播谬误，其依据的科学知识应该是准确可靠的。

与根斯巴克相对，将美国科幻文学事业进一步推进的著名编辑小约翰·伍德·坎贝尔（John W. Campbell Jr.）则持不同的态度。坎贝尔从1937年开始担任《惊人故事》（*Astounding*）① 杂志的主编，直到1971年去世。在这期间他的杂志培养了大批美国科幻作家，因此他虽并不以科幻理

① 该杂志在1938年更名为《惊骇科幻小说》（*Astounding Science Fiction*），1960年又改名为《模拟》（*Analog*）。

论研究为职业，但对科幻文学理念影响非常大。坎贝尔对科学内涵的准确性同样有要求，但不像根斯巴克那样严格。他认为科幻文学与现实的连接更为重要，包括情节的合理性、对人性的合理描绘，以及对科学作为一种整体对社会带来的影响的关注，等等。

20 世纪 20 年代前后，科幻文学被引入美国文学研究领域，出现了专门的科幻文学研究著作和文章。此后，历经一个世纪的发展，出现了许多科幻文学相关的理论，其中讨论比较集中的问题包括科幻文学的定义、特征，以及阅读科幻文学的方法。以下简述几位科幻文学理论家的观点，以窥见科幻文学研究中的重点关注点。

美国作家和文学研究者多萝西·斯卡伯勒（Dorothy Scarborough）在完成于 1917 年的博士论文《现代英语小说中的超自然》（*The Supernatural in Modern English Fiction*，1917）中，将对“超自然科学”的讨论单列为一章。① 这篇博士论文发表于哥伦比亚大学，广受好评，后来被广泛引用，也被认为是最早的现代科幻小说批评文本。她的这一章论述虽然没有直接讨论“科幻小说”，而是在“超自然”小说的框架下讨论当时流行的小说中的科学元素，但是分析的文本均是后来被认为是科幻小说的文本，并且提出了重要的观点：科学因素的加入使得英语文学中长久存在的超自然小说具有了现代生命力，丰富了其现代表现形式。她尤其强调，如果说此前的超自然小说中的科学元素只限于占星学和炼金术，那么，现代科学的兴起给超自然小说及神秘故事带来了更多的可信因素，包括机械学、远距离视物、催眠术等。根据斯卡伯勒的逻辑，科学幻想小说脱胎于超自然小说，并且是超自然小说（或说鬼怪故事）在当代的表现形式。这一观点暗示，科幻小说成长于既有的文学传统之中，主要贡献在于其题材内容和其中蕴含的现代品质，但是对超自然小说的传统结构和样式并无太多创新。

---

① SCARBOROUGH D. The supernatural in modern English fiction [D]. New York: Columbia University, 1917.

19 世纪 40 年代，几部关于科幻小说的专门研究著作出版，包括菲利普·戈夫（Philip Babcock Gove）的《小说中的想象之旅》（*The Imaginary Voyage in Prose Fiction*，1941）、詹姆斯·奥斯勒·贝利（J. O. Bailey）的《超越时空的朝圣》（*Pilgrims Through Space and Time*，1948），以及马乔丽·尼科尔森（Marjorie Hope Nicholson）的《月球之旅》（*Voyages to the Moon*，1949）。这些著作主要从科幻小说对文学叙事中涉及的时间与空间的拓展入手，分析科幻小说不同于其他小说的新特点。

此后对科幻文学进行了较为系统的研究的是科幻作家、批评家和研究者詹姆斯·冈恩（James Gunn）。1969 年，他开始在堪萨斯大学讲授科幻文学研究课程，并在 1982 年建立了科幻文学研究中心。冈恩用“理性处理的幻想事件或发展”来定义科幻小说，① 但后来觉得这个定义不够准确，无法区分科幻与奇幻小说，因此用更为详细和仔细的语言这样表述：“科幻是文学的新品种，它描绘真实世界的变化对人们所产生的影响。它可以把故事设想在过去、未来或者某些遥远的空间，它关心的往往是科学或者技术的变化。它设计的通常是比个人或者小团体更为重要的主题：文明或种族所面临的危险。”② 他进一步提出，科幻文学与其他种类文学的主要不同之处在于如果其他文学是“连续的文学”（literature of continuity），那么科幻文学就是“断裂的文学”（literature of discontinuity），因为它主要设想的是如果某些剧变发生，人类的生活经验会变成什么样子。奇幻文学同样也显示某种断裂性，但它与科幻文学的不同在于：在奇幻文学中，日常生活的规则不再适用，比如人类可以随意飞行；但在科幻文学中，日常生活的常识

① 这是他在《平行世界：科幻小说图史》（1975）中的定义。

② 此定义来自：GUNN J. The science of science fiction writing［M］. Lanham，MD：Scarecrow Press，Inc.，2000：73－74；引自吴岩. 科幻文学理论和学科体系建设［M］. 重庆：重庆出版社，2008：14.

仍然存在，如果人类要飞行，那么必须借助合理的科学技术来达成。①

系统研究了科幻文学本质、定义和特征的重要理论家达科·苏恩文认为，科幻文学区别于其他文学的首要特征是它具有“认知性”，其叙事基于经验世界中可认知的事实，以科学为主要方法，最重要的目的则是推进人类认知的进步。其次，它使用“陌生化”的手法，以幻想的方式，营造出读者闻所未闻的氛围、事件、人物、矛盾。

苏恩文的看法是将类型与内容结合起来，关注点不在形式，而在文学叙述的内容、其内在的行文逻辑以及在认识上的最终目标。按照这一逻辑，奇幻文学与科幻文学的距离就非常遥远了，因为它并不致力于人类认知的本质性进步，而采纳虚构的逻辑、架空的历史，并不希求读者在本质上认同其叙事的内容。与科幻文学相近的反而是田园牧歌式的文学，因为它们的世界建构在可能的理论假设之上。因此，苏恩文认为科幻是“这样一种文学类型，它的必要的和充分的条件就是“陌生化”与认知的出场以及二者之间的相互作用，而它的主要形式策略是一种拟换作者的经验环境的富有想象力的框架结构”②。

苏恩文以及后来的科幻文学研究者使用的“新奇性”（novum），借用自恩斯特·布洛赫（Ernst Bloch）。③ 在苏恩文这里，新奇性被认为是科幻文学的主要特征，它与“新颖性”（novelty）不等同。新奇性更为专业，指的是“为认知逻辑所确证的新奇性或创新性”，它控制整个小说的叙事。④

苏恩文的“科幻文学”定义在科幻研究者中得到了比较广泛的接受。但他的表述受到肯定的背后是这样一点，即在很大一部分科幻文学研究者

① GUNN J. The science of science fiction writing [M]. Lanham, MD: Scarecrow Press, Inc., 2000: 76-77.

② 苏恩文. 科幻小说变形记：科幻小说的诗学和文学类型史 [M]. 丁素萍，李靖民，李静滢，译. 合肥：安徽文艺出版社，2011：8.

③ 这个概念由布洛赫在《希望的原理》一书中提出。

④ SUVIN D. Metamorphoses of science fiction: on the poetics and history of a literary genre [M]. New Haven and London: Yale University Press, 1979: 63. 此处为笔者的翻译。

那里，对（这个类型的）文学的目的的重视超过了对文字形式的重视，或者说，在文学形式上，语言的认知性作为主要的外在特征被研究和描述。在这一点上，如果我们联想到鲁迅的散文诗、胡适的白话诗歌，或者是莎士比亚剧作中大量的新词汇，或《尤利西斯》中惊人的意识流叙事，以这些经典作品对文学类型规范的突破来对比，就会发现科幻文学有着不同的品质和衡量标准。

从以上所举的例子中可见，在将科幻文学放置在文学大家庭中进行考察时，科幻文学研究通常强调科幻在内容和思维方法上的独特之处，或者说，强调科幻文学的诗学和美学特征，但这并不是所有人的看法。另一种观点认为，内容中所蕴含的叙事模式对类型小说来说更为重要。比如，“人们可能提出，侦探小说或者武侠小说的命名似乎涉及的是内容。然而，这些称谓作为文学类型的时候，它们指的是叙述某些故事不断重现的普遍形式特征。……文学类型考察与其说集中于‘侦探’或者‘武侠’，不如说集中于‘侦探’或者‘武侠’的叙述模式”①。是的，在武侠小说中会出现侠客、秘笈、江湖恩怨，而在侦探小说中必然含有扑朔迷离的案件、个性各异的侦探。从事件展开或从人物展开，都有各不相同而又相互之间有迹可循的模式。类似地，在科幻小说中，也存在着如弗兰肯斯坦模式、畅游未来模式、太空歌剧模式等子类型。

但其实，科幻文学所能承载的叙事模式的种类远多于此。尤其中国科幻的特点之一就是包容力，换句话说就是类型界限的模糊与文体形式的多样。早至晚清时期注重猎奇、炫耀新名词的章回体作品，到20世纪五六十年代针对儿童的科普式小说，到后来《三体》这样的鸿篇巨制，再有“稀饭科幻”“核心科幻”等各种标签下不同形式的新科幻探索，无论是从内容还是形式的角度，都很难用整齐划一的类目去总结和按图索骥。这显示出

① 南帆．文学类型：巩固与瓦解［J］．中国社会科学，2009（4）：163.

科幻文学在中国，不仅是作为类型或体式存在，更重要的是提供了一种想象和创造的空间。

进一步说，虽然存在着类型化特征比较突出的作品，也有不好简单归类的作品。而最有力量的作品，往往产生于这些跨类型甚至超类型的作品之中。实际上，跨文类和混杂性是中国科幻文学的重要特征之一。

第二节　文学的分类与类型学理论

科幻文学通常被认为是“类型文学”（genre fiction）的一种。对科幻文学的研究常常从“类型”这个角度切入，但是关于何谓类型，学界却有不同的看法。既是类型，必有相通之处。各方争论的焦点在于，这些相通之处在形式还是在内容？在美学层面还是在实践层面？从作者角度来说，类型意味着写作时遵循一定的惯例，也意味着有突破的对象；从读者角度来说，类型意味着阅读时带有一定的期待；对批评家和研究者，类型意味着在评论和分析时使用某些既定的工具。可以想见的是，无论对于一般读者还是研究者，在书店的“畅销小说”“科幻文学”的柜台上看见一本小说并随手拿起来翻阅，与在“现代文学”或“当代文学”架上发现一部作品带来的心理期待和感官经验并不相同。而对于作家来说，决定写一本“严肃小说”或“纯文学”作品，与决定写一本“科幻小说”所预设的心理和实践准备也不会是一模一样的。将科幻文学视为一个类型，意味着在研究中注意寻找这些惯例和期待究竟包括哪些内容？更重要的是，它们的存在意味着什么呢？

“类型”的最基本含义就是对文学作品的分类。对文学类型的大致分类存在已久。莎士比亚在《哈姆雷特》中就列举过当时已经存在的分类，诸如悲剧、戏剧、历史、牧歌等。我国早于西方开始对文学体裁和类型进行理论研究，不过，可以对应于科幻文学研究的现代类型研究，确实是晚近的理论成果。对类型文学的研究，一类比较宏观，关注其共同的特质，比如类型文学的定义、规律、历史、接受等；另一类比较微观，关注具体某一类型作品、创作、作家等。从中观层面关注一个类型的规律和特点，并由此启发对文学的认识，这样的研究尚不是很多。立足科幻文学，探讨其形式内容的共同规律，这样的研究确实有充实的必要。本书尝试立足于中观层面，将整体规律研究和具体的文本研究结合起来，希望能够在推进对具体作品的认识的同时，为科幻文学史和理论研究做出一定的贡献。

西方对类型文学理论的具体研究，一般会追溯到诺思洛普·弗莱（Northrop Frye）的“文学分类理论”。在著名的《批评的解剖》中，弗莱阐释了他的“原型理论”，将文学分为虚构型和主题型两类。前者着重讲述人物与其故事，又进而分成神话、浪漫传奇、高模仿、低模仿、反讽或讽刺五类。这五种类型划分的标准是将书中的主要人物和普通人进行比较，按照层次高低先后排列。主题型则重在传达某种寓言意义，弗莱认为主题型中也存在着这种高低程度的排列顺序。① 无论针对虚构型还是主题型，弗莱的分类都非常规整，从理论视角出发，将不同的作品归类入一个统一标准的不同位置。

弗莱的方法与后来兴起的结构主义的思路有相近之处，但是对他来说，文本中蕴含的历史性并没有其表现出的形式特征重要。结构主义者则偏向历史化的研究思路，强调产生某种类型的历史和文学语境，它们在被创作出来时可以运用的资源，即从实际的作品出发，寻找一段时间内某些作品的共同特征，以一种类似“实证”的思维去进行研究。这种可资运用的历史和文学语境，也就是兹维坦·托多罗夫（Tzvetan Todorov）所言的“文学现实”②。在作品创作出来以后，文学现实则参与社会文化结构的建构，如

① 韦勒克，沃伦．文学理论［M］．刘象愚，邢培明，陈圣生，等译．北京：生活·读书·新知三联书店，1984.

② 托多罗夫．奇幻文学导论［M］．方芳，译．成都：四川大学出版社，2015.

此循环往复。如詹明信（Fredric Jameson）所说："类型本质上是一种文学制度，或者说在作者和特定的公众之间存在的一种社会契约，其功能是指出特定的文化工艺的正确使用方法。"① 所以在结构主义者看来，类型不但是历史的产物，同时又反过来生产历史。

解构主义的代表人物雅克·德里达（Jacques Derrida）在《类型的法则》一文中指出，每个文本都有类型的因素，没有无类型的文本；但同时，一个文本也不会对应单一的类型，而是"参与"涉及数个类型的对话，从而表达自己的声音。② 因此，"类型"这个藩篱就是用来打破的。

以上观点虽然主要是针对广义上的类型理论，但在科幻文学研究中可以提供一些理论视角。比如，在结构主义观点的启示下，对科幻文学的作用可以这样理解：具体的某种文学类型也塑造着文学乃至景观的结构。如果说科幻文学反映了在自然科学作为一种世界观和解决问题的方式存在的时代，人类思考自身存在和困境的方式，那么在哲学意义上，这种文学也与其他和科学相关的生活方式一样，将人类的文化生活引入了科技时代。于是，类型有塑造认知的功用。而德里达的观点则提示，类型特征具有一定的约束力，但它们更是突破的对象；科幻文学的价值，与其说在于它们符合科幻类型常规惯例的那些方面，不如说在于它们脱离其他藩篱、放飞自我的那些特质上。这一点将在后文中进一步展开论述。

再回到分类的话题。理论性的分类与历史性的分类，是区分类别的两种主要方法。许多文学理论家也有就这两种方法的得失进行过讨论。比如，卡尔·费尔多（Karl Viëtor）指出，"类型"的分类有两种意义：一是诗歌、史诗或叙事性作品、戏剧这种几乎终极不可再分的分类（诗为主观抒情，是诗人的声音；史诗或叙事性作品中，第三人称或叙事者的叙述和人物的

① JAMESON F. The political unconscious: narrative as a socially symbolic act [M]. Ithaca, NY: Cornell University Press, 1981: 106.

② BAWARSHI A S, REIFF M J. Genre: an introduction to history, theory, research, and pedagogy [M]. West Lafayette, IN: Parlor Press, 2010: 21-22.

声音混合在一起；戏剧中的作者则完全消失，只有人物在说话）。二是历史上的种类，即悲剧、喜剧这样按照其他属性分类的作品。① 这第二种类型，往往反映了特定时代的精神与关注点。在文学理论家勒内·韦勒克和奥斯汀·沃伦看来，在这两者之间，类型的研究对象应该是后者，也即历史性的类型。进一步地，历史上的类型如何确定呢？这里他们偏向了形式主义，认为文学类型“应视为一种对文学作品的分类编组，在理论上，这种编组是建立在两个根据之上的：一个是外在形式（如特殊的格律或结构等），另一个是内在形式（如态度、情调、目的，以及较为粗糙的题材和读者观众范围等）”②，而“我们的类型概念应该倾向形式主义一边”③。也就是，应该是在历史某一阶段形成和流行的结构和形式决定了分类，而不是题材。按照这种观点，八音节诗和十四行诗是类型，而政治小说或关于工人的小说不是类型。

韦勒克和沃伦的看法代表了一些理论家的看法，套用他们的看法，科幻小说或科幻故事就并非类型，或者说，只有科学幻想内容因素，并不足以使一个文本被称为科幻类型文学；只有在它们也符合了一定形式特征的时候，才可以被称为科幻类型的文学。这种看法也招致一定的反对，但是它提出的问题就是类型学理论和文体学理论交叉领域的问题。顺着这个看法，我们可能要问：科幻文学究竟是类型，还是文体？或者说，从这两个视角来观照科幻文学，其间的张力会带来何种启示？

第三节　作为文体的科幻文学

在各个方面的一致性中，本书想强调的是中国科幻文学在文体上的一

---

① 转引自：韦勒克，沃伦．文学理论［M］．刘象愚，邢培明，陈圣生，等译．北京：生活·读书·新知三联书店，1984：228.

②③ 韦勒克，沃伦．文学理论［M］．刘象愚，邢培明，陈圣生，等译，北京：生活·读书·新知三联书店，1984：263.

些特征和演变。在对科幻文学的研究中，以“文体”来描述它这一做法并不常见，因为科幻文学更多地由于其题材和认知方面的突出特点而被视为文学“类型”。新奇大胆的想象、无限的认知疆域、对科学精神的拥抱抑或批判、先锋的题材内容、与其他类文学作品截然不同的精神气质，这些使得科幻文学在文学的丛林中显得如此个性鲜明，因此将其作为一个类型来讨论，具有充分的基础，从这一方面来研究科幻文学的学术著作也已经取得了非常多的成果。但是另一方面，偏西方理论化的“类型”并不足以描述中国科幻文学的特质。主要原因有三：一是从类型的角度进行研究，比较容易陷入西方科幻文学理论的研究框架和思维方式；二是科幻文学的类型研究本身比较缺乏对形式的研究，而更强调内容本身；三是中国文学有着悠久的文体学传统，纳入这一传统文学创作和研究话语，对科幻文学的研究本身是有益的事情。这三点问题本身并非科幻类型研究所不能解决——在类型研究的框架下，当然可以纳入各种各样的研究中，而且正如韦勒克和沃伦指出的，类型研究本身可以强调形式研究。但是，在科幻文学类型研究正在形成自己的特征，并且这种研究特征也取得了丰硕的成果，为学科建设提供了大量优秀资源的情况下，对科幻文学的文体研究可以成为一个不同的视角，提供有益的补充。

文体研究强调文学的具体呈现方式问题，亦即形式问题，但是并不限于形式。实际上，在中国的语境中，文体的含义涵盖了内容题材、结构、语言、风格等各个方面的内容。无论从题材的特别性、语言的新奇性、对既有文学疆域拓展的大胆性方面，科幻小说都可以说具有某些共性，将科幻小说视为一种文体，是可以成立的。以科幻小说为对象进行文体分析，可以得出一些有趣的结论。

此处对文体的基本含义、历史沿革和研究方法做一些简单的回顾，对文体与类型的概念进行区分，以便将科幻文学放置在文体研究的语境中。

文体的观念在中国源远流长，最早的《诗经》中就有风、雅、颂的不同体裁之分，而赋、比、兴的语体被用来指代不同的表现方法。春秋战国时期出现富有个人风格、闪耀思想光芒的诸子散文，史传文学亦得到长足的发展。以屈原作品为代表的楚辞，极富地方和个人风格，成为当时的代表性文学文体。在后来的朝代之中，又渐次兴起汉赋、诗歌、词、曲、杂剧、小说等代表性文体，产生了丰富的优秀作品，构成了中国文学宝库的主体内容。这些代表性文体往往与时代紧密相连，唐诗、宋词、元曲、明清小说等说法在今日甚至对儿童来说都已成为常识。

进入20世纪，中国文学界发生了巨大的变化。白话文运动的兴起带动了白话小说的产生和白话散文的勃兴，文学图景在这个背景下发生了极大的改变。随着教育的发展、平均文化水平的提高、面向大众的媒体迅速增加，文学的作者和读者群都快速地扩大，作者对文学体式的探索更加个性化，也产生了更为丰硕的成果。在现代时期，鲁迅重新定义了杂文，探索了短篇小说和散文诗，郭沫若写出了激情炽热、文字豪迈的诗作，老舍以浓郁地方特色的语言和环境气氛营造出了独特的京味儿文学，沈从文以诗的语言抒写了田园牧歌般的乡村世界，而朱自清的散文以深挚和细腻的情感见长。“十七年”时期活跃的赵树理以极富乡土气息的语言写作新农民生活，杜鹏程用长篇小说的方式展现了解放战争的宏大历史画面，李季则发展了长篇叙事诗歌来展现极具地方色彩的革命生活。随后而至的十年中，虽然文学创作受到了很大的影响，但样板戏等作品达到了很高的艺术水平，并且在文艺形式上开创了新体式。改革开放之后，文学体式更是不断得到创新，呈现多元化的发展。可见，虽然各个历史时期的具体情况不一，但文学创作中体式方面的探索一直没有停止，而是以各种方式一直在进行。不过，由于各种原因，对20世纪中国文体发展的研究整体上不算丰富，虽然也产生了一些开创性的成果。

在科幻文学领域更是如此。由于科幻文学自身原因和外部理解的原因，对科幻文学的文体创新和建构还没有较多的研究。譬如，从晚清时期以章节连载形式呈现的长篇科幻小说，到民国时期不多的几篇长短作品，在文学形态上发生了极大的变化。1949 年后的几十年间，科幻文学主要作为科普文学存在，并且主要面对青少年读者，具有特定的形式特征。20 世纪 90 年代以后，科幻文学发展迅速，在形态方面也向多元化发展，一些作家形成了自己独特的风格特点。不但在文学史层面上，而且在文体发展层面上，这些探索和变化都应该得到相应的研究。在后者层面上，科幻文学目前还未得到充分研究的原因，一方面如前所述，科幻文学的核心被视为一种主题或者题材，强调其内容上与其他文学的不同之处；另一方面，无论是在阅读、评论还是在研究中，科幻文学具体作品中的文体创新也确实常常被其创意或思想的创新所掩盖。但实际上，中国科幻文学在一百多年的发展中，形成了独特而多元的文体形态，并且在科幻文学内部也出现了一些在文体上做出突破的作品。

对科幻文学的文体研究，首先涉及“文体”的界定问题。如果说在中国古代文学领域，对“文体的概念是什么”“怎样界定一种文体”这样的问题尚有一些广泛的共识，那么在 20 世纪中国文学中，这些问题随着白话文的普遍应用、对题材而不是写法的强调，以及文体之间区别的变化而变得暧昧不明了。最重要的原因恐怕是“文体”概念本身的多义性。体裁和体制是其基本含义之一，诗歌、喜剧、散文、小说是中国文学文体的基本类别，此处尚无太多的争议。但是在更下一级的层面上，怎样进行分类？叙事诗和抒情诗的区隔是文体的还是题材的？纯文学与通俗文学呢？传统文学与网络文学呢？类型文学的特征是否关于文体呢？对这些问题的思考又提示我们，文体的含义同样与题材、思想、结构和情感有关，尤其在中国的文学传统之下。

一些研究者在界定现代文体方面已经做出了许多努力。文艺理论家童庆炳指出，“文体”的意义并不限于“文学体裁”，而是具有更丰富的含义——在中国古代，“体”既指文类，也指语体、风格等；在西方，“文体”

对应的词语是 style，可以翻译为文体、语体、风格、文笔、笔性等。因此，他提供了如下对文体的界定："文体是指一定的话语秩序所形成的文本体式，它折射出作家、批评家独特的精神结构、体验方式、思维方式和其他社会历史、文化精神。……从表层看，文体是作品的语言秩序、语言体式；从里层看，文体负载着社会的文化精神和作家、批评家的个体的人格内涵。"① 这一理解实际上将文体定义为两个层面的东西：第一，作品本身的语言形式特点；第二，作家的个人风格特色。或者说第一个层面是作品的体裁，第二个层面是作品的风格。此说概括了文体学一直面对的一个问题，即定义的宽泛和理解的多元化。

更为深入的文体学理论问题超出了本书所要讨论的范围，这里仅对本书所讨论的科幻文学文体加以说明。第一，不管如何具体定义，科幻文学必然牵涉科学技术与人类生活的相互关系，因此"与科学相关"是定义科幻文学的一个必需的因素。许多科幻文学理论著作曾经就科幻文学的定义提出自己的见解，并且具体的定义非常繁多。比如上文提到的詹姆斯·冈恩的定义、达科·苏恩文的定义，以及其他学者或作家，如 R. 布雷特纳（Reginald Bretnor）提出的，"科幻小说是科学以及由此而产生的技术对人类影响所做的理性推断为基础的小说"②；我国郑文光提出的，"科学幻想小说不同于教科书，也不同于科学文艺读物，它固然也能给我们丰富的科学知识，但是更重要的是，它作为一种文学作品，通过艺术文学的感染力量和美丽动人的故事情节，形象地描绘出现代科学技术的无比威力，指出人类光辉灿烂的前景"③；叶永烈提出的，"'科学幻想小说'与'科学小说'、'幻想小说'是不同的，只有同时具有'科学''幻想''小说'三要素，

---

① 童庆炳．文体与文体的创造［M］．北京：北京师范大学出版社，2016：3．
② 吴岩．科幻文学理论和学科体系建设［M］．重庆：重庆出版社，2008：14．
③ 郑文光．谈谈科学幻想小说［J］．读书日报，1956（3）：21－23．

才成其为科学幻想小说”①。诸多定义的存在，从一方面显示了科幻文学理论研究者进入科幻文学的视角之不同，也从另一个方面显示了科幻文学自身的多面性。也许正是科幻文学内部的丰富性和复杂性——形式的多样、主题的多元、美学标准的不同——带来了对其定义的诸多不同理解。第二，科幻文学的丰富性和复杂性并非毫无规律可循，它们还是可以通过体裁、长短、结构、主题、叙事方法、语言特色以及背后的文学和思想追求等各种文学分析工具去分类、研究和总结的。

如果科幻文学的诗学追求，即与科学幻想相关的对科学之崇高、未来之想象、惊奇之美等的“内里”研究②，则其文体特色可以算作“表皮”研究。“表皮”承担了包覆和呈现“内里”的任务，并且在此过程中发挥了巨大的作用；并且也为了解中国科幻文学形态，分析和学习科幻文学创作提供助益。了解和学习科幻文学的这些方面正是本书的努力方向。

本书的几个基本观点是，第一，正如科幻文学作为文学类型是一个历史的概念，其文体特色也是历史的，这也可以说明为什么它是一个“建构”的过程。第二，中国科幻文学是在中国独特的文化语境中生成和建构起来的，虽然在精神上与世界科幻文学联系紧密，但仍需要强调自身的特色，并且，这种特色并非一成不变，而是一个历史的过程。在此过程中，传统叙事方式经过了新的发展与运用，使科幻文学在中国文学版图中呈现出了独特性，包括思想内涵的表达方式与内容组织的逻辑等方面。第三，中国科幻文学是在探索中积累的结果，因此无论讨论作者的创作自觉还是读者的阅读自觉，都必须注意到当时的语境。在很多情况下，尤其是早期，“科

① 叶永烈．论科学幻想小说［M］//黄伊．论科学幻想小说．北京：科学普及出版社，1981：48.

② 伊斯塔范·西瑟瑞－罗内将科幻的“美”概括为以下七个方面：虚构新名词（fictive neology）、虚构新奇性（fictive novums）、未来历史性（future history）、想象科学（imaginary science）、科幻之崇高（the science fictional sublime）、科幻之怪诞（the science fictional grotesque）以及技术史诗（the technologiade）。参见：CSICSERY-RONAY I. The seven beauties of science fiction［M］. Middletown，CT：Wesleyan University Press，2011.

幻文学”“科幻小说”这样后来出现的概念并不存在，创作和阅读常常是自主的，或为“科学小说”“科学文艺”这样的命名所统摄，① 甚至许多我们现在作为科幻文学讨论的作品，在当时的语境中并不与“科学”“幻想”之类的字眼相关，比如老舍的《猫城记》。提出这一点不等于认为现在不可以将其作为科幻文学来讨论，甚至从某种意义上来讲，在中国科幻文学文体建构的谱系中，这种边缘性作品的贡献可能更为重要——后来科幻文学对这些作品的“收编”，不仅体现了更为宽泛的文体和类型意识，扩大了科幻文学的视野，也将更多的文体特征纳入了自身之中，并加以承续和发扬，形成了文体建构和创新的动力之一。但是，本书注意将这些边缘性作品与核心作品加以区隔，将其在文体形成中的位置和作用分别进行讨论。

中国科幻文学的关键词之一是“张力”。晚清，肇始期的科幻文学将新内容与旧形式结合，以章回白话小说和文言小说的方式讲述现代感十足的故事，其中新与旧之间的张力在今天看来具有迷人的时代色彩。在此后的发展中，这样或那样的张力始终是中国科幻文学的明显特征。下文将讨论，中国科幻文本自初期就常使用故事套故事的形式，使得叙事动作与叙事内容之间产生了时间、空间以及思想和情感上的张力。游记和自叙体等形式，起先方便地装载了现代性经验，后来逐渐化为套路而淡出，被更具有复杂性的形式取代。当代文本中多变的叙事视角与一些鲜明的个人风格为阅读行为预留了广阔的思考空间，凸显了语言与思想之间的张力。这些现象显示，中国科幻文学文体一开始就蕴含了多重意义可能，并且在发展中更加成熟。下文简要回顾一下几个与科幻文学密切相关的历史性概念。

需要参考的第一个概念是“科学小说”。1902 年梁启超在日本创办《新民丛报》、《新小说》杂志，从日文用法中输入“科学小说”一词，先是使用“哲理科学小说”的说法，后“哲理小说”与“科学小说”成为独立的

① 吴岩．论中国科幻小说中的想象［J］．中国现代文学研究丛刊，2018（12）：17－29．

标签。但是，“科学小说”的标签并无清晰的界定，常常与“理想小说”“政治小说”等标签混合使用。[①②③④] 造成这种芜杂状况的原因是，究竟小说应当如何归类并非当时启蒙知识分子关心所在，他们真正在意的还是其中传播的内容与理念。无论是理想、政治、科学还是哲理，都意在将新概念和新想法带入中国。

1903 年，鲁迅在著名的《月界旅行 · 辨言》中写道：“盖胪陈科学，常人厌之，阅不终篇，辄欲睡去，强人所难，势必然矣。惟假小说之能力，被优孟之衣冠，则虽析理谭玄，亦能浸淫脑筋，不生厌倦……故掇取学理，去庄而谐，使读者触目会心，不劳思索，则必能于不知不觉间，获一斑之智识，破遗传之迷信，改良思想，补助文明，有如此者！我国说部，若言情谈故刺时志怪者，架栋汗牛，而独于科学小说，乃如麟角。智识荒隘，此实一端。故苟欲弥今日译界之缺点，导中国人群以进行，必自科学小说始。”[⑤] 这一经常被引用的讨论，是关于科学小说之知识普及功能的最早论述，也颇能代表当时启蒙知识分子的想法。例如，《铁世界》的译者、小说家包天笑（也叫吴门天笑生）也曾评价科学小说为“输入文明思想最为敏捷”[⑥]。可以说，以实用主义为目的，在文学中传播科学，这是与科学有关的文学甫入中国就开始了的倾向。

在 20 世纪 50 年代开始普遍使用“科学幻想小说”一词之前，“科学小说”一词基本上可以用来概括所有带有科学因素的小说。但是值得注意的是，虽然如上文所述，在晚清时期的不少作品带有“科学小说”“理想小

① 夏晓虹．梁启超与晚清短篇小说的发生［J］．岭南学报，2015（Z1）：109－117.

② 贾立元．“晚清科幻小说”概念辨析［J］．中国现代文学研究丛刊，2017（8），62－77.

③ 任冬梅．中国科幻小说诞生探源：晚清至民国科幻简论［J］．山花，2015（21）：120－129.

④ 任冬梅．浅析梁启超眼中的科学小说［J］．现代中国文化与文学，2011（2）：75－82.

⑤ 鲁迅．月界旅行 · 辨言［M］//王泉根．现代中国科幻文学主潮．重庆：重庆出版社，2011：3.

⑥ 迦尔威尼．铁世界［M］．吴门天笑生，译．上海：文明书局，1903：译余赘言 1.

说”之类的标注（也并不是都用“科学小说”），但许多如今写进科幻文学史的作品，在当时并未贴上“科学小说”的标签。比如，1926年顾均正发表于《学生杂志》第13卷第1期的《无空气国》，讲述一个朋友去无空气国遇到的奇事，虽然在今天被视为科学小说，但发表时却只标注“浪语”。老舍的《猫城记》在1932年出版之时，并未标注科学小说。许地山的《铁鱼底鳃》在1941年发表于《大风》半月刊，亦未标注科学小说。① 今天我们讨论1949年前的“科学小说”，使用的是一个后设的概念。从所讨论的作品的思想、形式和内容倾向来说，这个概念可以成立，但它的后设性同时也意味着当时科学小说的文体特点实际上是不自觉地发展起来的，这些特点赖以生发的核心动力是作家对于科学和幻想因素的朴素理解。本书后文将谈及“这时候的科幻文学——如果我们这样来称呼的话——的文体特色”，一方面与对科学的理解紧密相关，另一方面又离不开当时的出版生态。

以上简单讨论了“科学小说”的概念，需要参考的另一个概念是“科学文艺”。一般认为，“科学文艺”是在1949年之后使用的概念，由苏联翻译输入，又译为“科学艺术文学”。② 叶永烈在《论科学文艺》一书中简要讨论了对于科学文艺的一些理解。别林斯基对它的描述是“叙述科学家的概念”，同时“又是大众所极感兴趣的东西，并且要求作者多少用文艺形式来表现它们”，“就内容来讲，是科学性的……而从它们的构思和叙述的艺术来看……是十分优美的”。高尔基则认为，“在我们的文学里，在文艺作品和科学作品之间，不应该有显著的差异”，“以艺术手腕传播科学知识”应当大力提倡。著名苏联科学文艺作家伊林给“科学文艺”的定义是：“用

① 徐彦利．独步时代的孤寂：读许地山《铁鱼底鳃》［J］．名作欣赏，2014（1）：37－39.

② 根据贾立元的考证，“科学幻想小说”早至1946年就已经在《申报》和《大公报》的报道中出现，“很可能是在对英语而非俄语的翻译中生成的”。但“科学幻想小说”成为文学界一个广泛认同的类型和文体，仍然更可能是在1949年之后从俄语译过来的。参见：贾立元．“晚清科幻小说”概念辨析［J］．中国现代文学研究丛刊，2017（8）：76.

科学全副武装起来的文学。”①

苏联的科学文艺论述从一个侧面证明，中国引进这些概念的目的性非常清楚，即以科学概念为传播手段。不过这并不意味着科学文艺是一种异质性的文学品类。若从高尔基言，其形式和其他文艺文学应该相差无几；其他两位理论家也在不同程度上强调了这种文学的形式特征仍是艺术的。不过细察几种理论论述，内中并非没有互相矛盾之处。以上述几位理论家的论述来说，就有不同的理解。别林斯基要求科学文艺的内容既是科学概念，又能引起大众兴趣；高尔基强调传播的是科学知识，用的手法是艺术，但也承认科学文艺和一般文艺毕竟有所差别，只是“不应该”有显著的差异。而伊林强调的是在科学之武装下的文学，即文学在科学时代由于表现内容不同而出现的新样式。这些定义和描述具有不同的理解，从一个侧面显示出科学和文学相结合，产生出的新文学样式带来的诸多复杂问题。

在中国，科学文艺概念同样没有清晰的定义，甚至围绕它还展开了几次论争。叶永烈在总结关于怎样的作品是科学文艺时，有两种主要意见：一种认为科学文艺是广义的，科普读物都是科学文艺；另一种认为“科学文艺是属文艺范围，科学文艺作品是文艺作品之一，必须有很强的文艺性。一般的科普读物，不属科学文艺范围”②。参与者各持己见，不过其中的共识是，科学文艺具有教育科普功能，而这也是其存在的主要目的。由于“科学文艺”概念本身是在一种强烈使命感的视野下产生的，通过创作进行科普教育是一个共识，因此在很长一段时间里，创作实践本身比理论研究更受重视。可以说科学文艺一直是一个范围和特点都不太明晰的操作性概念。不过可以肯定的是，科学文艺是特定时代下对有关科学的文学、艺术形式的总称，虽然关于其范围的大小有着争议，但它作为一段时间内统领的文艺概念，在研究科幻文学的概念时必须加以参考。

---

① 以上引文转引自：叶永烈. 论科学文艺 [M]. 北京：科学普及出版社，1980：1－2.

② 叶永烈. 论科学文艺 [M]. 北京：科学普及出版社，1980：2.

科学文艺名为“文艺”，所以包括文学和艺术种类。在这个概念的涵盖下，包括小说、童话、散文等各种文体。根据叶永烈的看法，科学文艺的形式包括“用小说形式来描写科学”的“科学小说”；“用童话形式来描写科学”的“科学童话”“知识童话”“自然童话”；“用散文形式来描写科学”的“科学散文”，其中包括“科学小品”和“知识小品”；“用诗歌形式描写科学”的“科学诗”；“用各种曲艺形式表现科学”的“科学相声”“科学快板”等；以及“科学文艺电影”“科学家传记文学”“科学漫画”“科学连环画”“科学寓言”“科学谜语”等。① 这几乎涵盖了大部分主流的文体以及艺术形式，并且其共性是“表现科学”，可见科学文艺确实是以服务科学的阐发为宗旨的。

此处尤其引起注意的是关于“科学小说”的讨论——这与上文关于“科学小说”的讨论呼应，但此处的科学小说经过了更为自觉和准确的定义。叶永烈认为凡是“用小说形式来描写科学”的小说都是科学小说，包括科学幻想小说。他特别指出：“其中描述科学幻想的小说，称为科学幻想小说；科学幻想小说是科学小说中的一种。”这就是说，“科学小说”分为描述幻想和不描述幻想两种，前者是科学幻想小说，后者则是广义上的科学小说。这与历史上“科学小说”标签的使用实践殊为不同：显然，在1949 年以前，与科学或想象有关的小说常常都被笼统地称为科学小说。

第三个需要回顾的概念是“科普文艺”。科普即“科学普及”的简称，产生于 20 世纪 50 年代。如果说“科学文艺”中尚蕴含着一些模糊性，“科普文艺”的指向性则更为明显。有论者将“科普”所包含的所有文体罗列如下：知识性科普文、实用科技读物、科技新闻、科普讲演、人文社会科学普及文本（包括哲学普及读物、经济学普及读物、法学普及专栏、政治学普及读物丛书等）、少儿科普读物、科普影视作品、科普广播作品、网络

---

① 叶永烈．论科学文艺［M］．北京：科学普及出版社，1980：10 – 11.

科普作品、科学散文、科学报告文学、科学考察记、科学家传记、科幻小说、科学小说、少儿科幻小说、科学童话、科学童谣、科学诗、科普文艺演出作品（包括科普曲艺、科普相声、科普小品、科普评书、科普说唱、科普音乐、科普歌曲、科普器乐、科普舞蹈、科普戏剧等）、科普美术作品（包括科普图画、科学摄影、科学雕塑、科学动画等），等等。① 可以见到，科普文艺包括的文体和艺术种类繁多，其分类和文艺作品的总体分类几乎平行。

本书的主旨是谈科幻文学的文体建构，但上述科学小说、科学文艺、科普文艺的概念对本书所研究的问题有着启示和参考意义。科幻文学的概念是后发的，被当前的文学界和研究界普遍使用，但从历史的角度上讲，它所涵盖的文本主体又是在没有任何类型标签，或者有类型标签，即“科学小说”“科学文艺”“科普文学”等的语境之中生长出来的。

① 董仁威. 科普创作通览：上、下卷［M］. 北京：科学普及出版社，2015. 此书按照上述分类结构，分别对科普文艺各种文体的创作给出了说明和示例。

第二章 | ◆

混沌之初：外国早期科幻小说之形态

世界和各国科幻文学史的写作，都面临界定什么是科幻小说的问题，并且各种文学史之间常常不能达成一致意见。原因很简单，科幻文学不是一个既定的概念，而是在文学实践里逐渐形成的；并不是先有科幻文学这个东西或其定义，作家再去创作，而是从不同的作品里，逐渐出现了这么一类形式、内容之间有相似之处的作品，它们被后知后觉地称为“科幻文学”。无论是世界科幻小说的先驱之一凡尔纳①，还是晚清民初时期游走于通俗小说领域、善写多种类型文学的吴趼人、包天笑等，他们都对自身“科幻小说作家”的身份毫无认知。正如本书强调的：科幻文学是一个历史性的范畴，它是不断更新、发展、变化和拓宽的。也因此，无论在哪种文化里，对科幻史的探寻都是一个主观化的过程，寻求科幻的边界和定义科幻文学伴随着这一过程。

---

① 贾立元．“晚清科幻小说”概念辨析［J］．中国现代文学研究丛刊，2017（8）：62－77.

第一节　命名的力量：美国科幻文学早期状况

英语世界的科幻文学被公认为最发达，因此对科幻文学的溯源常常是在英语文学中寻找的。当然，还有法国的凡尔纳这位经常被称为科幻文学鼻祖之一的人物，但是更多的重要作品还是在英语文学中出现的。有的科幻文学史认为，在《奥德赛》《圣经》中就有科幻文学的因素，有的则更为坚定地提及爱伦·坡或玛丽·雪莱，或认为科幻文学的起源从凡尔纳和威尔斯开始。① 正如前文所述，无论从哪里开始，科幻文学都是一个从无到有、从小到大，逐渐获得定义的类型，因此其早期形态，都是一团混沌。不过，这些混沌尤其显示出各国文学和文化中的特质性因素，回溯这段历史可以帮助我们更好地了解今日的科幻由来之路，从而在一个更广大的语境中理解一个文学类型是如何孕育成型的。

美国的科幻史尤为重要，不仅因为它提供了丰富的、具有代表性的作品，也因为它依托文学生产机制和文化优势，在事实上已经成为科幻文学的一种主流。那就简单回顾一下美国科幻文学史，作为本书研究的参照。尽管不管怎样溯源，最早的科幻文学都并非产自美国，但除了目前数量众

---

① 比如布莱恩·奥尔迪斯（Brian W. Aldiss）将玛丽·雪莱的《弗兰肯斯坦》作为科幻文学的第一部作品。参见：奥尔迪斯，温格罗夫．亿万年大狂欢：西方科幻小说史［M］．舒伟，孙法理，孙丹丁，译．合肥：安徽文艺出版社，2011.

托马斯·迪什（Thomas Disch）将科幻小说的起源上溯到爱伦·坡；帕特里克·帕林德（Patrick Parrinder）认为科幻小说的起源是威尔斯和凡尔纳。

塞缪尔·德兰尼（Samuel R. Delany）认为始自雨果·根斯巴克做出“science fiction”的命名。

亚当·罗伯茨（Adam Roberts）则认为，古希腊时期普鲁塔克的《论月球表面》已经是一篇科幻小说，而他写于公元90年的《苏格拉底的守护神》也有科幻小说的元素。罗伯茨同时指出，在公元160—180年之间写出《年伊卡洛墨涅波斯》和《真实历史》的卢奇安常常被称为“科幻小说之父”。参见：罗伯茨．科幻小说史［M］．马小悟，译．北京：北京大学出版社，2010：21－31.

多的作品、规模庞大的作者群和读者群，以及繁荣的科幻产业以外，美国科幻文学史对世界各国科幻文学史最大的贡献之一，是它提供了“科幻小说”（science fiction）这个词。1926 年，雨果 · 根斯巴克创办了科幻文学杂志《惊奇故事》（*Amazing Stories*），并且在其中提出以“science fiction”命名这类有科学内容的类型化小说。此前，他还提过另一个概念“scientific-tion”，不过后来没有得到应用。“science fiction”这个命名随后通过 1929 年创刊的《科学奇迹故事》（*Science Wonders Stories*）普及，影响非常大，科幻小说后来也因此缩写为 SF 或 Sci-Fi。而现在世界上著名的科幻奖项之一 ——雨果奖，也是以根斯巴克的名字来命名的。

根斯巴克做出这个命名之前，确实已经存在这一类小说。那么命名这个事件本身为什么这样重要呢?

1. 认同和归属

如果此前，早期的作家们是各自为战，从自己的理解出发去进行创作，写出自己想象中的新作品，那么在“science fiction”这个名词出现并被广为接受，成为一类文学的代表之时，写作行为就有了参照。不论作家是对这个文学类型有所认同，在写作时自觉或不自觉地遵从大众或自己对这个文学类型的理解，还是不认同这个文学类型，在写作时有意去反叛它的限制，这都说明类型作为一个既存之物对创作行为发生了作用。对于读者的阅读来说也有一个类似的过程：不管读者认为一部作品“是科幻小说”或者“不是科幻小说”，这种观念的存在本身就会影响其阅读期待。“science fiction”这一名词的提出，以及后续通过杂志出版行为对这个文类进行的规约，影响了作者、读者乃至非读者群体与文本之间的认同和归属行为。

2. 规定和指导

最初通过雨果 · 根斯巴克组织的杂志出版，这种文类得以创立和巩固，并且对后来的作品创作形成了一定的指导和范例作用。显然，文学创作本身是一项创新性的工作，最根本的就是与既有的作品相区别，但后来的作品当然并不是简单的模仿，而是在保持个性特色的同时，追求某些共同的特点，比如幻想、科技元素、冒险、悬念等。如果不具备这些共享的特点中的任何一个，那么就不会被认为是科幻小说，而更直接的结果就是被致力于刊登科幻小说的杂志拒稿。在杂志主要作为娱乐性小说的发表处时，杂志拒稿的力量显然是一种规制力。詹姆斯·冈恩写道："正是美国的科幻杂志确立了科幻小说的标准。而且，美国确立的这一科幻小说的标准被认为是正宗的，也获得其他国家和地区的认可。其原因是，有关科幻小说的一些概念，正是在科幻杂志上进行了深入的探讨，并取得了较为一致的看法。"①

3. 名称就是生产力

如果说早期作者自发创作的力量是零散的，那么他们的作品在获得了命名之后，则不再仅仅是已经存在的文本，而是拥有了"生产"更多文本的能力。人类总是在渴求新的故事，这种新的类型故事由于其带来的惊奇、震撼感受而广受欢迎，因而产生了阅读需求，作品又给新的创作带来可供借鉴的对象。由创作到阅读的循环受到了命名和归类力量的加持，因而拥有了生命力，循环更为顺利地进行下去。像根斯巴克、坎贝尔这样的杂志编辑，在这个过程中起到了极大的推动作用，因此他们在科幻史上的重要性无论怎样强调都不过分。

"科幻小说"这个名字被接受以后，成了类型的标志。命名这一事件确实很重要，在此后，美国科幻文学创作发展就不再艰难。但在命名的表象之下，还有着杂志产业繁荣的物质支撑，这对作家来说意味着较为可靠的收入来源，对读者来说则意味着其文学口味可以得到稳定的满足，对杂志创办者——通常也是编辑来说，这是展现他们对这个文学类别的认识的平台。20 世纪 20—50 年代，数十种美国科幻杂志成为此类文学生产的重要阵

① 冈恩．科幻之路：第一卷［M］．郭建中，译，福州：福建少年儿童出版社，1997：中文版前言 3.

地，这一时期也被研究者布莱恩·阿特贝里（Brian Attebery）称为“杂志时期”。① 其中最重要的两个是：1926 年雨果·根斯巴克创办的《惊奇故事》（*Amazing Stories*），以及小约翰·伍德·坎贝尔（John W. Campbell Jr.）在 1937 年接办的《惊人故事》（*Astounding*），他于 1938 年将这份杂志更名为《惊骇科幻小说》（*Astounding Science Fiction*）。这两位重要的杂志创办人和编辑有着强烈的个人风格，在选择故事上具备独特的眼光。

雨果·根斯巴克强调科幻故事必须既具有娱乐性又带有知识性，并且很注重后者，这使他选择的故事具备“硬核科幻”的早期特征，但他也因此被一些研究者斥为使科幻文学庸俗无味的作恶者：“支配了这一小小领域整整十年的这个人的气质是缺乏幽默的，说教的，陈腐的也是沉闷的，他致命地提倡一种糟糕的科学……其结果是，1926—1936 年的科幻小说也成了缺乏幽默的，说教的，陈腐的以及沉闷的，致命地提倡一种糟糕的科学。”② 不过，虽然有这样的批评存在，但并非主流意见，在根斯巴克手下确实出现了不少具有强烈个人风格的科幻小说。坎贝尔也强调科幻小说必须符合科学事实，针对当时流行的天马行空的幻想提出批评意见，但他对科学的理解更为宽泛，包括社会科学，并且对人物塑造也提出了一定的要求，因此经其手的小说更为人性化一些。同样，还有其他一些杂志编辑也从自己对科幻小说的理解出发，向作者提出各种要求。

可以说，这个时期科幻文学的繁荣局面是在作者和编辑的互动之中产生的。杂志的客观形态影响了这一时期重要科幻作品的文体形式——绝大部分作品为短篇，行文节奏适应杂志阅读。不过，纵然长短大小可以由媒体的形态来大致规定，主题寓意甚至科学知识的准确程度却受到编辑的影响，对一篇具体的小说来说，文体概念中蕴含的内容风格，更是千文千面。

---

① ATTEBERY B. The magazine era：1926－1960［M］//JAMES E，MENDLESOHN F. The Cambridge companion to science fiction. New York：Cambridge University Press，2003：32－47.

② 转引自罗伯茨. 科幻小说史［M］. 马小悟，译. 北京：北京大学出版社，2010：190.

艾萨克·阿西莫夫（Issac Asimov）的著名短篇《日暮》（*Nightfall*，1941）的创作是一个有趣的典型例子。这篇小说在1968年经美国科幻作家协会票选为“史上最佳科幻短篇小说”，也是阿西莫夫赖以跻身于著名科幻作家行列的最重要作品。《日暮》的原始创意来自于坎贝尔，阿西莫夫几乎是在“订制”或“命题作文”的邀约之下创作了这篇小说。但是，创意只是坎贝尔的几句话表述，具体的落实还需要小说家去完成。由于在最后发表时坎贝尔擅自决定加上了一段充满抒情性的话，阿西莫夫对这篇作品非常不满意，因为在风格上与他的创作实在不符——纵然正是这篇小说使他成了著名科幻作家。“他始终认为，被要求就某一主题写篇故事是一回事，回家后面对白纸，打出题目，付诸文字则是另一回事。”①

类似地，坎贝尔也曾给予许多其他小说家以主题和思路的指导，比如克里夫·卡特米尔（Cleve Cartmill）在1944年发表于《惊骇科幻小说》的《生死界线》（*Deadline*），核心创意是运用原子技术的超级炸弹，关于此种技术的存在及其大致原理，也是坎贝尔通过通信提供给作者的。此小说的发表后来曾引起美国政府和军方的关注，因为怀疑其与军事泄密有关，但经调查并无证据显示有泄密事实。调查结束后不久，美国即用原子弹轰炸了日本的广岛，这一事实使《生死界线》显得更有预见性而更为著名。这也成为坎贝尔编辑生涯中的一段插曲。② 不过，军方关注的当然只是小说内容，而作品影响如此之大，与作者本身的行文组织分不开，更与《惊骇科幻小说》作为科幻小说的样板刊物在当时具有的巨大影响力有关。

有关《日暮》和《生死界线》创作的轶事说明，美国早期科幻文体的成型，是媒体形式、编辑思路、作者风格等各个方面因素相互作用之下的结果。不过重要的是，虽然各自观点有不同之处，但无论是作者、读者还

① 姚海军.《日暮》的诞生与成长［M］//阿西莫夫，希尔弗伯格. 日暮. 冉隆森，译. 成都：四川科学技术出版社，2003：Ⅲ.

② 萧星寒. 星空的旋律：世界科幻小说简史［M］. 苏州：古吴轩出版社，2011：40－41.

是编辑，在这个时期都对“科幻小说”的理念、内容、形式等形成了大致相同的认同。这种认同虽然在之后的文学实践中屡次得到修订，但是却形成了美国科幻小说持续发展所必备的基础。

在根斯巴克和坎贝尔的杂志之后，20 世纪四五十年代，美国又出现诸多有影响力的科幻杂志，如《银河科幻小说》等，且各有特点。其他杂志也有开辟科幻小说专栏的，比如当时《花花公子》也开辟了专栏，邀请诸多科幻作家发表稿件，社会上阅读科幻的气氛浓厚。载体和读者的多元化孕育了不同风格体式的科幻小说。

科幻杂志的这段繁兴时期也基本与科幻研究中通常提到的科幻小说黄金时代重合。黄金时代诸多科幻杂志不仅为科幻小说提供了丰富的发表渠道，还因其读者众多、稿酬丰厚，而培育出不少专业或非专业的科幻小说家，他们成为科幻小说发展的重要源泉。这一时期著名的科幻作家，如被称为“美国科幻小说之父”的罗伯特·海因莱因（Robert A. Heinlein）、创造出著名的“机器人三定律”的艾萨克·阿西莫夫、同时关注科幻创意和社会批判的雷·布拉德伯里（Ray Bradbury），以及创作了不少异形、外星人、超能力生物的范·沃格特（A. E. van Vogt）等，都在丰富的创作实践中确立了自己的风格。他们起步于黄金时代，很多在此后继续创作，将个人风格更鲜明地建立和发展起来，在短篇、长篇等各种文体中也都有创作实绩。

1957 年左右，科幻平装书籍兴起，从 20 世纪 30 年代后期持续到此时的科幻杂志鼎盛时期迅速结束。与此同时，国际形势也发生巨大变化，美苏之间的冷战成为时代的最大特征，西方世界在 60 年代进入了动荡时期。科学幻想的主题由此获得灵感，也进入了一个不同的时期。这是 20 世纪六七十年代“新浪潮”科幻小说兴起的背景。

“新浪潮”潮流始于 1965 年英国迈克尔·莫考克（Michael Moorcock）出任《新世界》（*New World*）的主编，对科幻传统进行的大力改革，但在美国科幻文坛也得到了长足的发展。其主要特征是传统“硬”科幻元素的软化，对科技现象进行人文反思，在思想上显示出了女性主义、生态主义、否定技术乐观主义等各种倾向，在写作手法上引入了诸如神话因素、象征主义、超现实主义等。这些倾向与此前时期的科幻小说殊为不同，传统科幻小说类型化特点降低，在文学品质上有所变化，科幻小说与主流文学之间的距离减小。在英国，其代表性作家是詹姆斯·巴拉德（James G. Ballard）和布莱恩·奥尔迪斯，他们是“新浪潮”时期出现的新作者，具有鲜明的个人特征。在美国，“新浪潮”时期的代表性作者有塞缪尔·德拉尼、菲利普·法马尔（Philip J. Farmer）等。[①] 一方面，起步于黄金时代的一些科幻小说作家向这种倾向靠拢，如《沙丘》的作者弗兰克·赫伯特（Frank Herbert），在20世纪50年代早期就曾有一些短篇小说发表在科幻杂志上，但其真正的写作成熟期是在此后受到“新浪潮”倾向影响的基础上才开始的；另一方面，一些本来不属于“科幻小说”阵营的作家也在“新浪潮”时期加入了科幻小说的写作，如《黑暗的左手》的作者厄休拉·勒古恩（Ursula K. LeGuin）等。“科幻”和“主流”的渐行渐近，一方面拓展了科幻文学的领域、主题和表现手法，使其在体式上发生了比较大的变化，另一方面也带来了许多批评。批评的原因，一是许多“新浪潮”作品语言愈发晦涩、淡化情节，导致阅读感受味同嚼蜡，并且令人摸不着头脑；二是背离了在黄金时代作者、读者和编者之间默契形成的关于科幻小说是什么的共同认识，使得科幻小说成了完全不同的东西。比如，约翰·J. 皮尔斯（John J. Pierce）在1971年对这个现象提出了这样的批评：

> 新浪潮的影响导致了对科幻小说评价标准的大破坏……这其中，对评论家和编辑来说最妙不可言的就是科幻小说不能有任何自身的标

---

① 关于“新浪潮”作家的详细情况，参见：吴岩. 西方科幻小说发展的四个阶段［J］. 名作欣赏，1991（2）：122－126；吴岩. 西方科幻小说发展的四个阶段：续［J］. 名作欣赏，1991（4）：104－108.

准，而是要作为其他艺术形式的载体（vehicle）或只是它们的词汇（vocabulary）。……新浪潮就是使科幻小说放弃自己的价值、传统，而让主流文学取代。①

坚持传统科幻文学观念的批评家和作者，如阿西莫夫，对“新浪潮”科幻小说做如此评断，也就无怪乎此后的科幻文学界，一方面涌现出创作倾向与“新浪潮”相靠近的作家和作品，另一方面也有许多作家坚持更为传统的创作思路，分裂成了两派，而这两派不同的风格后续影响一直持续到了今天。

“新浪潮”这股趋势在10年左右之后趋于式微，但是许多作家仍然在做出新的探索和尝试。与此同时，新的风格和倾向也在出现。“新浪潮”之后，出现了以威廉·吉布森（William F. Gibson）为代表作家的赛博朋克风格，乔治·马丁（George R. R. Martin）这种将科幻与奇幻相结合的风格，适应好莱坞电影工业的畅销类科幻小说，等等。这显示，科幻文学成为一种多元的文学，在内容和体式方面都具有了极大的包容性，只要其“科幻”的核心元素——如对科学技术的描述、思考和在此基础上的构思创作等仍然存在，则基本上可以认同其科幻文学的身份。本节更关注早期美国科幻文学的定义是如何产生和获得共识的，此处不再展开叙述。

第二节　科技想象与社会批评：俄文科幻文学早期状况

无论是与西方还是中国相比，俄文科幻产生的政治、社会历史都非常不同，是在“俄罗斯帝国－苏联－俄罗斯联邦及苏联疆域”的历史链条里展开的，并且在形式上和内容上具有极大的多样性。② 其早期的文体形成过程值得回顾，不仅因为俄文科幻对东欧的科幻文学和中华人民共和国成立

---

① 吴岩．西方科幻小说发展的四个阶段：续［J］．名作欣赏，1991（4）：107.

② 星河．俄文科幻的发展［M］//吴岩．科幻文学理论和学科体系建设．重庆：重庆出版社，2008：213.

后较长时间内的中国科幻文学影响非常大，也因为其在混沌中成型的过程亦有参考意义。

最早在18世纪末，俄文科幻文学中就出现了星际飞行作品，譬如瓦里·雷沃夫欣的《最近一次旅行》（1784）。这一时间不仅早于凡尔纳、威尔斯，还早于玛丽·雪莱和爱伦·坡，证明在俄语系科幻的前史中埋藏着现代想象的宝藏。后来又出现了一批乌托邦小说，比如普林斯·米哈伊尔·舍谢尔巴托夫的《奥菲之旅》（或《奥菲尔土地》，1785年手抄本）、奥杜耶夫斯基的《4338年》（1840）等。[①]

在许多对早期俄文科幻小说的回顾中，都提到其中两条明显的线索：以关于科学技术的幻想和预测为倾向的一支，和关于社会制度的反思的一支。在19世纪和20世纪初的俄国科技大发展时期，出现了很多杰出的科学家与科学发明。俄国科幻文学的先驱者，同时也是科学家的康斯坦丁·齐奥尔科夫斯基（1857—1935）就在这一时期写作了几部长篇小说，以表达他的科学理念。他受到凡尔纳《从地球到月球》的影响，写作了长篇小说《在月球上》（1878）、《宇宙在召唤》（1895）以及《在地球之外》（1920）这几部关于宇宙旅行和探索的故事。虽然这些作品作为科幻小说都具备可读性和精彩的情节，但它们实际上主要是作者在沙皇时代研究热情被压抑而以另一种方式释放出来的产物。以旅行游记的体式，装入关于星球、宇宙的知识，在内容上，这是将科学知识融入文学创作的典型文体。

苏联最早出现了反乌托邦小说，比如扎米亚京的《我们》（1920）、布尔加科夫的《不祥的蛋》（1925）以及马雅可夫斯基的《臭虫》（1929）。[②]在文学史中这些作品屡屡被提及，因为它们对当时社会制度的一些问题进行了深刻的思考。除增加幻想因素以外，这些作品的形态则和一般所讲的

---

① 杜渐．苏联科幻三大浪潮［M］//世界科幻文坛大观：第二卷．香港：现代教育研究社，1991：174－204.

② 星河．俄文科幻的发展［M］//吴岩．科幻文学理论和学科体系建设．重庆：重庆出版社，2008：213－215.

小说并无太大分别。许多研究将苏联初期科幻小说对社会制度的反思和批评作为俄文科幻小说的重要特征之一——另一重要特征则是其科学普及目的，尤其是在20世纪50年代人造卫星上天之后的科幻热潮——这自然不错，但是这至多是在20世纪上半期及往后才出现的现象，而此时科幻小说已经经历过了萌芽期。更早的时候情形如何？

值得指出的是，从刊登媒介角度讲，俄文科幻文学早期也严重地依赖杂志媒体。以上所提到的单部作品虽然主要是以书籍出版的途径进入大众视野，但实际上，从19世纪80年代开始，《领域》的大众科学专刊、《欧洲先驱者》的相关栏目以及《自然与人民》这类科学技术杂志就开始发表与科技发明相关的信息、科学幻想类小说以及凡尔纳、威尔斯等外国作家的作品。而这类期刊的定位并不在于刊登后来出现的精英主义、贴近严肃文学或是具有教育意义的科幻小说及资讯，而是更多地面向对科学技术具有一定兴趣的业余爱好者，以及专业人士的业余休闲娱乐。总体上来讲，这类期刊是为流行娱乐而存在的。

有趣的是，许多后来的科幻小说大家早期都在这样的期刊上发表过作品，比如，数学家、哲学家、火箭专家和宇航先驱康斯坦丁·齐奥尔科夫斯基的不少作品就发表在这类科技期刊之中。① 齐奥尔科夫斯基与美国的罗伯特·戈达德和德国的赫尔曼·奥伯特同是世界航天历史上的重要人物，他是现代宇宙航行学的奠基人，被称为“航天之父”。他最先论证了利用火箭进行星际交通、制造人造地球卫星和近地轨道站的可能性，指出发展宇航和制造火箭的合理途径，找到了火箭和液体发动机结构的一系列重要工程技术解决方案。尽管从19世纪80年代开始，他就已经发表过关于太空旅行原理的论文，但是许多专业人士并没有对此加以重视，而是视其为不切实际的空想。更甚的是，学术刊物拒收关于宇航的论文。于是，在19世纪

---

① BANERJEE A. We modern people: science fiction and the making of Russian modernity [M]. Middletown, CT: Wesleyan University Press, 2012: 8－10.

90 年代，齐奥尔科夫斯基开始写作科幻小说，将作品发表在《飞行先驱》这类爱好者杂志上，因为“异常多样化的读者群对现代科学技术的巨大潜力有接受力，不会马上将我的想法当成不切实际的幻想”①。稍晚一点开始创作的作家和工程师叶夫根尼·扎米亚京（Yevgeny Zamyatin，1884—1937）也起步于杂志发表，并且在 1923 年撰文称科幻小说是“最好地吸引我们现代人的关注、获得我们信任”② 的文学形式。

与中国的情况相似，19 世纪末 20 世纪初也是俄文现代期刊纷纷涌现的时期。这些出版周期快、篇幅灵活、商业化运行、带有一定专业性的新式媒体给了科技信息和科幻文学发表的园地，其中孕育出的科幻文学作品也是形态多样化。一方面，作者们受到自西而来的凡尔纳、威尔斯等科幻小说大家的影响——这些杂志正好也以连载的形式刊登着这些西方流行的充满现代气息的作品；另一方面，他们将对新科技的如实报道与自己的想象融入小说之中，也有的像齐奥尔科夫斯基那样加入了自己的前沿性科学发现，或像扎米亚京那样加入对现实世界的思考。文体的混杂是这一时期俄文科幻小说的重要特点，比如有些科幻小说实际上是新闻报道和想象的混合体。这种文体混杂性并不仅仅存在于俄文科幻小说中，而是一种普遍现象。甚至在科幻小说成熟的今天，它仍然是一个包容性极强的文学类别。正如达科·苏恩文和詹明信所论述的那样，科幻小说无论是在意识形态还是在文学影响上，以及在叙事方式上，都是非常多样化的。③ 不过，值得注意的是这段时期的俄文科幻文学作者多有工程和科学背景，这一点与中国晚清时期的情况是有所不同的。

---

① BANERJEE A. We modern people: science fiction and the making of Russian modernity [M]. Middletown, CT: Wesleyan University Press, 2012: 6.

② ZAMYATIN Y. The new Russian prose [M] //A Soviet heretic: essays by Yevgeny Zamyatin, trans. GINSBURG M., Chicago: University of Chicago Press, 1970: 105.

③ 詹姆逊. 科幻小说中体裁的不连续性：布莱恩·奥尔迪斯的《星河战队》[M] //未来考古学：乌托邦欲望和其他科幻小说. 吴静，译. 南京：译林出版社，2014：335 - 351.

后来在俄文科幻文学中越来越明显的科技幻想和社会反思这两支力量，实际上都以文学为手段，目的是传递信息和思想。尤其是“严肃文学”作家们创造的反乌托邦性质的作品，是在后来对科幻文学的研究中才被纳入这一类型的。更为清晰的科幻文学文体意识，在此后苏联初期国家层面对科幻文学杂志提倡的背景下才慢慢显现起来。可以说，无论是具有一定工程和科学背景的作者为倡导自己的理念而写作的类新闻的科幻小说，国家提倡的科普类作品，还是倾向于社会反思的科幻小说，都是在明确的目的下被写作出来的，这个目的本身并非围绕着科学幻想，而是作品想要达到的文化或社会效果。

第三节　“古典”与现代：日本早期科幻文学史的定义

相比美国或俄罗斯的科幻文学发展史，日本科幻文学的历史也许更有参考价值。一方面，日本是我们的邻国，同为东方国家，在文学传统和文化传统上都有相近之处；另一方面，也更为重要的是，清末民初时期国外科幻文学进入中国，很大程度上是通过日本这个渠道，这与很多其他国外文学译介进入中国的情况是类似的。

据考证，在日本，“科学小说”这一词语创造于明治十九年（1886），这也是儒勒·凡尔纳在法国活跃的时代。“科学小说”这个词在“很长一段时间里，都作为 science novel 的译词，还作为具有科幻小说意义的体裁名称使用着”①。很快，在昭和七年（1932），又出现了“空想社会小说”这一名词，含义与“科学小说”相近，没有明显区分。另外，还有人认为“科幻小说”这一术语起源于昭和四年（1929）的《科幻杂志》。② 对科幻小说概念起源的探寻，关系着对科幻文学定义的厘清。

---

①② 长山靖生. 日本科幻小说史话：从幕府末期到战后［M］. 王宝田，等译. 南京：南京大学出版社，2012：4.

有趣的是，日本学界将1945年以前的科幻小说称为“古典科幻”。日本科幻文学研究者长山靖生认为：“‘古典科幻’这个名称包含着对在体裁未定型时代创作的、具有唤醒科幻这一‘不存在概念’之力量的作品、作家的敬畏之意。”① 正如他所说，“古典”与现代的区分，实际的标准是对科幻文学概念的自觉性，“古典”时期的作家是在不自觉的情况下创作的，因此“古典科幻”也就是一个后设的概括性概念。此后的作家具有比较明确的类型化创作意识，自觉地在向一个方向努力，用个体的作品去构建一个统一的文类。为什么这个时间定在了战前与战后的区分点上，是值得具体研究和讨论的，不过这个问题与本书的目的相关性不大，因此此处不做讨论。但值得一提的是，日本科幻文学这种“古典”、现代的区分，不仅出于对作家或作品的“敬畏”，也适用于读者的阅读期待。在20世纪中期逐渐繁荣的日本科幻小说杂志等，确实提供了一个舞台，供读者集中阅读这种新兴起的小说，独特的杂志文化的形成也伴随着类型文学接受的形成。

被称为“古典科幻”的作品包括严垣坦月在1857年创作的《西征快心篇》。小说以日本为原型，讲述英国企图侵略亚洲，位于远东的岛国黄华国在将军滬侯弘道的领导下西征，解救亚洲邻国，攻入英国本土，捉取英女王为人质，最终强迫英国放弃侵略的故事。全文1 500字左右，用汉文写成。历史、时事、政治与幻想的杂糅，这在后来中国的一些早期作品中有着回响。

19世纪60年代以后，日本出现了翻译西方科幻小说的热潮，其中荷兰植物学家彼得·哈定（Pieter Harting，1812—1885）所著的《西历2065年》（或译为《新未来记》）在1866年即得到翻译，而19世纪70年代，凡尔纳的大量作品也得到了翻译，在日本掀起了一股“凡尔纳热”。这股“凡尔纳热”亦传及中国，鲁迅所转译自井上勤译本的《月界旅行》与《地底旅行》

① 长山靖生．日本科幻小说史话：从幕府末期到战后［M］．王宝田，等译．南京：南京大学出版社，2012：4.

即是例证。西方科幻小说的内容和形式无疑启发和鼓舞了日本的小说家，世界之广阔和宇宙之浩渺成为他们笔下故事展开的背景，而凡尔纳用过的旅行记手法，也成为效仿的对象。比如，贯名骏一的《千万无量星球世界旅行》（1882）讲述的是星际旅行，主人公游历不同的星球而见不同的社会制度、风土人情。这一时期的日本小说家格外钟情于与政治相关的小说，其作品中的科幻因素常常与政治主张、国家命运结合在一起，比如政治家、记者和小说家末广铁肠（1849—1896）所著的《二十三年未来记》（1883）、《雪中梅》（1886），押川春浪（1876—1914）所著的《海底军舰》（1900）等，这些作品对当时中国的同类小说影响比较大。

20 世纪一二十年代，日本同样出现了不少刊载科幻文学的杂志，包括《冒险世界》（1908 年创刊）、《新青年》（1920 年创刊）、《科学画报》（1923 年创刊）等。这些刊物不但刊登带有科幻内容的小说，也刊登冒险故事、侦探故事、科学常识等，因此其中的科幻小说品类驳杂，具有多样性的特点。将它们统称为“科幻小说”，同样是后来的发明。实际上，这个时间仍然是所谓“古典科幻”的时期。而“现代科幻”之所以开端于 1945 年，则在很大程度上始于美军进驻日本，在文化上给日本带来极大影响，促使日本科幻向“世界主流”转型。

第三章 | ◆

从语境中阅读中国科幻文学（上）

第一节　晚清科幻文学：旧与新的交汇

科幻文学是一种年轻的文学。“年轻”一方面意味着历史较短，在我们视野可及的范围内能够比较方便地找到资料，用以了解它的源头和流变；另一方面也意味着它的形式还在变化之中，它的可能性还在生长之中，必须用变动的眼光去看待它。于是，如何描述和评价科幻文学的发展，便成为一个考验概念敏感度的问题，也成为每个研究者展示对科幻文学看法的空间。本书第二章对早期一些国外科幻文学史的简单回顾，说明科幻文学不仅缘起于多种目的，有着多种形式，也涵盖了多种内容。而在当代，有两种似乎互相矛盾但内在紧密联系的趋势：一是在世界范围内，人们对科幻文学的理解在逐渐达成比较广泛的共识；二是科幻文学在不断地创新，不断地突破既有的疆界，产生新的表现形式。要了解在中国语境下科幻文学的文体建构史，不妨从科幻文学的溯源问题入手，先来梳理一下既存的对中国科幻文学的理解。

关于科幻文学在中国的缘起，广泛接受的溯源是大多通过日文转译，或是直接译自日文小说。转译作品的原文来自英国、法国、美国、荷兰等，作者包括凡尔纳、斯蒂文森、押川春浪等；而中国方面的译者，主要有鲁迅、梁启超等。① 据目前研究，最早传入中国的科幻小说是1872年在《申报》上刊登的《一睡七十年》，第二部则是1891年翻译的爱德华·贝拉米（Edward Bellamy）的《回头看纪略》。明治十年（1877）左右，日本掀起“凡尔纳热”，这股热潮也跟随着翻译传入了中国。最早传入中国的凡尔纳小说是《八十天环游地球》，译者是薛绍徽和陈逸儒。此后，陆续又有多部凡尔纳小说译介传入中国。凡尔纳热夹杂着其他作者的科幻小说，一时在中国刚刚兴起的现代报刊中形成了繁荣的局面。②

虽然也有不同意见，但基本上公认最早的西方科幻小说是玛丽·雪莱的《弗兰肯斯坦》（1818）。对于中国科幻，则没有类似的共识。寻找中国最早的科幻小说，直到现在仍然是科幻研究者的一个问题。科幻作家、科幻文学研究的先驱者之一叶永烈于2004年撰文，认为《月球殖民地小说》是最早的中国作品。在《1904，中国科幻小说闪光的起点》这篇中国科幻研究领域的重要文献里，他曾回顾自己寻找最早的中国科幻小说的历程：首先根据个人阅读经验，把顾均正的《和平的梦》（1940）定位为第一篇作品；其次根据美国友人提供的线索，将之替换为老舍的《猫城记》（1932）；再次在图书馆清末民初的旧报刊中寻得东海觉我（徐念慈）的《新法螺先生谭》（1905）；最后，从《月月小说》中发现了发表于1904年的未完成连载的《月球殖民地小说》，署名是荒江钓叟，从而将这一年定为中国科幻小

① 吴岩．科幻文学理论和学科体系建设［M］．重庆：重庆出版社，2008：249.

② 任冬梅．中国科幻小说诞生探源：晚清至民国科幻简论［J］．山花，2015（21）：120－129.

说的发端之年。[①] 这种模糊的定位，一方面是由于中国科幻小说中确实并无《弗兰肯斯坦》这样创新性强并且对后来作品影响很大的开山之作，另一方面也是由于科幻小说属于通俗文学“小道”，未能受到文学史的特别关照，存在史料缺乏的问题。

20 世纪 70 年代后期开始，这种情况得到了改善。时至今日，饶忠华、武田雅哉、林健群、李广益、任冬梅等学者在寻找和梳理早期中国科幻作品上取得了丰硕的成果。[②③] 一个公认的假设是，最早的作品应该产生于晚清，并且发表在报刊这类大众印刷读物上。沿着这些学者的思路，从清末民初报刊中寻找更早的原创科幻小说，以及厘清早期科幻小说发展史的努力还在继续，但是目前没有更早的作品被发现。从这一努力中也可以看出，晚清民初的这类以描绘未来为取向，以描述新式器物、新式社会组织为主要表现方式的小说（很多以“科学小说”“理想小说”等为标签）被确认为科幻小说，主要是其内容与未来和科技有关联。

除此之外，部分学者也有不同的看法。王德威在讨论中国文学内生的现代性倾向时，认为清代俞万春所著的《荡寇志》（1847）蕴含创造性的技术幻想，堪称中国科幻小说的先驱，体现一种另类的现代性；[④] 更有许多研究者将中国科幻精神追溯至古代志怪小说和传说、神话。[⑤]

对源头的认定一方面关系到定位科幻产生的“时机”问题——生于什么年代对应着对科幻作为时代精神的认定，另一方面关系着对“什么是科

---

① 叶永烈．中国科幻小说百年回眸［J］．世界科幻博览，2005（1）．

② 杨蓓．晚清科幻小说研究述评［M］//吴岩．贾宝玉坐潜水艇：中国早期科幻研究精选．福州：福建少年儿童出版社，2006：6－9．

③ 李广益．史料学视野中的中国科幻研究［J］．清华大学学报（哲学社会科学版），2015（4）：131－141．

④ 王德威．被压抑的现代性：晚清小说新论［M］．宋伟杰，译．北京：北京大学出版社，2005．

⑤ 有的研究者将中国科幻文学的起源追溯到道家经典《列子》、民间传说“嫦娥奔月”等。参见：HUSS M. Hesitant journey to the west：SF's changing fortunes in Mainland China［J］. Science Fiction Studies，2000，27（1）：92－93．

幻”这个问题的解答。具体来说，在19、20世纪之交的机器印刷小说期刊中寻找科幻文学的先驱，意味着对科幻以“现代性”的舶来品身份来到中国这一描述的首肯。在古代传说、志怪作品中寻找科幻精神的努力，则是对科幻与现代科学的联系的某种否定，并将科幻归入泛幻想的一种类型，强调幻想性才是科幻的本质。到底怎样才算是科幻小说，这个问题至今并没有一致的答案。对这个问题不同的看法不仅体现了对这种文类的理解，也包括对“科学”“幻想”，以及时代精神的认定：在什么时间，什么样的“科学”成了何种“幻想”的主题？为什么这种幻想在这个时间节点成为某类文学的特征？

对最早的中国科幻小说的追寻仍在继续，学界较多人接受的看法是它产生于19、20世纪之交，是一种“现代性”的文学。不错，离开了现代科技和现代思想，科幻小说的血统就不纯正，换句话说，人们对科幻小说的理解是和对现代科技工业的接受紧密相关的。不过，这些探寻的努力主要关注的是被认定为科幻小说的文本中的科技内容与其中蕴含的现代性问题。而被忽视的则是其文学传统、外在表现形式以及“周边”的一些问题，比如科幻文学与本土以及外来文学传统的关系，与媒体的关系，文学表达方式，等等。

科学史学者江晓原和穆蕴秋曾提出一个有趣的看法：科学与幻想之间的互动特别频繁，以至于“两者间的边界几乎可以认为是不存在的”①。这样说的依据是我们阅读到的科学史受到了“辉格史学”（Whig History）的影响，即“我们总是以今天的科学知识作为标准，来‘过滤’掉科学发展中那些在今天看来已经不再正确的内容、结论、思想和活动。这样做的结果是，我们给出的科学形象就总是‘纯洁’的。所有那些后来被证明是不正确的猜想，科学家走过的弯路，乃至骗局……都被毫不犹豫地过滤掉，因为几乎所有的人都同意（或在潜意识中同意），科学史只能处理‘善而有

① 江晓原，穆蕴秋．新科学史：科幻研究［M］．上海：上海交通大学出版社，2016：5.

成’的事情”①。他们认为，科学研究和科学幻想一样，都是提出眼下无法验证的理论和不可能实现的解决方案，因此在某种意义上，二者的边界并不清晰。科学之所以给人正确和客观的印象，乃是因为科学史的写作方式过滤了那些“荒谬”的理论和想法。这一观点有其合理之处，尤其在作者分析那些文本——科学家写的科学幻想小说之时。“小心的求证”最终决定了科学研究做出的发现，不过对科学真理的探求的确必须经过“大胆的假设”。

相比科学史和科学源流叙事的“纯洁”，文学史则有相反的倾向：不论一部作品中有怎样的谬误，作为文学文本，它仍然具有其文学史价值，不会因为在后世看来不符合某种（科学）原理而被清除出文学史叙事。对于科幻文学来说格外如此。原因之一是文学本身并无正确与谬误之分，之二则是所谓“科学”的概念是一个历史的概念，在不同的时代有不同的标准。科学加幻想加文学，得出的是一个“流动”的文体。

回首中国科幻文学的早期时代，太多作品中关于科学的幻想现在看来充满了谬误和天真。比如《生生袋》，虽然似乎以普及生理知识为目的，但其中的生理学解释现在看来几乎全部错误。《新法螺先生谭》中提到灵魂与肉体分开，远赴山巅，甚至于旅行到宇宙之中，如今看来也成笑谈。但是，不可因此就认为这些“不是科幻文学”，因为它们确实向我们展示了当时的民众认识之中的“科学”为何物，根据这种“科学”观所做出的幻想又是何等引人入胜。

本节关注的是晚清科幻文学中的文体流动性。首先是科学概念的流动性，其次是其表现形式的新旧杂糅与其中蕴含的创新性。

关于幻想类小说的体式杂糅，其实并不一定限于“科幻”。梁启超的《新中国未来记》②（1902），被有些研究者当作中国科幻小说的早期作品，

① 江晓原，穆蕴秋．新科学史：科幻研究［M］．上海：上海交通大学出版社，2016：18.

② 《新中国未来记》共写成五回，约9万字，未完。初载于《新小说》第一、二、三、七号，后收入1936年出版的《饮冰室合集》。

但有些研究者认为其科学成分太少，主要为政治小说。作者亦自称“兹编之作，专欲发表区区政见，以就正于爱国达识之君子。编中寓言，颇费覃思，不敢草草。但此不过臆见所偶及，一人之私言耳，非信其必可行也。……但提出种种问题一研究之，广做海内达人意见，未始无小补，区区之意，实在于是”。可见其写作的目的，实为探讨国家大事。不过为了贯彻自己提出的“新小说”理念，即“欲先一国之民，必先新一国之小说”，梁启超采取了小说的形式，并以幻想未来60年以后的状况为方法，这来自日本政治理想小说的方法在当时的中国尚属新奇。

不仅如此，梁启超还在开篇的绪言中提出了自己文体杂糅的问题：“此编今初成两三回，一覆读之，似说部非说部，似榷史非榷史，似论著非论著，不知成何种文体，自顾良自失笑。虽然，既欲发表政见，商榷国计，则其体自不能不与寻常说部稍殊。编中往往多载法律、章程、演说、论文等，连篇累牍，毫无趣味，知无以飨读者之望矣，愿以报中他种之有滋味者偿之：其有不喜政谈者乎，则以兹覆瓶焉可也。”确实，《新中国未来记》名为小说，采用白话写作，其中又杂糅了名单、演说、组织章程文件等；在讲述一个崭新的世界的同时，又采用章回体的结构，每回最后要读者“且听下回分解”；内中主要讲述60年之后的世界，但同时又杂有孔子旁支裔孙、教育会长孔弘道觉民先生在上海博览会上演讲“中国近六十年史”，也就是以未来之眼光回首今日之历史。这些文体上的流动之处，恰好证明“幻想”——无论政治幻想、未来幻想还是其他种类的幻想，因其本身就不同于早先的小说传统，而是创新的产物——常常采用新旧交替、拼贴杂糅的方式出现。虽然《新中国未来记》未必可称为“科幻小说”或“科学小说”，但其着眼于未来、在既有文体间自由穿梭的风味，却在后来的科学小说或科幻小说中屡见重现，显示此时期幻想类小说的一些共同渊源与特征：以未来之名，装入或科学、或政治、或其他的愿景。

另外值得指出的是，“绪言”虽非《新中国未来记》正式的故事内容，但也是文本的一部分，作为小说文本来阅读，另有一番意趣。一方面，它通过“非虚构”的自我陈述语言讲述写作目的，似乎是作者本人的真实目的说明；另一方面，它又通过种种自谦之词，提前对可能出现的批评意见进行了解释，敦促读者安心照小说的思路读下去。于是，这个绪言在功能上与明清小说中的说书者言相类，或者至少脱胎于这样一种传统，而其正襟危坐的形式又带有一定的现代性。

如果说梁启超对《新中国未来记》的政治目的具有较为明确的自我体认，并且显明地写出了这一点，那么更多出于或文学表达、或娱乐目的写成的幻想小说则更专注于讲故事，没有如此明显地反思小说本身的目的指向。很多如今被放入晚清科幻小说分类讨论的小说都是这类小说的例子，比如《月球殖民地小说》《新法螺先生谭》《新石头记》等等。从读者感受来说，后者这类小说的可读性往往更强，虽然读者很可能会发出像梁启超所说的那种疑问：这到底是个什么小说？像传奇而非传奇，像传统白话小说而非传统白话小说，充满荒诞或不荒诞的怪想，读来既有一丝熟悉，又使人感到新奇。文体的杂糅和内容中的新观念、新知识是这种混合的阅读感受的来源。下文对上述三部小说进行两方面的分析，以说明这一点。

一、《月球殖民地小说》：传统文体与类型杂糅

《月球殖民地小说》被视为中国第一部科幻小说，作者是荒江钓叟，详细身份目前未考。1904 年开始在《绣像小说》上连载，但未完成。写完的部分有 35 回，总计约 13 万字。小说讲述湖南人龙孟华反清而流亡国外，与日本友人、志士和发明家藤田玉太郎一起乘坐热气球在世界各地游历，寻找失散的妻子。小说想象他们遭遇“月世界”的月球人，并计划发明更为先进的气球，载人去月世界发展文明。不过，月世界上的事还未来得及讲述，小说便已停止连载，因此这部鸿篇巨制其实还没有完全展开。结合已有的 13 万字来看，小说的架构与设想是极为宏大的。

既然名为“小说”，《月球殖民地小说》便遵从惯例，采取章回体形式。事实上，当时在《绣像小说》上连载的长篇小说，也确实都遵从同样的传统。一方面，以“回”命名小说单位，且以对仗押韵的方式命名章节题目，如“第一回　李安武避难芙蓉国　龙孟华遇险兰箬河”“第二回　秋叶丸问天悲侠友　美华厂梦月悼贤妻”等。另一方面，小说中隐含了一个“说书人”，在每回开头与结尾出现，用“话说……”“未知后事如何，且听下回分解”等固定的说辞形成一定的结构，并且在叙事中使用旁观者的语气，偶尔出现做出评论。每章最后，还附一首七言诗歌作为回目总结。这些是明清以来章回体小说的固定模式，在《月球殖民地小说》中并未见太大的突破。在《绣像小说》连载之时，还遵循杂志惯例，配有多幅绣像，以帮助说明小说内容。

而小说的叙述逻辑，先以龙孟华妻离子散为线索，引出李安武等中国义士帮忙，后又因缘际会，经玉太郎夫妇驾驶热气球带领，一同环球游历，四处寻访龙孟华的妻子。先是在实际的地点如美国纽约、英国伦敦、非洲以及印度等地，后又到幻想中的海岛，见识各种奇闻逸事。寻找龙妻只是一个由头，小说的实际重点放在寻访游历过程中的所见所闻。这种游历式创作框架，已在清代李汝珍《镜花缘》之类的小说中使用过，而以记录海外奇闻逸事为趣味的传统，甚至可以追溯到《山海经》。在后文展开的情节中可见，龙孟华的妻子和儿子也失散了，一个流落海岛，一个因遇到月球人而受邀到月球上求学。两人的存在在结构上起到引出新地点、展开新故事的作用。

小说已有的 35 回中，前半部分实际上也基本与科学幻想无涉，反倒更像当时流行的谴责小说。不过此种谴责，因提供了理想的政治和技术解决方案——至少从完成部分来看，小说有这方面的构想——而半路转为理想小说与科学小说的杂糅体。开篇不久，由龙孟华的儿子，天文博士龙必大引出龙孟华与妻子失散的故事：不仅龙孟华因昏官无道，试图报复而错杀他人，因此远走他乡，他路上所遇见的恩人义士李安武也因为国家命运献策而遭到治罪，治病救人的医生白子安亦遭构陷而流落南洋。后来所遇的日本义士玉太郎，其父亲亦因向本国政府献策而被斥为扰乱国家法令，最终郁郁而终。在环球寻妻路程开始之时，尚有对日本、美国等国的一些褒扬之词，但在二三十回之后，也陆续揭露了这些所谓发达国家中普通民众的悲惨生活。如此种种，处处显示当时各国当权者的腐朽，而清白的“月亮”的意象则反复被提起，作为人物想象中的“别样”的理想世界。如龙孟华多次如此对月慨叹：“月亮啊月亮！我们祖国偌大的地方，竟没有几个人像你一般模样，照得我心事出来的。可惜你离我太远，可惜我身无两翼，不能从这肮肮脏脏的世界飞到你清清白白的世界里去。”① 从这个角度来说，后文的月球殖民地故事，当是描述幻想中的理想世界，作为与黑暗现实的对比。

小说前半部分对政治黑暗的揭露和谴责，奠定了小说的基调，并非专为展示新科学或技术，而是指向政治制度、国家治理和文化传统的改革。譬如在寻妻探险的过程中，一行人在印度附近查访“鱼鳞国”，见其国虽面积大、人口多，但有女人缠手的恶习，“生出女儿来，一定要缠起他的两只手，缠得两根臂膊像麻秸，十指儿像一对兰花，便算是他国里的绝色美人……所以通国的女子，无论是吃饭穿衣，没有一件不靠着男子的”，而由此带来的沉重的劳动力负担使鱼鳞国“种田的田荒；做生意的生意不兴旺；读书的只做些山歌水曲，流连风月，没一个想做些正经文章；当兵的只想坐着吃粮，打劫自己部落的百姓，没一个想开疆拓土，做些惊天动地大事业的”。这类议论显而易见是针对中国的传统弊病，以讽刺的方式提供改良建议。而后文中透露出月球之文明昌盛、富庶进步，则作为一个理想的国家模型而存在。与《新中国未来记》相较，二者其实有着共同之处，即

① 此章引用《月球殖民地小说》原文，均来自：章培恒，王继权. 中国近代小说大系·痴人说梦记/月球殖民地小说/新纪元［M］. 南昌：江西人民出版社：1989.

“理想小说”的一面，这也是晚清时期许多现在作为科幻小说讨论的作品的共同面向。

这种体式与格调的杂糅自然已带有一种新奇感，但小说另有其创新之处。首先可见的是从外国到外星球的新地理空间的引入，其次则有新名词的采用。且看开篇的故事背景总括介绍：“话说巫来由西南海岸，有个部落，名叫松盖芙蓉。这松盖芙蓉，自从同治十三年便归英国保护。中间有个兰箬河。兰箬河的两岸，大半是我们中国人居住。就中有个小小村落，在兰箬河北岸，离开松盖芙蓉的会城赛郎都不远，叫个突而其斯村。村中有个天文博士，原籍湖南湘乡县人氏，姓龙名必大，表字虚崖。”这巫来由，即是马来半岛一带，故事一开始，便将背景设在了南洋。虽然后面短暂讲述在该部落内发生的事件，但很快即成了一个环球游历的故事。借助玉太郎的新式气球，几人一路寻访龙孟华失散的妻子，从纽约到伦敦，到非洲，又到印度……整个故事也因此以探险寻访为线索。一路上所见的高科技，不仅有快速的新式气球，也有机器椅、电光衣等各式新奇玩意。虽然受制于小说家对技术的了解程度，对这些新器物的描写都显得非常模糊，但是提出这些概念，已然为小说增添了新意。

当然，在小说中的月球作为一个可供参观游览、居住甚至移民的对象之后，前述的新奇技术都显得小儿科了。虽然我们未曾读到登月之后生活究竟如何，但是通过盛邀龙必大去月球的凤嬛一家的言语描述和其携带的交通工具，可窥见月球上科学技术之发达，文明之进步，以及生活之富庶。不过，小说中对月球最典型的想象正如下文所述：“黄金为壁，白玉为阶，说不尽的堂皇富丽，就中所有的陈设并那各样的花草，各种的奇禽异兽，都是地球上所没见过的。”凡想象处，多为虚言，显示了对于异世界之幻想的捉襟见肘。

小说中富庶安逸的月球是最为人向往的地方，可谓一个理想的去处，其科技之发达，倒并未得到专门强调。小说完成部分中对月球之科技的直接见识，只有其气球。这是通过玉太郎的眼光进行描述的：“看看那些气球的制度，比着自己高强得许多；外面的玲珑光彩并那窗槛的鲜明、体质的巧妙，件件都好得十倍……只见对面的一个球里，走出一个十几岁的孩童，开了窗户，一手扭动机关，放出来一道飞桥。这飞桥的质料，论他的柔韧，好像橡皮；论他的光洁，好像水晶；两面又有红漆栏杆。”而气球中的陈设则“到处都和地球上的两样……天光已经昏黑，这里周围墙壁和桌椅台凳一切物件，却自然的放出一般异彩，比着电灯还要明亮几倍”。此种描述，其实是用物质之富裕来暗示科技之发达。对于具体的科技细节，小说无法给出详述，所以在阅读感上对传统奇闻类幻想小说突破并不大。第 35 回结束，写到的情节是龙孟华一家应邀去月球上访学，已经出发，而留在地球上的玉太郎为了追上他们，打算对自己的气球进行改造。小说家之所以未能完成这个宏大的题目，原因可能有很多，但很可能最大的困难在于究竟该如何想象与描述月球上的生活。

从以上分析中可见，这部也许是中国最早的科幻小说，在文体、内容以及具体描写上都对传统小说多有借鉴，甚至可以认为只是带有一定科学想象的传统章回小说。不过，正如论者所言，它一方面突破了我国传统小说以中国为中心的空间观，不但令主人公周游世界，还将月球视为可游览、可居住，甚至可以大规模移民的地方；另一方面突破了循环时间观，采取线性的进步时间观，视文明的进步为无限上升的过程，因此与传统小说确有分别。① 而其中带有的对中国之习俗、文化、政治制度及国际地位等各种落后之处的忧思，正是在杂糅中慢慢生成的中国科幻小说初期的重要特征。②

---

① 任冬梅. 科幻乌托邦：现实的与想象的——《月球殖民地小说》和现代时空观的转变［J］. 现代中国文化与文学，2008（1）：92－110.

② ISAACSON N. Celestial empire: the emergence of Chinese science fiction [M]. Middletown, CT: Wesleyan University Press, 2017: 93－107.

二、《新法螺先生谭》：文言短制中的杂谈闲话和理论建构

在《月球殖民地小说》被视为中国第一部科幻小说之前的一段时间里，这个标签对应的是东海觉我（徐念慈）的《新法螺先生谭》。《新法螺先生谭》在1905年由上海小说林社以单行本的形式出版，全书名为《新法螺》，出版时注明为“小说林社科学小说之一”。同一册里还包括天笑生（包天笑）翻译的《法螺先生谭》和《法螺先生续谭》两篇小说。包天笑所译的两篇，系转译自日本大江小波（岩谷小波）所译的《法螺先生——德意志小说集》和《续法螺先生——德意志小说集》，原作为德国民间故事明翰生男爵历险记。①

《新法螺先生谭》是新法螺先生的自述，讲他由于苦思世界运行的规则，某天奔赴高山之巅遭遇狂风，而致灵魂与躯壳分离，具备了可以自由地使二者分离或合一的能力，以此更有了控制能量、发出奇光的能力。欧美各国科学家对这奇光进行研究，却不能得到要领。新法螺先生的灵魂与躯壳分别入地、上天，经历了不同的奇遇。而小说的后半部分，新法螺先生在上海发明“脑电”，开始作为通信手段，后来成为终极的能量来源。他举办培训班，将方法传授给全球各国民众，最后居然致使大量行业消亡、从业者失业，因而成为众矢之的，只好回到老家避难。

从内容和思想上来讲，《新法螺先生谭》涉及的话题颇为驳杂。首先，小说对“科学”体系在解释世界运行规律上的有效性这一问题提出了疑问，并且试图在科学和宗教之外建立另外的解释方法。这一点将在下文详述。其次，对中国民众不思进取的现状进行了批评，这体现在新法螺先生意欲以自身具备的超级能力来唤醒中国人，但所得到的只是冷漠忽视。此外，新法螺先生在地下世界见到黄祖老人，老人通过化学方式表明中国人性情中的“恶根性”超越了“善根性”，希望新法螺先生想办法唤醒民众。后者

---

① 有关徐念慈其人与小说林社的情况，参见：武田雅哉，钱玮．从东海觉我徐念慈的《新法螺先生谭》说起［J］．明清小说研究，1986（2）：440－450.

虽然答应，但是在后文中却没有重提此事。再次，小说还涉及了科技自动化导致社会经济结构变化、失业等问题。此外，也有一些纯粹奇谈，比如在水星上观摩“造人术”等。所以从思想指向上来看，小说并无统一的议题，而是通过新法螺先生奇遇冒险的经历，边讲述故事边发出议论，确实符合杂谈闲话的特征。

与发表在“新小说”和通俗小说杂志上采用白话的《新中国未来记》《月球殖民地小说》相比较，《新法螺先生谭》最明显的特色是其文言语言。包天笑翻译的《法螺先生谭》和《法螺先生续谭》即采用文言，《新法螺先生谭》遵循其体制。包天笑后来回忆小说林社时期采用文言翻译的缘由：

> 这时候写小说，以文言为尚，尤其是译文，那个风气，可算是林琴南翁开的。林翁深于史汉，出笔高古而又风华，大家以为很好，靡然从风的学他的笔调。后来到五四时代，极力提倡用语体文的如鲁迅、胡适之辈，所译写的短篇小说，也是用文言的，其余的更不必说了。不过如果写章回小说，每回都有回目，纯中国旧小说的体裁的，传统下来的是用白话文了。①

包天笑的说法确实可以从当时的小说形态中得到验证。《新法螺》中所收的三篇译作小说，皆篇制短小（《新法螺先生谭》约 14 000 字）。有其他外来译本作为参照，采用文言是自然的了。

另一叙事特点是采用第一人称，并且小说前有两层说明式的框架。第一层是东海觉我作为作者提供的“觉我曰”，讲述写作此小说的缘由；第二层是小说中的新法螺先生在讲述自己的经历前给读者的一个说明。使用第一人称讲故事这种形式在传统文言小说中并不常见，此处显见受到了翻译版本的影响。而采用叙事框架则是当时小说中一个普遍的方法。值得一提

① 包天笑. 钏影楼回忆录［M］. 香港：大华出版社，1971：325.

的是，在这两层基本框架之外，小说中还杂有一段新法螺先生“日记簿”中的摘抄内容，讲述此前在北极探险的奇遇。

从包天笑的翻译本来看，原著明翰生男爵的故事兼有探险小说和科幻小说的特征。一方面，故事以“余”（“法螺先生”）的探险游历故事为线索和结构，比如《法螺先生谭》是法螺先生自述在俄罗斯、德国、法国和英国船上及北极游历的奇遇，吹嘘自己的本领。《法螺先生续谭》则是他自述到月球、地底、海上等地游历的经历。两书内容荒诞，主要是奇遇故事。虽然杂有一点科学常识，如“余幼时在小学校中，颇闻地圆之说，至是乃益信”，但主要是幻想奇遇，意在博读者一笑。天笑生在《法螺先生谭》前所注的一段译者说明的文字，亦指出这一点：

> 天笑生曰：“癸卯残冬，围炉团坐，我妇震苏，手日本岩谷小波之滑稽谈，名曰法螺先生者。泥予口述，予被是书，其原本出自德文，读之能助人奇想，而日文之‘法螺’两字，此言荒诞不经，其名义实亦传自西域译文，述法螺先生竟。震苏欲录出之，而不能文。予乃草此示之，下述皆法螺先生话。”①

此小说在日本被视为“滑稽谈”，包天笑翻译时也接受此说法，肯定小说的娱乐性质。而徐念慈的创作前，亦附一段“觉我曰”：

> 甲辰夏，我友吴门天笑生以所译日本岩谷小波君所译《滑稽谭法螺先生》前后二卷见示。余读之，惊奇诡异。暑热乘凉，余攫之与乡人团坐，作豆棚闲话，咸以为闻所未闻，倏惊倏喜，津津不倦，至三日而毕。次夜集者甚众，余不获辞，乃为东施效颦，博梓里一粲，不揣简陋，附诸篇末，大雅君子，尚其谅诸。②

① 天笑生．法螺先生谭［M］//新法螺．上海：小说林社，1905：21.

② 东海觉我．新法螺先生谭［M］//新法螺．上海：小说林社，1905：1.

此段文字意在说明写作缘由，也肯定了小说作为奇谈闲话之资的性质。为乡人所作的目的也许只是托词，但小说本身的娱乐性质可以肯定。不过，仔细分辨小说内容，比起两篇译文，《新法螺先生谭》带有更多的新式科学名词，也含有更深的政治文化含义，说是纯粹的滑稽故事已不适合，何况在发表时已经被小说林社注明为“科学小说”，可见这一篇在当时并非被当作全然的消遣之作。

《新法螺先生谭》的叙事者是新法螺先生，不同于原著的法螺先生，这位后来的讲故事者具有更深的科学造诣，也对科学名词和理论更感兴趣。小说中充斥着“速度”“吸力”“元质”“显微镜”“光力”“加速率”“脊椎动物”“蕨类植物”等科学名词，夹杂在文言小说之中，读来十分新鲜。虽然有卖弄名词之嫌，也有错误之处，但也存在“太阳吸各星球，能使绕着运行，其能力有若干”之类对科学原理的通俗化阐释，显见小说家确实对简单科学原理有所了解。

不过有趣的是，此篇并非为宣扬科学至善的观念而作，反而开宗明义，借由新法螺先生之口，声称对宗教和科学都持怀疑态度：“余幼时颇迷信宗教者言，深信所谓天堂也、地狱也。以为偌大世界，何事蔑有。科学家仅据矿物界、植物界、动物界种种之现象，种种之考察，以为凡物尽于斯，凡理尽于斯，使果然焉。则世间于科学外，当无所谓学问，不复有发明矣，而实验殊不然，何哉？余本此问题，愈思愈疑，愈疑愈思，既而奋然曰：‘余苟局于诸家之说，而不能超脱，张其如炬之目光，展其空前之手段，是亦一学界之奴隶而已，余决不为，余决不为。’”① 此番解释声明小说实际上是在宗教与科学之外另寻对世界的解释，态度与通常理解的“科学小说”颇为不同——虽然很多“科学小说”本身内容含有诸多谬误，但它们还是追求以“科学”来解释世界。《新法螺先生谭》谈灵魂和躯壳的分离，谈人

① 东海觉我．新法螺先生谭［M］//新法螺．上海：小说林社，1905：1.

体发光，谈“脑电”，这些东西近于玄学，让人联想起20世纪20年代知识界的“科玄之辩”。借助幻想中的灵魂和身体上天下地之旅，小说营造了一个与宗教和科学范围内当时所知的客观世界非常不同的世界。① 如果一些其他“科学小说”中出现这种天马行空的幻想主要是由于小说家的科学知识不够，只好依靠奇想的话，包天笑此篇就不同。包天笑虽然并不是科学专家，但具备一定水平的知识储备，因此小说中的创造是有意而为之，营造的世界确实跨越了宗教、科学两种世界观的界限。

不过虽然如此，小说文本本身又不得不借助宗教和科学名词。比如宗教中的“灵魂”概念，比如上文提到的各类准确或不准确的科学名词。要在两种世界观之外去建构一个不同的世界观，终究要基于已有的知识体系。

三、《新石头记》：从社会小说、科学小说到科幻小说

吴趼人的《新石头记》也经常被作为早期中国科幻文学的重要文本讨论。② 吴趼人作为晚清时期一位丰产与成熟的通俗小说家，有诸多章回体小说作品，尤其在谴责小说方面成就甚大，《二十年目睹之怪现状》被称为“晚清四大谴责小说”之一。另外，《电术奇谈》《九命奇冤》《恨海》等也是其著名作品。《新石头记》在其众多作品中亦相当为读者熟悉。这部章回体小说首先在1905年连载于上海《南方报》，署名“老少年”，当时并未连载完，只有11回。三年后的1908年，上海改良小说社以《绘图新石头记》为题出版单行本，署名“我佛山人”，标明为“社会小说”。这次出版的是全本，共4卷8册，总40回，并附插图42幅。

---

① 任冬梅认为包天笑通过“虚空界之发明”，意欲将“关于灵魂的学问”纳入“科学”的范畴中，并得出与西方科学相比，中国文化更具有本体性价值的结论。参见：任冬梅．晚清科幻小说中的“科学”：以《新法螺先生谭》为例［J］．山东文学，2016（9）：99－102.

② 这方面比较早的研究是王德威在1983年发表于《中国时报：人间副刊》的《贾宝玉坐潜水艇》。此文收入：王德威．小说中国：晚清到当代的中文小说［M］．台北：麦田出版有限公司，1993：137－159.

在《新石头记》写成的年代，续写《红楼梦》的版本甚多，大部分从贾宝玉与林黛玉的感情方面进行拓展，多有林黛玉死而复生、贾宝玉妻妾成群之类的情节，不仅与原著的精神内涵完全违背，甚至充满封建庸俗的情调。不过，这些续作多是在《红楼梦》的世界内再进行演绎的。而《新石头记》则将贾宝玉引入一个新的乌托邦世界，林黛玉更是根本没有出现。在内容和精神气质上，这部续作十分不同，带有新时代的气息，可以说是在《红楼梦》的世界之外另辟一个世界，也可以说托用《红楼梦》中的小部分人物和框架来完成一个属于新文体的故事。对于《红楼梦》种种续作的庸俗状况，吴趼人是有所了解的，因此开宗明义，以作者的身份在小说第一回这样写道：

> 按《石头记》是《红楼梦》的原名，自曹雪芹先生撰的《红楼梦》出版以来，后人又撰了多少《续红楼梦》、《红楼后梦》、《红楼补梦》、《绮楼重梦》……种种荒诞不经之言，不胜枚举。看的人没有一个说好的。我这《新石头记》，岂不又犯了这个毛病吗？然而，据我想来，一个人提笔作文，总先有了一番意思。下笔的时候，他本来不是一定要人家赞赏的，不过自己随意所如，写写自己的怀抱罢了。至于后人的褒贬，本来与我无干。……①

“本来不是一定要人家赞赏的”这样的谦辞可能并非作者本意，但借小说框架和人物来“写写自己的怀抱”却是真的。作为谴责小说大家，吴趼人在这篇独辟蹊径的续书中仍然延续谴责和批判的指向，以改变社会现状为期待，强调贾宝玉“补天”的情怀：“贾宝玉突然想起……只和那些女孩子鬼混了几年，未曾酬我这补天之愿，怎能够完了这个志向，我就化灰烟，也是无怨的了。”借助贾宝玉在当时世界与一个幻想的“文明境界”的旅行

① 吴趼人．吴趼人全集：第六卷［M］．哈尔滨：北方文艺出版社，1998：16．下文所引小说原文均出自此版本，不再一一注明。

见闻，吴趼人在这部小说中寄寓了深厚的民族主义情怀，对中国应该采取的发展道路——如何“补天”——大发议论。

这部章回体小说用白话写成，共40回，约23万字。作为成熟的小说家，吴趼人对章回小说轻车熟路，因此小说结构均匀，非常完整。这40回明显地分成前、后两部分。前20回，写贾宝玉结束修行，回到尘俗世界，却神奇地跨越时代，到达了20世纪初的上海。在上海他遇到了认识的焙茗和薛蟠，其时薛蟠已经在上海经商，熟悉情况。贾宝玉于是在薛蟠和其他人的指点下见识上海的新器物、新玩意，洋人、洋货当道的情形，以及许多中国人崇洋媚外的丑态，发出应学习西洋技术，发展中国制造业，避免被西洋握住经济命脉的议论。其间插入薛蟠赴北京参加义和团并失败的情节，小说在此对义和团的荒唐天真进行了批评。后20回写贾宝玉应薛蟠之邀北上赴“自由村”一游，但误入“文明境界”，在此目睹了一个理想中的世界。后20回中的文明境界，一是以儒家政治伦理道德思想为基础，二是以高度发达的科学技术为支撑，三是具有高水平的国民素质。整个小说意在展示由执掌政权的“东方文明”——其真实身份是甄宝玉——创造的中国式开明专制国家是当时中国“补天”的理想模型。

从单行本《新石头记》出版时标明“社会小说”来看，这部小说并未被当作科学小说来看待。纵观小说内容，与科学技术有关的幻想也并非主要部分，只是掺杂有科学内容。这与“理想小说”的情况类似：很多乌托邦类作品对理想社会的幻想是全方位的，但科学技术的发展确是其中的重要方面。在小说中，中国因科学技术落后，不得不大量进口外国商品，源源不断地将财富拱手让人。而由于学习精神的缺乏，国人止步于购买商品，不去研究外国的先进之处，使得落后的局面持续不改。对此局面，贾宝玉痛心疾首，他所期待的是“师夷长技以制夷”的做法，与洋务派思潮一以贯之。

文明境界的科技之发达，展示了贾宝玉心目中的中国应通过学习和突破西方科技而达到的水平：农作物一年四熟，食物充足精美；四时植物随时都可观赏；生活方面极为便利，司时器便捷报时，助听器、千里镜延长耳目功能，机器人补益人力；出则有飞车、隧车（隧道中行驶的电车）帮助行动，可以在水中使用水靴行动，甚至可以乘坐潜水艇进行环球旅行。在小说中，东方科技带给人的便利之处，样样强于西洋器物，实际上却是根植于西洋科学的应用一面。

无论是科学还是技术，在小说中都是作为“用”的西学，真正的关注点仍是恢复以儒家思想为基础的中国伦理秩序。这在文明境界的设置上得到证实：文明境界“之内都是孔子之道”；其统治者东方文明，表字为强，生三子一女：东方英，东方德，东方法，东方美，此家族共同定国安邦；行政区划“中央是‘礼、乐、文、章’四个字；东方是‘仁、义、礼、智’四个字；南方是‘友、慈、恭、信’四个字，……北方是‘忠、孝、廉、节’四个字”。在小说末尾，贾宝玉在梦中重回上海，得知中国已采取君主立宪制度，而正在上海举行的万国博览会邀请东方文明做关于世界和平、人种平等的讲话，这位中国皇帝俨然已成世界政治领袖之一。此书希冀中国依传统秩序发展强大、人民借助科技力量过上富足生活、最后成为世界政治中心的愿望表露无遗。在当时的通俗文学潮流之中，这种社会政治指向是流行的趋势。

《新石头记》被视为科幻小说来研究，自然强调了其创新的一面。单独读小说的后20回，与当时流行的凡尔纳式科幻旅行记有诸多相似之处。吴趼人是《月月小说》创办者之一，而这个杂志刊登了不少外国科幻译文，所以他对引进的科幻小说自然是熟悉的，很可能深受影响。在新奇技术的想象和描绘上，这部小说极为引人入胜，比起泛泛想象中国强大的其他通俗小说高出数筹。同时，小说的前20回又具有强烈的谴责小说特色，并未涉及太多幻想与科学内容。因此此部小说也以内容和形式的杂糅为特色。

值得指出的是，虽然此书在内容和关注点上早已脱离了《红楼梦》的视野，但是作为《红楼梦》续书之一，还是保存了原有的神话框架，以顽石补天的故事开首、结尾。在小说的结尾，贾宝玉因补天之愿已经为甄宝玉所实现，颇为伤感，遂将自己的宝玉赠给文明境界结识的朋友老少年，一个人去自由村云游。而这块宝玉幻化为一块奇石，留在文明境界灵台方寸山斜月三星洞之外。奇石上所刻奇文，经老少年敷衍成文，成了这一部《新石头记》。有趣的是，小说最末还附有一篇英文诗歌，声明专给媚外的小人读，内容则为谴责和劝诫之辞，这使小说显得十分新潮。

虽有补天大志，但贾宝玉再次志向未酬，《红楼梦》的神话框架仍然对这部小说具有约束力。借用和发挥古典名著，与既有的文学典故形成共鸣，一方面使小说与文学传统更为紧密地联系起来，另一方面也隐含了一个问题：贾宝玉虽欲补天，使中国改头换面，但无实现的途径。去文明境界本是偶然，如何具体而循序渐进地达成文明境界中的先进技术与政治理念也是未知之数。这样看来，贾宝玉的伤感收场又是不可避免的了。

通过“游历理想世界”这样的方式来讲述科幻故事，承继了“理想小说”和“社会小说”的模式，无法回答具体的操作问题。这一叙事模式在后来的中国科幻小说中还会反复使用。后文还将谈到这个问题。

以上通过几个文本讨论了晚清“科幻小说”的写作和阅读语境，以及其形式、内容和思想指向。在民族主义涌起的晚清时代，“幻想”几乎总是和民族自强的议题分不开，而在西洋科技对中国经济、社会和民众生活产生巨大影响的背景下，与民族自强相关的幻想又不免涉及与科学发展、技术进步有关的话题。不过，这种广泛的联系性也体现在内容的杂糅和泛化上，以“纯粹”来要求此刻的科幻小说是不可能的。无论是上面谈到的《新中国未来记》《月球殖民地小说》《新法螺先生谭》《新石头记》，还是当时的其他可作为科幻小说阅读的作品如《电世界》等，都具备这种大背景下产生的思想杂糅的特征，并且也由于科学小说文体概念尚未形成，其形式也是多种多样的。

第二节　民国科幻文学：期刊文化与科学小说的集中

晚清这股杂糅式带有科学元素的小说风逐渐减小之后，到了民国时期，科学小说的话题变得集中。虽然目前掌握的资料中民国科学小说总体数量不多，但也可以看到其中的一些共同特点：一是出现了以“科学”为追求的作品，致力于学生教育或者适应某些杂志的读者群，不再像晚清时期那样定位模糊；二是用一种科学原理或技术发明作为中心元素，由此演绎生发的作品变多。

苏恩文在讨论科幻小说最主要的模式种类时，提出“推论模式”和“类比模式”两种主要模式，其中推论模式的科幻小说承担了“预测未来”的功能，意在预测科技在未来的发展形态。在这一模型下，科幻小说的文学性自是没有得到重视，同时这一模型也否定其在哲学、文化上对人类生活的启示意义。

这一“功利性”的科幻小说写作和阅读理论，早期在国内有较大的市场。虽然晚清一代作者较少论及，但在1940年顾均正就以“预测未来”作为一个重大的任务。在其小说集的序言中，他这样写道：“‘八一三’中日战争发生后，威尔斯的《未来世界》曾经传颂一时。大家喜欢这书，并不是没有理由的。……威尔斯在一九四三年就写成了这册历史的预言，他断定中日战争必不可免，而且战争发展到汉口陷落以后，就会形成一个相持的局面，这局面长期地拖下去，必使沦陷区域中田园荒芜，农作歉收，从而发生广大的饥馑与瘟疫。威尔斯不是神仙，他的预言为什么这么准确呢？一半是由于他那丰富的想象，一半是由于他那科学的头脑。”① 吴岩将顾氏

---

①　顾均正.《在北极底下》序［M］//王泉根. 现代中国科幻文学主潮，重庆：重庆出版社，2011：11－13. 在一篇重要的史料学研究成果里，日本学者上原香发现顾均正收入《在北极底下》的几篇作品以美国科幻文学杂志上的英文原作为底本，实际上是翻译、编辑的作品而非原创。详见：上原香. 论顾均正对美国科幻的吸收融合：以《在北极底下》为例［J］. 日本现代中国学会《现代中国》，2015（89）.

这种观点总结为“增进科学以压缩想象”①，顾时代以后的很长一段时间内，中国科幻作家确实有这样的倾向。

民国时期，由于文学界整体情况的改变，章回小说几近消失，在科学小说方面使用章回体的未见，下文将要涉及的小说的形态以白话新式小说为主。这些科学小说的主要载体是期刊，因此数量上又以短篇为多。

一、不一样的乌托邦与社会批评

晚清民国时期，在以通俗语言介绍和传播科学知识方面，走在前面的是面向少年儿童的期刊。比如创立于清宣统三年二月（1911 年 2 月）的《少年杂志》，在创立之初就开始发表科普式的少儿文章。这份杂志由商务印书馆出版，孙毓修主持前三卷的编务。杂志创刊号刊登一组标题为《飞船》的文章，介绍与飞船有关的结构知识、中国飞行家的事迹等；第一、二卷包括谈物理的《人与鱼之生活何以不同》《月球中有无居民》《说地动》等文章，谈化学的《雷锭》，谈动植物的《棉花的历史与功用》《微生物发明家巴斯德传》《可爱的小动物》《蚁之研究》，等等。② 后来的不少少年儿童类期刊都刊发这类小文章，比如开明书店的《中学生》杂志等。这些科普类小文章为后来《太白》杂志在 1935 年正式定名为“科学小品”的文类奠定了前期基础。此外，其形态和内容也影响了一批作者和读者。

科普和科幻作家顾均正在《少年杂志》担任过编辑，受到科普文体的影响。1923 年，顾均正考入商务印书馆担任编辑，主要负责自然科学方面的工作。1925 年成为《少年杂志》的编辑，兼任《学生杂志》编辑。1926 年，他在《少年杂志》（1926 年第 13 卷第 1 期）署名“均正”发表小说《无空气国》。这篇短小的小说并未标明“科学小说”，而是以“浪语”为标签，标明其幻想性质。

① 吴岩. 论中国科幻小说中的想象［J］. 中国现代文学研究丛刊，2018（12）：17－29.
② 柳和城. 孙毓修与《少年杂志》［J］. 出版史料，2003（2）：96－100.

《无空气国》以第一人称讲述“我”在梦中到一个神奇的国度旅行的故事。这个国家的特别之处在于没有空气，除了根据科学原理写明无空气的国家没有声音，无法导热，在衣、食、住、行等各个方面给该国的人造成的影响之外，小说还关注一个有趣的点：没有“声音”，即无法交谈，在人际关系和社会舆论上的影响。在小说中，无空气使得该国的国民不需要遮风挡雨，亦不需要穿厚衣保暖；火无法燃烧，因此食物只能用电炉做熟。不过，这些都只是生活上的微小便利或不便，使得无空气国成为一个理想国家的最大缘由还是声音无法传导，因此人们不会花时间用于交谈。

明显地，《无空气国》以前述晚清科幻作品中不具备的、可靠的科学原理为支撑，在此基础上展开幻想。这一点在民国时期的其他科幻小说中也常见到，是科幻小说在这一时期发展的显著标志。晚清关于科学的幻想往往是社会各个方面的全面建构中的一部分，从体系层面（如《新法螺先生谭》）、器物层面（如《新石头记》《月球殖民地小说》）等进行宏观罗列式的描述。而《无空气国》与此后的一些科学小说则倾向于围绕一个科学现象、原理或设想展开情节。比如顾均正后来写成的《性变》[①]，是围绕人体性激素内分泌变化促成性别变化的核心设想来展开情节的。筱竹（高行健）的《冰尸冷梦记》则是围绕着人体冷冻技术以及唤醒技术开始幻想的。下文还将讨论这一点。

但是，《无空气国》承继了晚清科幻小说的乌托邦传统，这一点非常明显。即使是从“无空气”所导致的物理现象和由此给人类生活带来的各种影响出发，小说最终还是抵达了社会评论，而非就事论事。“声音”在两层意义上被使用着：作为物理现象声音，必须依靠空气为介质传播；作为社会舆论的隐喻，没有“声音”的国家省去了许多口角和夸口之辞，一切意思的表达都必须从行动上体现出来，因此人们必须努力自强。小说将这样

① 中篇小说《性变》在《科学趣味》杂志1940年第1～6期连载。

的状况视为一种理想的乌托邦，说无空气国如“各乐其业、各安其居的理想境界般”，含蓄地影射当时的社会风气，甚至直截了当地批评五卅运动后社会上只空喊口号、不奋发图强改变现状的倾向。利用科学假想，构建理想社会而批评眼下的社会，这一特征同晚清时期与科学有关的幻想故事联系紧密。

《无空气国》使用了“梦”的叙事框架和游历的叙事方式，也出于既有的文学传统，无论是中国的还是早些时期流行的“凡尔纳式”旅行奇遇故事。在小说末尾，“我”被突然撞上来的汽车吓了一跳，才发现自己本是躺在家里的床上。而在这个“梦”的框架之外，在小说开首，还附有“记者”的一段话，言明这个故事来自他的朋友 C 君，正文是记下来的 C 君的话。一方面，“讲故事”的叙事框架与白话章回小说前面常出现的说书人语一脉相承；另一方面，“做梦”的叙事框架则借鉴了传统故事的方法，并且在此后为许多科幻小说所借用。这种双层叙事结构无疑与文学传统紧密相关。

后来老舍写作的长篇小说《猫城记》也承续了晚清社会小说、理想小说一系的部分传统。《猫城记》从 1932 年开始，连载于《现代》第 1 卷第 4 期至第 2 卷第 6 期。1933 年 8 月现代书局出版了单行本。与许多晚清时期的小说文本一样，《猫城记》同样意在社会批判，此外也对社会状况进行全景式的描述。不过，《猫城记》的特别之处在于它是一个反乌托邦的故事，构筑的不是一个理想的“文明境界”，而是现实生活的讽刺变形。关于科学技术，《猫城记》可以说并不关心，即使提到了火星旅行、探险飞机，其关注点也不在科技给人类生活带来现代化便利这一方面。小说以第一人称讲述“我”与同伴乘坐飞机到火星，但由于飞机失事，“我”成了唯一的幸存者，为火星上的猫人俘获，在猫城滞留的所见所闻。可以说，火星、飞机这种与科学幻想似有关联的想象只是小说的背景，内文的幻想则充满隐喻色彩，“迷叶”是鸦片的代称，猫人浑浑噩噩的状态则是国人精神中颓废一面的另一种表达。

因此，即使考虑到“科幻小说”和“科学小说”尚未成为获广泛认同的文体，以最宽泛的标准，这部小说可否被称为科幻小说仍成问题。《猫城记》同样是一个体式杂糅的文本，可以从多个方向去定义和解读。不论如何，晚清乌托邦式理想小说、社会小说和科学小说的影响在《猫城记》中清晰可见，隐约构成了一条延续的文学发展线索。

这类批评路径在许地山的《铁鱼底鳃》中同样可以看到。《铁鱼底鳃》是许地山的最后一篇小说，1940 年 2 月发表于香港《大风》半月刊。许多研究视这篇作品为科幻小说，但与《猫城记》类似，《铁鱼底鳃》对于科学幻想也是醉翁之意不在酒。

小说以第三人称讲述一位科学家雷先生和他的发明在战乱时期的命运。雷先生年近 70，生活潦倒，但痴迷兵器技术，发明了可用于潜艇供氧的“铁鱼的鳃”，一心想献给政府用于抗敌战争。但是当局的昏聩、学界的腐败使得他的爱国心愿无法达成，在辗转逃难的过程中图纸和模型掉入水底，雷先生也跟随着投入了水中。

小说以第三人称写成，但没有直接关注雷先生的境遇，而是使用一位观察者黄先生的视角讲述故事，中间又掺杂有全知视角叙事。这种叙事安排使得旁观者可以以行动和想法为雷先生的遭遇做出评论。比如在得知雷先生投水的消息之后，“黄不觉滴了几行泪，想着那铁鱼底鳃，也许是不应当发明得太早，所以要潜在水底”，小说通过黄的想法对时代进行谴责。

这样的叙事策略的另一层作用是，黄先生是断断续续得知雷先生的境遇的，因此省去了对生活细节的记述，而每次见到雷先生，他的遭遇都毫无起色且越来越潦倒失意，发明得到采用的事情也全无进展，由黄先生的角度观察到的雷先生是每况愈下的，整篇小说也因此笼罩着一层悲哀灰暗的情绪，对政府和社会提出批评。

必须注意到《铁鱼底鳃》的发表信息和它面向的阅读群体。1940 年，这篇小说发表于香港《大风》杂志。该杂志创刊于 1938 年，始为旬刊，后改为半月刊，是香港抗战文艺的一个阵地，撰稿人有不少来自中华全国文艺界抗敌协会和中国文化协进会，内容包括文艺创作、时评、译文、专著选刊、历史掌故、漫画、广告等，主要的主题是民族抗战。① 许地山作为《大风》创始之初就表示支持的撰稿人，在杂志上发表《玉官》《铁鱼底鳃》等，都与抗敌大背景紧密相关。

《铁鱼底鳃》被视为科幻或科学小说，主要是因为其中较为详尽地描写了雷先生所设计的“铁鱼底鳃”的结构、原理和功能，并且较为符合工程原理。整篇小说也确实围绕着铁鱼底鳃这一发明展开情节。不过如果将这一发明换作其他器物或作品，小说仍然成立，其对政府的批判、对社会状况的愤慨以及对抗日救亡的热忱仍然可以表达出来。因此可以说，铁鱼底鳃并非小说的核心创意，只是借用来架构小说的元素之一。这篇小说展示了又一种杂糅性质：科幻元素可以自由地被用于各种类型的小说，使之呈现某种科幻性，因此对于许多此时期的作品来说，是否可以被视为科幻小说，实在只是一个写作选择带来的偶然问题。

二、科学教育期刊作为独特场域

20 世纪 20 年代以后，新式教育的兴起，社会对儿童少年的重视，以及新文化运动带来的启蒙风气之勃兴，使得科学和教育类期刊大量出现。面向学生和科学爱好者的《学生杂志》《科学杂志》《中学生》《科学趣味》等这类期刊是其中的典型，而上文讨论的倚重科学创意的科学小说则常常刊登于这类杂志之上。比如，《无空气国》就刊登在《学生杂志》上，《冰尸冷梦记》刊登在《科学杂志》上，而《性变》则刊登在《科学趣味》上。当然，这一类的杂志并不单纯刊登科学小说，而是主要以科普文章和教育类文章为主，科学小说只是点缀其中。科学小说在此处出现，带有辅

① 有关《大风》的情况，参见：席艺洋.《大风》与抗战时期香港的文艺救亡活动［J］. 新闻世界，2011（12）：144－145.

助教育的意义。在中国科学社创办，面向具有较高科学素养人群的《科学》杂志中，也有翻译的科学小说，用以辅助传播科学知识。杂志媒体的这种明确导向性，对科学小说的写作具有一定的塑造力量。

筱竹（高行健）的《冰尸冷梦记》明确以“科学小说”的标签，发表在《科学杂志》1935年第4卷第9、10期上。围绕着人体冷冻多年后唤醒这一技术，小说讲述了失意的年轻男子吴郇在1935年入睡，200年后在未来醒来的遭遇。从科学假想的角度，小说详细地描述了使用何种技术达到自我催眠和冷冻，200年后又使用何种方法唤醒被冷冻的“冰尸”，还畅想了未来使用电话通信、视频会议、工业化生产人造食物、人工制造四季如春的气候等场景。这篇小说以第三人称写成，其关注点在于营造故事和想象未来的科技发明，可以说是比较纯粹的科学幻想。

不过，小说对社会现状也有一定的批判，其想象的未来虽然科技发达、生活舒适，人类却已经转移到地下生活，因为地上一直在持续不断地进行世界大战：“一直战到了二十二世纪，简直就无所谓战，无所谓不战……所以各国都在提倡军事教育，宣传民族主义，只怕国门有失，同归于尽，不得不时刻担心，空气十分紧张。”①

《冰尸冷梦记》同样采用了“游历”的方式：吴郇在冷冻后醒来，到的虽然是中国，但已是一个非常不同的地方。作为一个200多岁的“老人”，他被引领在未来世界游玩见识，正如飞去月球的龙孟华或是进入文明境界的贾宝玉。而在小说末尾，就像《无空气国》中的C君一样，吴郇亦在睡梦中惊醒，原来这一切生动的游历过程，也是南柯一梦。

从故事结构上讲，即使没有最后的“梦醒”一段，小说也非常完整，

① 筱竹．冰尸冷梦记［J］．科学杂志，1935，4（9）：910．上原香认为，批判并非小说用意所在。在中日处于局部战争状态下的1935年，筱竹写作此小说，是在“直面着空袭的恐惧与粮食困难”的情况下，“想象克服它们（恐惧和困难），充满幸福与希望的遥远未来的中国”。参见：上原香．科学世界誌に掲載された“科学小说”［J］．人文学报，2017（3）：142.

情节亦能成立。但是许多科学小说习惯性地加上这个框架尾巴，显示了这一文体已经形成某种松散的惯例。此外，“梦”可以是幻想，也可以是“浪语”，情节被视为荒诞不经之处可以经由“梦”这一层缘由得到解释。在科学类幻想尚未得到普遍接受的当时，这不失为一种写作策略。

更为“纯粹”的一篇科学小说是1936年筱竹在同一杂志上发表的《橡林历险记》（载《科学杂志》第5卷第8、12期），写爱国青年皮象贤以工业救国为志向，研究橡胶，到南洋考察橡胶产业时，误入一个万物都以橡皮制成的橡胶王国，因此而产生的奇遇。为了阐明橡胶制造的原理，文中甚至插入了化学分子式和大段科学史常识，在解释和传播科学知识方面用力甚深。这篇小说并没有特别使用叙事策略，只是按时间顺序讲了一个故事。

可以观察到，在偏重教育和科普功能的期刊上发表的科学小说定位相对明确，往往围绕着科学概念展开情节，注重科普功能，即使是想象，也要求有一定的科学根据。从杂志办刊的角度来讲，这正是顺理成章的要求。同为科学期刊编辑和作者的顾均正将沿这一思路的创作目的总结为“利用这一类小说来多装一点科学的东西，以作普及科学教育的一助”①，在此后很长一段时间内确实存在着这样一脉的作品，并且成为中国科幻文学的主流。

第三节　郑文光与科幻文学自觉

郑文光被称为“中国科幻小说之父”，1929年生于越南，1947年到中山大学学习天文学。1951年，他被调到北京科普出版社任编辑，负责《科学大众》杂志编辑工作。作为科普出版物编辑，从小喜欢文学的郑文光在后来的工作中逐渐成为一位出色的科幻文学和科普文学作者。

---

① 顾均正．在北极底下［M］．上海：文化生活出版社，1940：序．

1954年，《中国少年报》在北京创刊，需要刊登面向少年儿童的科学类作品。由于缺乏稿件，报纸编辑找到了郑文光帮忙。于是郑文光写出了短篇小说《从地球到火星》，发表在《中国少年报》上，这被许多研究者认为是新中国第一篇科幻小说。① 这篇小说在读者中引起了巨大的反响，尤其是在北京地区引发了读者对火星观测的极大兴趣。作者后续又写出《第二个月亮》《太阳历险记》《征服月亮的人们》等，主要以天文学知识为背景，以星际漫游为内容，面向少年读者。作为1949年后中国科幻小说的先驱者，郑文光以这些作品奠定了儿童科幻小说的基础。此后不少面向少年儿童的科幻小说，常以星际旅行为内容，以一组儿童为主人公，显示出与郑文光的作品的相似性。甚至，在很大程度上，郑文光的作品引领了较长一段时间内中国科幻小说的潮流——毕竟，在此后很长一段时间内，并没有主要面对成年读者的科幻小说，科幻这一文类被认为是儿童文学的重要组成部分。

不过，《从地球到火星》是否具有科幻小说的清晰文类意识？郑文光在后来谈自己写《从地球到火星》的情况时曾说："我在1953年开始写科幻小说的时候，就把它当作少年儿童的科普读物来写，有一篇《从地球到火星》就是发表在《中国少年报》的知识版上，可见编辑们也认为那是普及科学知识的工具，同时中国作家协会选的儿童文学集，又把它当作科幻小说选进去了。"这一回忆生动地说明了编辑意图的重要性。《中国少年报》将《从地球到火星》发表在知识版上，也说明小说首先是被当作知识的载体使用的，其文学性或者类型性并不在考虑之中。而郑文光在写作这篇文

① 也有人认为张然的单行本《梦游太阳系》（天津知识出版社1950年版）可以作为新中国最早的科幻小说。两篇故事同样讲述少年儿童的太空旅行，但后者杂有梦境幻想的成分。《梦游太阳系》封面标注"新少年读物"，印数为8 000册，是作为科普读物出版的，这的确是科幻文学在此一时期呈现的主要形态之一。不过这一单行本在影响方面小于郑文光的短篇——后者发表之后，甚至引起了北京地区火星观测的热潮，极大地鼓励了作者的创作兴趣，也反映出科幻小说在当时具有的潜在影响力。

章时，也并没有清晰的科幻小说的意识，或者说科幻小说的概念，他是将科幻故事与科普读物联系在一起来定义的。

郑文光所说的“儿童文学集”，指的是由中国作家协会编选，1956 年出版的《儿童文学选》。① 以儿童为主人公，以儿童为读者，讲述的内容充满童趣，《从地球到火星》收入儿童文学集名副其实。不过在这部儿童文学选集中，收入了“小说”“散文、特写、传记”“诗歌”“剧本”“科学文艺作品”“童话、童话诗”这六类作品，其中“科学文艺作品”包括三篇作品，分别为郑文光的《从地球到火星》、高士其的《时间伯伯》和《太阳的工作》。高士其的两篇是比较典型的拟人化的科普作品。《从地球到火星》虽然在叙事和表达方面颇为不同，但毕竟也以传播科学知识为目的，因此划归到当时常用的“科学文艺”中，虽然其在严文井的序言中被称为是“科学幻想小说”，但又与“小说”受到区别对待，也是顺理成章。

而郑文光后来指出，在他读过一些翻译的科幻小说之后，“就觉得自己当时的作品不像文学作品了，只为宣传一些科学知识，人物形象苍白，科学知识也不敢离开现已发现的科学成果一步”。这一评论中的参照系非常有趣，是以翻译的科幻小说作为标准，而我国作者心目中所想象的科幻小说，则在这时被批评为专注于科学知识的表达。在另外一个场合，郑文光也曾对自己的《从地球到火星》《太阳探险记》等作品进行评价，说这些作品“虽然已经不是科学知识的途径，力图在其中刻画几个行动中的人物，但是仍然未能完全摆脱把科学知识塞进一个小说框架的毛病”，而他认为，像叶至善、迟叔昌等后来写的故事，已经有了比较生动的故事核心。实际上，叶至善的《割掉鼻子的大象》在 1957 年的《儿童文学选》中仍然被归于“科学文艺作品”下，虽然此时科幻小说已经有了不少的发展，也有了一定的文体模式，但科幻小说仍然没有在文学界得到明确的认定。

---

① 中国作家协会. 儿童文学选［M］. 北京：人民文学出版社，1956.

可见，《从地球到火星》在创作时，作者是当作科普作品来写的，而发表时，无论是《中国少年报》还是后来的《儿童文学选》，也是将它当作科学文艺来划分的。虽然据郑文光自己的回忆，写作《从地球到火星》也是在“感受到科学普及读物受到读者强烈欢迎、‘美国’和苏俄作家‘阿·托尔斯泰’的科幻读物也十分激发读者兴趣的情况下”①，但“科普”与“科幻”在那时确实几乎混为一谈。

1956 年，郑文光在《读书月报》上发表文章谈科幻文学，强调科幻文学在畅想未来方面的作用：“现代自然科学的发展使人类愈来愈深入地洞悉物质世界的秘密，掌握大自然的规律，从而也提供了人类运用数千年间总结出来的知识，更有效地利用、驾驭、改造自然界的可能性。……又比如飞到月亮和别的行星上去，深入地球内部，到海底去旅行，改造整个地球的气候，征服疾病和死亡，移山倒海，等等，也都是人类长期以来美好的理想，在目前，虽然都还没有实现，可是，科学的一日千里的发展已经昭示我们：在不久的将来，这些在一百年前看来还是很狂妄的幻想会实现的。这是科学幻想小说产生的基础。如果说，过去人们只能借助神话、民间传说来表达自己对未来的憧憬的话，今天，人们就可以在现代科学成果的坚实基础上去幻想明天。”将科幻小说（此时普遍称为“科学幻想小说”）视为畅想未来甚至预示未来的载体，虽说仍然有工具化的倾向，但是已经和科普文学的目的不一样了。

与此同时，向文学界的靠拢则给郑文光的写作带来另外一层气象，即对现实的观照和针对人和社会的发展发言的追求。1956 年 3 月，已经作为科学文艺作者在文学界崭露头角的郑文光受邀参加青年文学创作者会议，在此与文学界老一辈作家老舍、茅盾、夏衍等，以及新一代文学界富有才华的作家结识，由此在创作上开始更注重文学性。后来郑文光转入中国作家协会工作，这种倾向愈加明显。②

---

① 吴岩．论郑文光的科幻文学创作［J］．大庆高等专科学校学报，2002，22（2）：111．

② 吴岩．论郑文光的科幻文学创作［J］．大庆石油专科学院学报，2002，22（2）：112－113．

对科幻小说的“科学建构力”和“文学建构力”的重视,[①] 使得郑文光逐渐由科普倾向转为科幻倾向，由对科学普及的强调转为对文学创作和科学幻想相结合的追求，并且进而转向对在作品中揭示社会规律与人生哲理的追求。然而，在特殊的年代，受到政治压力的影响，郑文光在几年后停止了科幻创作，直到 1978 年以后重新“归来”，以力作《飞向人马座》和《太平洋人》等开创了另外一种样式。

20 世纪 50 年代和 70 年代末，郑文光的创作都是具有独创性的作品，对于科幻小说的探索，成为一时的楷模之作。尤其如前文提到的，《从地球到火星》在故事内容和小说形式上都对当时的读者和作者影响很大。

《从地球到火星》是以少年儿童为读者对象，讲述三个少年偷偷开走用于火星探测的火箭船，遇到险情后得到救援，并且在火星周围观测了一圈后返回地球的故事。如果只关注情节，就会发现它非常简单，故事的发展很好预测。理论上充满危险的旅程，读来却并不给人命悬一线的危机感，这一方面是由于小说的读者对象是少年儿童，因此具有简单化的倾向；另一方面是小说的目的在于讲述旅行过程中发生的物理现象和地外景观，以及与火星有关的科学推测，等等，情节的营造不是小说的重点。

也正因为这两点，小说的人物塑造显得简单，三个小主人公——十四岁的珍珍、她的弟弟小强和她的同班同学魏秀贞，乃至其他的人物——珍珍和小强的爸爸、王伯伯等人，性格特点都并不鲜明。虽然可以见到作家对人物的语言特点有一定的经营，但小说中几位少年借由空间旅行的机会体验物理课堂上老师讲过的引力、重力知识和简单的天文知识，才是内容的重心。

但有趣的地方是小说的叙述方式。这是一个以第三人称讲述的故事，采取的是上帝视角，但小说却不是由一个隐身的叙述者来讲述的，而是由一个具有明确身份的故事外的人物“我”来讲的。这个“我”，在讲述过程

---

① 吴岩. 论郑文光的科幻文学创作 [J]. 大庆高等专科学校学报，2002，22 (2)：111 – 118.

中解释了自己的身份，他是珍珍和小强的爸爸何文俊的老朋友，也是一位宇航方面的工作者。不过虽然如此，他在小说中担任的角色却并不特别重要，并且，这个讲述者具有超出自己身份的全能视角。如前文在讨论其他文本时已经提到过的，这种超越自己视角的第三者叙事几乎是到此时为止的中国科幻文本所具有的普遍特征。将其当作叙事不严密的证据未尝不可，但更有意义的做法是分析其对文本内容的建构或解构作用。就《从地球到火星》的叙述者来说，这位有趣的叙述者在“故事的结尾和开始”中暴露了自己的真实意图：

> 他们终于平安地回到了地球。
>
> 你要问：故事就这么平淡地结尾么？那多不像一篇有趣的小说的结尾呀。是的，亲爱的读者，这不是结尾。实实在在，我们这故事还没有开头呢。我谈的，只是未来的事情，三位小英雄也许现在还没有出世哩。不要紧，火星探险这样的事情也许会有的，当然，不会让三个少先队员去干这事，而让科学家、探险家去干。
>
> 亲爱的读者，愿你们当中真的有人，能够成为将来第一批到火星去的人。

所以，这位讲述者似乎并不是什么宇航工作者，也不存在一位火箭驾驶员何文俊。他在这里提示了自己身份的转变：由未来到现在，由事件亲历者到故事虚构者，并且这种虚构还是出于教育和鼓励小读者的目的而做出的。从“结尾”到“开始”，提示了时间和空间场景的化虚为实，也暴露了小说的教育目的，无论讲述的火星探险故事有多精彩，它也是出于“引起兴趣”、激发未来的行动的目的而创造出来的。开头的事件旁观者叙述只是为了叙事效果，而为了清楚地表明小说创作的目的，这种效果最后被放弃和解构了。

在以科普教育为目的的写作中，如此的叙事模式其实是依逻辑而生。

从三位小朋友开走“火箭船”，经历太空旅行的不同寻常之处，到地球上“宇宙旅行协会”中成年人的担忧和挽救措施，到火箭船遇险、救援赶到，再到在火星上空航行后归航，这些细节都描述得一清二楚，显见超越了人物的有限视角。与此同时，珍珍、魏秀贞由于年龄较大，具备一定的物理和天文知识，也就在和小强的对话中担任了解释和教育的角色，三个孩子形成的双方对话关系，正是为了实现小说的科普教育目的。在小说中讲述到新奇的太空景观—— 一个刺眼的白球下面有一个蓝色的圈圈——出现之时，小强代替小读者发问：“这白色的圆球就是太阳……可这个蓝色的圈圈儿又是什么呢?”在小强得到这就是地球的答案而百思不得其解之际，珍珍则“就像严厉的老师问不用功的学生的功课一样”“盯着他问”为何地球上的天空是蓝色的，从而启发小强去理解前述问题的答案。

珍珍、秀贞与小强的互动，模拟了作者与读者之间的教育与被教育之间的关系。同样，在孩子们与成年人——这些成年人都是科学家——的对话中，又形成了另外一重二元对话关系，使科学知识得到展示。例如，在前去救援的二号火箭船里的“不认识的老爷爷”，通过话筒给几位孩子解释火星上的季节与植被之后，孩子们“夹七夹八地挤到话筒边上问：‘那么，火星上有没有人呢?’”老爷爷则再次使用易懂的语言，解释了火星的地理条件是否可能有人生存。小说以这种一问一答的方式，将教学融入其中，形成一种明显的“教学体”风格。这种风格并非郑文光所独创，譬如在更早的张然的《梦游太阳系》中已露端倪，但是，经由郑文光这篇影响极大的科幻小说的发扬，便成了此时期中国科幻文学的一种经典体式。

第四节　叶至善与编辑型作者的文体探索

科幻文学在中国起起落落，和我国的出版业状况、出版单位所秉持的编辑出版思路是密切相关的。晚清科幻小说的繁荣就与当时通俗小说杂志、现代小说出版社的兴起有关，比如，荒江钓叟的《月球殖民地小说》载于《绣像小说》，东海觉我（徐念慈）的《新法螺先生谭》由上海小说林社出版，老少年（吴趼人）的《新石头记》开始载于《南方报》，萧然郁生的《乌托邦游记》载于《月月小说》，后由上海改良小说社出版，等等。20 世纪三四十年代科普散文繁荣，产生了不少佳作，与《太白》杂志对科学小品的着力培育是分不开的，后来开明书店的《开明少年》《中学生》等杂志也在科普散文方面用力甚大。

在中华人民共和国成立之后，随着出版业公有化，接受中央统一领导，对科普、科幻内容的提倡是和国家文化建设政策方针的走向以及社会现实的发展高度契合的。20 世纪 50 年代中后期，我国出版界引进了一大批苏联科幻、科普作品，并且凡尔纳的科幻小说再次出现了出版热潮，这些作品对读者的影响巨大。另外，1956 年初，党中央发出了“向科学进军”的号召，学习科学也成为热点问题，科学文艺的创作由此也受到了极大的鼓励。①

这些情况说明，出版方面的趋势在很大程度上引导和影响了科幻文学的创作。而出版工作的一线工作者、编辑，正是在实际工作中落实了这些引导和影响的人。20 世纪 50 年代，随着对少儿科普内容的重视，出现了一系列此类作品，其作者有不少自身身份就是编辑，比如郑文光、赵世洲、饶忠华、叶至善等。其写作当然是由个人兴趣引导，但在不少情况下，也与自身作为编辑的工作需要密不可分。本节以叶至善为例，讨论“编辑型作者”的科幻文学文体探索。

叶至善在多年从事编辑工作的同时，创作了不少科幻和科普作品，在科幻文学史上留下了鲜明的印记。本节对叶至善作品的讨论，基于他作为作家和编辑对中国科幻文学所做的贡献，同时兼顾其创作体现了杂志和出

---

① 尹传红. 中国科幻百年：中［J］. 中国科技月报，2000（4）：5.

版社编辑思想的方面。在以下讨论中笔者将论述叶至善的创作与《开明少年》等期刊的编辑方针的紧密联系，呈现一位编辑的专业意识，并且说明这种意识如何在他和作者的合作之中体现。

一、由编辑入写作的科学文艺作家

叶至善（1918—2006）是著名的编辑出版家和作家。1945 年 8 月，他从中央技艺专科学校农产制造科毕业，在父亲叶圣陶的影响下进入开明书店当了编辑，此后他一直从事编辑和创作工作。从 1945 年起，到 20 世纪 80 年代，他一直撰写科普文章。起初，叶至善主要负责《开明少年》月刊的自然科学部分。出于刊物出版的需要，他亲自撰写了不少科普文章。在他进入《开明少年》工作以前，就已经开始用叶至善的名字为刊物撰写文章了。原因很明显，科普方面的作者不够。

在 1945 年第 3 期的《开明少年》中，编者写了如下《广播：关于本誌》："《开明少年创刊号》出版到现在已经半个多月了，还很少接到外面投来的稿子。我们诚意的期望，爱好《开明少年》的少年朋友们，以及笃爱少年的父母和师长们，多多给我们帮助。"① 这证明当时对稿件的需求是叶至善开始科普创作的直接原因。在他担任《开明少年》的编辑之后，用真名再在刊物上发表作品似有不妥，因此就改用笔名："墨轩""施君"。在这一时期大量的科普作品，叶至善主要是用"墨轩"的笔名发表的。

叶至善的一部分科普散文在 1999 年编入《科普杂拌儿》出版。在《科普杂拌儿》的后记中，叶至善写道："一九四五年，我开始当编辑，给孩子们编综合性期刊。刊物上什么文章都得有，自然知识、社会知识、文学艺术，等等，哪个方面都不能少。如果缺了什么，一时找不到作者，当编辑的就得自己凑上一篇。有时候想到了什么新点子，得自己写一两篇试试，

① 佚名. 广播：关于本誌［J］. 开明少年，1945（3）：2.

看是否行得通，孩子们读了有什么反应；以后约稿，心中就有了数，不至于瞎提要求，让作者为难。……我的科普文章又是专为编辑期刊而写的。期刊的时间性特强，得反映出刊登时的社会情况和政治热点。因而有些作品跟时事结合得太紧，现在看来成了历史陈迹……"① 从作者的自述中可以见出，叶至善的科普写作具有很强的方向性，一方面是为了刊物的需要，遵守刊物的编辑方针，为此在题目、时效性上都注意符合发表的需要；另一方面，又在某种意义上具有实验性，比专门的作者更早地去进行探索，并且从写作的角度去思考对作品的要求。

以上谈到的是科普散文的创作，在科幻文学的创作方面，叶至善的很多探索中亦可见同样的努力。叶永烈回忆："他曾说：'我当编辑有个主张，要编哪方面哪种形式的东西，最好自己先写一写，试一试，尤其在搞什么新点子的时候，自己写过了，试过了，多少可以知道这个新点子搞得成搞不成，好处在哪儿，以后跟作者打交道就不至于瞎出主意。'科幻小说在当时属于'新点子'，《中学生》杂志要刊登科幻小说，作为主编的叶至善便想亲自'先写一写，试一试'。"② 可见，无论是科普散文的创作，还是科幻小说的创作，叶至善秉持的是同样的编辑方针：先写作，再编辑。这就决定了他的创作自觉性比较强，具有明晰的想法。

在谈到编辑科普刊物的思路时，叶至善根据自己的工作经验谈到几点。第一，科普报刊的自我定位："各种科普报刊都应该根据各自的方针任务来制定选题，组织文章"，也就是每个期刊有自己的定位，所发表的内容和文章风格也不同。以叶至善编辑的《中学生》为例，它是以教育为指向的中学生课外读物。第二，"了解自己的读者：了解读者的知识水平，理解能力；了解读者的工作情况，学习情况，生活情况；了解读者的年龄，兴趣，

① 叶至善.《科普杂拌儿》后记［M］//叶至善. 叶至善序跋集. 北京：首都师范大学出版社，2009：48－49.

② 叶永烈. 叶至善和《失踪的哥哥》［J］. 世界科幻博览，2005（7）：6－7.

爱好；了解读者须要知道哪些东西，解决哪些问题。”这就是说，编发的文章要适合刊物对读者情况的判断，并且，“努力把读者的兴趣和爱好引到积极的方面去”，也就是适合读者并教育读者。① 以这些看法为背景，来分析叶至善的创作，可以见到其作品的一些代表性特点，亦可窥见当时我国出版界对于科学文艺的一些主流观点。

二、《失踪的哥哥》创作情况分析

先谈叶至善的科幻文学创作情况。他发表这类作品时主要使用笔名“于止”，主要的科幻小说作品包括《到人造月亮去》（写于 1955 年，1956 年由中国少年儿童出版社出版）、《失踪的哥哥》（原题《失去的十五年》，1957 年 7 月刊于《中学生》，1958 年出版了单行本）、《史前探险记》（根据捷克斯洛伐克影片编写，1956 年 10 月刊于《中学生》）等。其中《失踪的哥哥》影响较大，在 1958 年出版了单行本，当年被选入了《1957 年儿童文学选》（作家出版社 1958 年版）的“科学文艺”部分，并且在 1980 年全国第二次少年儿童文艺创作评奖中获“科学文艺”类二等奖。②

叶至善具有比较敏感的文体意识。在被视为一位儿童科幻文学作家之后，他曾总结说，自己在 20 世纪 50 年代中国科幻小说的写作中发现了两种基本模式：一种是“侦察记”，总是开头出了一件怪事，经过侦察，最后真相大白，原来是个“奇怪的玩意儿”。叶至善认为自己的《失踪的哥哥》就是这个类型。另一种则是“参观记”，作者自己像一个导游，带着读者一路参观一路讲解，或者又参观又讲解。③ 他认为，自己的创作也没法突破这两种模式，因此他的科幻文学创作后来就停止了。作为一位勤奋多产的作家，他写过许多类作品，不能不说他在这个领域的探索的中断是一种遗憾。但

① 叶至善. 编辑科普刊物的体会：在科普报刊编辑记者学习班上的讲稿 [M] //叶小沫，叶永和. 叶至善集 1：编辑卷. 北京：开明出版社，2014：51 - 52.

② 叶永烈的《小灵通漫游未来》和郑文光的《飞向人马座》获得“科学文艺”类一等奖。

③ 叶至善. 关于《失踪的哥哥》的自白 [J]. 科普创作，1983 (3)：38 - 39.

是，他的分析非常有见地，当时的许多作品确实延续了这两种套路，并且后者十分明显地承继了晚清中国科学小说中常使用的手法。这一方面显示了科幻文体的规制力量，另一方面也为后来的形式发展孕育了新的可能性。

在叶至善留下的科幻文学作品之中，对《失踪的哥哥》的研究比较多，一方面是由于这篇作品的想法有新意，切入点也独特，另一方面是因为其构思和写作都很成熟，完成度高。以下尝试从几个方面来分析《失踪的哥哥》。

《失踪的哥哥》讲述一个孩子意外进入冷库，被冷冻住，十五年后被发现并抢救复活的故事。故事发生的年代是在近未来——家庭电话已经成为日常，并且具有了先进的民用生产技术，人民生活水平比较高。小说使用了嵌套的结构，从警察局的一通电话开始，讲述冷藏厂新发现了一个被冷冻的小孩张建华。故事使用第三人称，但是是从弟弟张春华的视角来讲述的。警察局联络了张建华的家，接电话的是他的弟弟张春华。虽然张春华的哥哥在十五年前确实失踪了，但在当下应该已经是一个大人，而警察局找到的却是一个小孩。这造成了故事的第一个悬念，也由此引出嵌套的故事——十五年前张春华还是小学生时，有一次哥哥放学之后没有回家，遍寻不见，由此失踪这一段往事。回到现实，确认了哥哥身份之后，就面临了如何将冻住的张建华唤醒的问题。这意味着小说需要提供科学原理的解释——关于冻住的人体化冻之后如何才能保持生命的理论设想。此处进入第二个嵌套的故事，即冷藏厂陆工程师和医院的王大夫长期以来合作研究活鱼虾冷藏和化冻复活方法，初步取得成果的故事。这里回顾了陆工程师为了使人们能够买到冰冻鱼虾，自行解冻为活鱼虾，从而得到营养、新鲜的食物，多年以来一直从生理学和冷藏技术方面进行探索的过程。最后从冻豆腐的原理中得到灵感，解决了这一技术难题。这一故事为小说解答了第二个悬念，也就是冰冻的小孩如何复活。现实问题和食品技术解决方案在小孩被冰冻这一具体案例中结合在一起，获得了“满意的结局”。如上所述，这一小说的结构完整，在主体叙述中引入两个嵌套的回溯的故事，每个故事对应一个悬念，从而在整体上一方面保持了情节的连续性、合理性，也相应地制造了悬念感，全作显现出有规律的叙事节奏。

小说的人物形象颇为鲜明：张春华因为突然面对失踪的哥哥可能回来，却是个小孩的奇事，充满疑惑和急切，又显得心事重重；负责跟进案件的公安局陈科长，为人热情，话多性急，口头禅是“好极了”；潜心研究的陆工程师三句不离本行，只有谈起专业的时候才会滔滔不绝；而陆工程师的多年好友王大夫则非常冷静，善于跳出思维定式看待问题。叶至善对人物设定如此严谨并不是偶然的，而是在长期的编辑和写作实践中形成的写作习惯。

小说的呈现方式具有鲜明的画面感。大多数情节是以对话的形式推进的。比如开头部分，“公安局来的电话”：

> “喂，喂！是东山路16号张家吗？”
>
> “是呀！你找谁？”
>
> “你是谁？”
>
> “我是张春华。”
>
> “好极了。这是公安局。你们家里走失了小孩儿吗？”
>
> “小孩儿？没有的事！你们是公安局，就应该知道我还没有结婚。”
>
> “真是这样吗？请你想一想：有没有一个小男孩儿，叫张建华的？”
>
> “张建华？是我的哥哥呀！你们找到他啦？”
>
> “好极了，那就对了！”
>
> “不对，你们一定搞错了。我今年22岁啦，哥哥还比我大3岁哩！”
>
> ……

一个鲜明的打电话的画面，如电影一般，呈现了张春华接到电话之后疑惑大于惊喜的情感过程，同时两个人物的形象也开始显现。这样的对话在全文中还有很多处，人物性格在这些对话中显现。

为了体现作品对少年儿童的科普教育作用，小说中关于速冻和化冻原理的部分进行了详细的介绍，这也是叶至善自己称为科学“内核”的部分。具体来说，是通过陆工程师对王大夫的讲述来呈现的。从文体的角度，这些部分值得仔细分析。现摘出最核心的部分：

“……食品冻过以后滋味所以改变，绝不是由于什么化学变化，而是由于冰的物理作用。”

“路子摸对了，应该从这方面设想。”王大夫伸出一个指头，点了两下。

“不是设想，而是事实。豆腐一冻，里面的水结成了许多小冰块。冰块要膨胀，就把蛋白质挤紧了。冻豆腐煮过以后，冰是化了，蛋白质却不能复原，因此留下了许许多多小窟窿，吃起来滋味也就不同了。我想鱼虾经过冷藏所以会变味，一定也是这个道理。所以我改换了材料，研究起冻豆腐来。结果我发现：温度越低，冻得越快，冻豆腐里面的窟窿就越多，越小。”

“原因找到没有呢？”王大夫听得出了神。

“当然找到啦！”陆工程师得意地说。“原来冻得慢的时候，豆腐里一部分水的分子先聚在一起，结成少数冰粒，其余的水分子再慢慢地附着在这少数冰粒上冻结，所以最后结成的冰块比较大。要是温度降低，冻得快一点，先结成的冰粒就很多，最后结成的冰块反而小得多了。您尝一尝我的冻豆腐吧！这一碗是冻得比较快的，窟窿就比那一碗冻得慢的小而且多。”①

---

① 叶至善. 失踪的哥哥［M］//叶小沫，叶永和. 叶至善集2：科普卷. 北京：开明出版社，2014：291－292.

这里，陆工程师言语的内容是科学的，但是使用的语言是形象生动的：用冻豆腐作比方，将细胞层面上发生的物理变化在一个更宏观的层面上呈现出来；用口语来讲述物理原理（“把蛋白质挤紧了”“留下了许许多多小窟窿”这类），对未成年读者或者说科学知识储备相对比较低的读者友好。

这段对科学原理的解释并非陆工程师一人的陈词，而是在王大夫的提问、催促和鼓励下做出的陈述和回答的结合体。在结构上，一方面，王大夫起到了问题提出者的作用，相当于隐藏的目标读者，代替他们在预计出现问题的时候提问：“原因找到没有呢?”另一方面，由于王大夫是人体医学的专家，也起到检验陆工程师言语准确性、确认其科学解释合理性的作用。这个功能在上面引述的王大夫的第一句评论中表现得特别明显：“‘路子摸对了，应该从这方面设想。’王大夫伸出一个指头，点了两下。”

可见，王大夫既有一定的相关知识，又是一个期待答案的对象。这样既懂得相关的科学原理，又能在适当的时候提问的对话者，作为结构因素，带有鲜明的科普文艺特征。就叶至善自己的科普散文来说，就经常使用这样一个对话对象：在《你用得着物理学吗?》（1953 年 9 月刊于《中学生》）中，这个对话对象是带着同学们的提问去到处走访的“我”；在《三里湾的场磙》（1956 年 3 月刊于《中学生》）中，这个对话对象是村里的扫盲教员范灵芝。不过，他更多的科普散文作品采取的是自问自答的方式，由叙事者——通晓科学原理的“我”为对话对象——具有一定科学基础，但还欠缺科学知识，并且充满好奇心的“你”解答。在这类科普散文中，比如《盐井和井盐》（1945 年 12 月刊于《开明少年》）、《猿会变成人吗?》（1946 年 8 月刊于《开明少年》）等，问题是以“你一定要问，……”“你会问，‘你说的都是实情?’”这样的方式来提出的。

不论是以你我之间问答的方式，还是以两位虚构的对话者之间问答的方式，这类带有科普性质的文学创作是以解释科学原理为目标的，《失踪的哥哥》正是如此。也正是因此，小说在清楚明白地讲道理上面投入了极大的考量。甚至可以说，《失踪的哥哥》中的某些段落正像是一篇科普散文，只是将常见的“你”“我”对应上了具体的人物。这确实带有时代的局限性，但是如果将作品放在当时的文学语境中，则又会得出一副不同的图景：首先，《失踪的哥哥》原题《失去的十五年》，在《中学生》上发表时已经标明“科学幻想小说”。在20世纪50年代，大量的苏联科学幻想作品被翻译引进中国，“科学幻想小说”的名称也一同被引进，“苏联科学幻想小说译丛”等丛书相继出版。但是，“科学文艺”一词也继续被使用，指代包括科学幻想小说在内的更广泛的文学形式。

三、作者—编辑的合作

叶至善曾以“于止”的笔名，与科幻文学作者迟叔昌合作写作《割掉鼻子的大象》（1956年4月刊于《中学生》杂志）、《电脑》（后改题《没头脑和电脑的故事》，1956年7月刊于《中学生》杂志）等。这是叶至善以编辑的身份参与写作的典型例子。《割掉鼻子的大象》是迟叔昌的处女作，叶永烈回忆：迟叔昌的“科幻小说‘处女作’《割掉鼻子的大象》是被《中学生》杂志独具慧眼的主编叶至善发现，这才得以发表的。叶至善是发现迟叔昌的‘伯乐’。迟叔昌跟我谈起叶至善，总是充满感激之情”①。据叶至善回忆：“严格地说，这不能算一篇稿子，写在案头日历废页的背面，总共十来页，每页多的百把字，少的二三十字，写得龙飞凤舞，句子也不太连贯。可是有两点让我给看中了：一是说牲畜的个儿越大，消耗的饲料越少；一是说牲畜的体重是按立方增长的，而骨骼能承受的体重只按平方增长。我于是把叔昌的原稿当作提纲，按他的思路，敷衍成了《割掉鼻子的大象》，交还给刘重。刘重给发表了，在署名‘迟叔昌’的后边，加上了

① 叶永烈．叶至善和《失踪的哥哥》[J]．世界科幻博览，2005（7）：6－7.

我的笔名‘于止’。我说这样做不行，刘重说这样才公平。”① 看来，迟叔昌这篇处女作是经过编辑在文句、体式甚至文本呈现等各个方面进行加工之后得到的成果。而迟叔昌最重要的贡献，也是编辑最为看重的，是科学“内核”，即合理的奇思妙想。可以说，这次合作仍然体现了当时科普性科幻文学的创作思想：用文学的形式来包裹科学原理内核，做成科学加文学的混合体。

据叶至善的说法，这次发表“也许触发了叔昌写科幻故事的兴致”，后面的稿子便越来越多，也更为正式地誊写好了。这一时期二人合作的作品还包括《3 号游泳选手的秘密》《起死回生的手杖》等。对这一时期迟叔昌的作品，叶至善的评价是：“科学的依据往往不采自教科书，然而说得通的；故事有吸引少年读者往下读的悬念；文字又有他独特的幽默和风趣。”从编辑的角度来说，就是作者的稿子更符合使用要求了，需要做的编辑工作减少了。那么，此处的编辑工作具体包括哪些？“要说毛病，似乎他书写的速度跟不上思想的跳跃，因而经常有脱头落襻的地方，我得帮他串起来，如此而已。”② 也就是说，叙事和表达上的处理比较多。

早期迟叔昌和叶至善之间的合作，主要是迟叔昌的创意和想象，经叶至善的编辑眼光和专业能力改造。在之后的合作中，经二人协商，叶至善将迟叔昌的《电脑》加工补写，调整为《没头脑和电脑的故事》，并且共同署名。此后的另外一些作品，二人也是这样署名的。③ 这种合作因为“反右”相关的批判而被打断，二人的关系也因此出现了嫌隙。④但是不可否认的是，这种作者—编辑的合作为当时的科学文艺做出了贡献。如果没有迟

---

①②④ 叶至善.《迟叔昌科普作品集》序：惆怅的往事［M］//叶永和，叶小沫. 叶至善集 1：编辑卷. 北京：开明出版社，2014：512－514.

③ 以《割掉鼻子的大象》为例，其在《中学生》发表的时候署名为迟叔昌、于止，选入中国作家协会编辑的《儿童文学选 1956》（人民文学出版社 1957 年版），1956 年中国少年儿童出版社将其作为单行本出版时亦然。但在 1957 年出版的迟叔昌小说集《大鲸牧场》中只署迟叔昌一人。

叔昌这样的作者带来出版界需要的创意，充满热情地创作，新中国成立后这一股科幻文学的热潮就失去了源头。而同样，如果没有叶至善这样的编辑积极地出谋划策，以各种方式将新出现的作者作品纳入出版体系之中，这一股热潮也无法持续。

在二人合作的作品中，《割掉鼻子的大象》比较有代表性。这篇小说以第一人称写悦森——一位北京记者到戈壁滩上的一座城市采访，这里“黄沙连天，寸草不生”的状况改变，成了“绿色的海洋”。故事的主体是悦森与国营农场畜牧科的老同学李文建交谈，在后者带领下参观农村的过程。“割掉鼻子的大象”，也即农场培育的超大号白猪“奇迹 72 号”，个头大，吃饲料少，肉质有营养，且作为食物口感好。这种想象是在社会主义建设的背景下，对畜牧业高效生产的期待的反映。

有论者还指出，大象和猪可以视为隐喻形象，“在人们思维的深层，大象常常以高贵、伟大、强健和有力著称。相比之下，猪属于懒惰、散漫甚至猥琐的代表。这样，对大象的渴望，其实就是对权力、地位、强健的渴望。所以，小说更加隐晦地表达的，是中国人渴望跻身于世界前列，渴望建立具有国际权威性的新社会的一种向往”①。后来叶永烈于 1978 年出版的《小灵通漫游未来》，在结构上和审美倾向上与这篇小说具有很强的关联性，这一点将在后面的部分谈到。

四、《梦魇》的文体探索

除了科普散文，叶至善还写过其他体裁的科普文艺作品，如科学相声②、传记性科学小说。他在文体上的创新和实验显示在《梦魇》中的传记性科学小说上。这组小说写于 1979—1983 年，本来计划介绍中外科学家共

---

① 吴岩．科幻文学理论与学科体系建设［M］．重庆：重庆出版社，2008：277．

② 包括《兄弟俩》（1961 年 12 月刊于《我们爱科学》）和《一对好伴侣》（与顾均正合作，1963 年作）。

二三十人。但由于计划搁置，最后成文的只有五篇，包括达尔文、拉马克、布鲁诺、巴斯德、居里夫人等著名科学家的故事，以一种类传记体或报告文学的方式（但主要是基于想象）呈现出来。

《梦魇》是叶至善在停止写科幻小说之后的尝试。此前他认为自己的科幻小说写作无法突破几种固定的模式，所以停止了这方面的写作，开始了新文体的探索。①

他在当时对于文体实验是非常敏感的。他所试图做到的是，选择一位科学家一生中一段较短的时间，运用写传记的方式，加上对话、动作等元素，集中体现与时代和科学家命运相关的一两个问题。比如在写玛丽·居里（1867—1934）的《权利》中，所涉及的是 1906 年 4 月 19 日—11 月 5 日这段时间发生的事，也就是从皮埃尔·居里不幸车祸逝世之后，到居里夫人成为巴黎大学第一位女教授登上讲台的这段时间。叶至善有意将时间精确到具体的日期，并且指出事件发生的地点，着重讨论的是科学界的性别平等问题和女性的地位问题。小说的主体内容写皮埃尔·居里去世后，居里夫人作为一位卓有成就的科学家，在当时的法国高等教育界仍然因性别而遭受歧视，几经波折才走上了讲台，成为一名教授，以专业的姿态传授知识、进行研究。对于居里夫人的科学成就，小说只是在整体上进行了介绍。《权利》是从皮埃尔的父亲的视角写的，从第三人的眼中看到的是一位勤奋专业的女性科学家，更是一位闪耀着人性之光的普通妻子和儿媳。

关于布鲁诺的《诀别》则从布鲁诺（1548—1600）的商人朋友安东尼奥的视角出发，写了 1600 年 2 月 17 日布鲁诺在罗马鲜花广场被处死当天，

---

① 这种创作上的停滞很可能也与现实情况有关。因为《失踪的哥哥》叶至善曾在 20 世纪 60 年代遭到批判，因为其中冷藏厂冰冻少年 15 年才被发现的这个情节，被视为对新社会的抹黑；另外，其中夹杂的科学幻想被一些读者忽略，作品被视为惊险故事。参见：郑延慧．时刻追求创作的新意［M］//孙士庆，等．中国少儿科普作家传略．太原：希望出版社，1988：131－132；李英，尹传红．科幻界的伯乐和先行者：《失踪的哥哥》赏析［M］//姚义贤，王卫英．百年中国科幻小说精品赏析．北京：科学普及出版社，2017：250.

安东尼奥在刑场上的人群中，对过去8年间与布鲁诺关于科学信仰问题的谈话进行了回顾，强调了布鲁诺对真理和科学精神的坚守。

可见，叶至善在这些“传记体科学小说”中，试图坚持一种由第三人称视角写成，在同一段时间、同一个地点就科学家人生中某一个重要主题进行展示的文体，在不脱离基本史实的同时，主要依靠虚构的方法。这种叙事方法可能参考了戏剧和报告文学的要求，最后得出的成果篇幅短小、情节集中，具有明确的教育意义，适合少年儿童阅读。

《梦魇》文体杂糅了小说、传记、报告文学等多种形式，被纳入科普文艺的大范畴来看待，出版后获第二届全国优秀科普作品一等奖，第二届宋庆龄儿童文学二等奖。遗憾的是，这一文体的实验成果不多。

不过，文体实验虽然是叶至善的目的之一，他还是更希望通过不同的故事形式去传播科学知识。这种想法符合当时“科学文艺”的总体思路。研究者这样概括当时的科学文艺创作思路：“至于科学文艺体裁，特别是科学小说、科学报告文学、科学散文和小品，由于它们寓科学技术于文学艺术之中，把叙事、描写、抒情和议论不同程度地结合在一起，甚至可以运用形象思维来描绘科学技术创新的过程，使读者产生亲临其境的感受，因此在作品中体现科学精神、传播科学思想和方法，有其独特的长处。”① 可以说，这种利用各种文学形式普及、说明科学知识和科学精神的创作思路通过出版机构和编辑的努力，以及主导作家的作品，塑造了这一时期的科幻文学文体。

① 董仁威．科普创作通览：上卷［M］．北京：科学普及出版社，2015：79.

第四章 ◆

从语境中阅读中国科幻文学（下）

第一节 《珊瑚岛上的死光》

童恩正所著的《珊瑚岛上的死光》是1978年以后国内发表的第一篇科幻小说作品，发表处是《人民文学》1978年8月号。这篇小说影响非常大，获得了第一届全国优秀短篇小说奖，还被改编为文学剧本、连环画和广播剧，也拍成了电影。这种影响力不仅是由于权威文学期刊《人民文学》的推介，也是由于小说本身在主题、人物和叙事上具有独特的特点，以新的内容和新的形式打动了读者，并且在中国科幻文学史上占有一席之地。更重要的是，它是作为科学幻想小说被接受的。作为新时期一篇代表性的作品，《珊瑚岛上的死光》对读者理解和接受科幻小说这个类型有何意义？在这篇小说之后，科幻文学的边界是否得到了扩展？如果是，又是怎样扩展的？要考虑这些问题，需要回到当时的语境，从历史的角度来考察它。

《珊瑚岛上的死光》是以“科学幻想小说”的类别发表在《人民文学》上的。注意到这一点十分重要。童恩正回忆，这篇小说早在1964年就已经写成，本来当年要发表在《少年文艺》上，连校样都已经排好。但由于时代原因，最后未能发表。关于最终发表在《人民文学》上的前因后果，他写道：“粉碎‘四人帮’以后，文艺界的同志们纷纷向我伸出了友谊之手，鼓励我继续写作。1978年春，人民文学出版社向我约稿，我又想起了这篇小说，并且修改了寄给他们。”①

“文革”以前童恩正在文艺界发表过的作品并不多，主要有短篇小说《五万年以前的客人》② 和长篇小说《古峡迷雾》③。这两个都是科学幻想类作品，后者有比较大的影响，受到读者的欢迎。童恩正甚至因为这部小说的发表，被邀请去峨眉电影制片厂担任编剧。他在文艺界的知名度，是在此类小说上建立的。《五万年以前的客人》发表于《少年文艺》，《古峡迷雾》由上海少年儿童出版社作为“少年文库”的一部分出版，都被定义为面对少年儿童的文学作品，并没有被特别划归为科幻小说，与“科学”“幻想”都没直接挂上联系。但是，1977年、1978年向童恩正再次发出邀约的出版社，包括中国少年儿童出版社、上海少年儿童出版社、人民文学出版社等，有要重印以前的作品的，有约新稿件的，感兴趣的都是他的科学幻想小说，这在编辑出版思路上都很明确了：就是要搞科幻文学。

科普作家、编辑王亚法回忆，1978年以后，“我刚进上海少儿出版社，协助戴山筹建《少年科学》杂志，由于我分工编辑科幻稿子，于是由我去联系在‘文革’前为少儿社写稿的科幻作者。不久我就找到了噤声多年的郑文光、肖建亨、刘兴诗、童恩正、叶永烈、嵇鸿……”④

同样，后来大获成功的《珊瑚岛上的死光》，也是在《人民文学》杂志

---

① 童恩正. 关于《珊瑚岛上的死光》[J]. 语文教学通讯，1980（3）：57.

② 《五万年以前的客人》发表于《少年文艺》1960年第3期。

③ 《古峡迷雾》于1960年由上海少年儿童出版社出版。

④ 王亚法. 回忆童恩正[J]. 学习博览，2010（12）：22.

有意识地提倡科学文艺的背景下被选入了这个平台。创刊于1949年10月的《人民文学》杂志，在1966年5月出版了第189号之后，经历了长达十年的停刊时期。1971年3月至7月，根据周恩来总理指示，全国召开了出版工作座谈会，根据座谈会报告精神，《人民文学》准备复刊。不过，复刊的工作困难重重，直到1976年1月，才以“创刊”的名义重新出版，期号从第1期开始计算。在“创刊”初期，新《人民文学》深受控制，经历了1976—1977年之间的各种事件后，才逐渐恢复身为一个文学刊物的自由。①

从1977年开始，《人民文学》进行了工作上的调整，重新向文学性思想性聚焦，结果推出了一些影响非常大的作品，包括1977年第11期发表的刘心武的《班主任》，1978年第1期发表的徐迟的报告文学《哥德巴赫猜想》，开始了文学样式、内容多样性的时期。与此同时，杂志社也重新编了期号，将1966年前的期号加进来，计算总期号。1978年6月，中国作家协会恢复运作，《人民文学》复归中国作协主办。②

1978年11月，上海少年儿童出版社再版了《古峡迷雾》，这项工作在早些时期就已经开始做了。该书的责任编辑王亚法回忆，在编辑再版这本书的过程中，受到了政治压力，进行了多次修改。③ 考虑到因为这部作品，童恩正在过去的十年间屡次受到批判，吃了不少苦头，新时期作品得以修改再版，这一事实预示了新的希望。

《珊瑚岛上的死光》获得首届全国短篇小说奖。这个奖项当年共有25篇作品获得，包括刘心武的《班主任》（载《人民文学》1977年第11期）、王亚平的《神圣的使命》（载《人民文学》1978年第9期）、莫伸的《窗

---

① 《人民文学》编辑部.《人民文学》复刊的一场斗争［M］//吴秀明. 中国当代文学文献史料丛书·公共性文学史料卷. 杭州：浙江大学出版社，2016：325-327.

② 童忠全.《人民文学》的“丝绸之路”［M］. 新中国期刊1949—1995. 上海：上海远东出版社，2016：8-11；吴俊.《人民文学》的创刊与复刊［J］. 南方文坛，2004（6）：34-40.

③ 王亚法. 回忆童恩正［J］. 学习博览，2010（12）：22-23.

口》（载《人民文学》1978 年第 1 期）、邓友梅的《我们的军长》（载《上海文艺》1978 年第 7 期）、周立波的《湘江一夜》（载《人民文学》1978 年第 7 期）、王愿坚的《足迹》（载《人民文学》1977 年第 7 期）、成一的《顶凌下种》（载《汾水》1978 年第 1 期）、李陀的《愿你听到这支歌》（载《人民文学》1978 年第 12 期）、宗璞的《弦上的梦》（载《人民文学》1978 年第 12 期）、卢新华的《伤痕》（载《文汇报》1978 年 8 月 11 日）、张洁的《从森林里来的孩子》（载《北京文艺》1978 年第 7 期）、张承志的《骑手为什么歌唱母亲》（载《人民文学》1978 年第 10 期）、张有德的《辣椒》（载《人民文学》1978 年第 4 期）、贾大山的《取经》（载《河北文艺》1977 年第 4 期）、贾平凹的《满月儿》（载《上海文艺》1978 年第 3 期）、王蒙的《最宝贵的》（载《作品》1978 年第 7 期）、陆文夫的《献身》（载《人民文学》1978 年第 4 期）、肖平的《墓场与鲜花》（载《上海文艺》1978 年第 11 期）、刘富道的《眼镜》（载《人民文学》1978 年第 2 期）、孔捷生的《姻缘》（载《作品》1978 年第 8 期）、祝兴义的《抱玉岩》（载《安徽文艺》1978 年第 7 期）、关庚寅的《“不称心”的姐夫》（载《鸭绿江》1978 年第 7 期）、齐平的《看首日记》（载《解放军文艺》1978 年第 12 期）、于土的《芙瑞达》（载《广东文艺》1978 年第 1 期）、童恩正的《珊瑚岛上的死光》（载《人民文学》1978 年第 8 期）。①

从这份长长的获奖名单中可以看到，以发表在《人民文学》上的现实主义作品占据了绝对的主流，其中不乏后来成为新时期著名作家、作者的作品，如《班主任》《伤痕》等作品进入了主流文学史，成为一个时代的标志。此奖的评选机制是读者推荐加专家评审。据《人民文学》记者称，各地寄来的读者意见表多至 20 838 份，而“初选篇目中的大部分作品，都是

① 这些作品后来在 1980 年以《一九七八年全国优秀短篇小说评选作品集》为题，由人民文学出版社结集出版。

群众‘投票’最多和较多的”①。这些初选作品，再经专家评审，最后选出获奖作品。

《珊瑚岛上的死光》能够上榜，表明作品在读者中和专家中都获得了肯定。② 但是，被排在最末一位，是由于其“通俗”性。据叶永烈的说法，这篇小说在群众投票中的获票数进入了前 5 名，但是“文学界主张不应该让这部作品入选的呼声很高，说科幻小说不属于文学的范畴，结果经妥协后被排到第 25 名。”③ 结合历史和文学史情况，这个说法是可信的。这印证了科幻小说在文学史上的“边缘”状态：在所有获奖的 25 篇小说中，它是异质的。④

在颁奖大会之后，获奖作者与评委进行了座谈。小说结集出版时，《人民文学》编辑部同时发表了几位评委的总结性评论文章。沙汀、陈荒煤、草明、魏巍、袁鹰、林默涵、冯牧等几位评委在文章中分析了具体的小说作品，但是有趣的是，没有一位评委提到《珊瑚岛上的死光》。⑤ 这些主流

---

① 《人民文学》记者. 报春花开：记一九七八年全国优秀短篇小说评选活动［M］//《人民文学》编辑部. 一九七八年全国优秀短篇小说评选作品集. 北京：人民文学出版社，1980：643.

② 评选委员包括茅盾、周扬、巴金、刘白羽、孔罗荪、冯牧、刘剑青、孙犁、严文井、沙汀、李季、陈荒煤、张天翼、周立波、张光年、林默涵、草明、唐弢、袁鹰、曹靖华、谢冰心、葛洛、魏巍。

③ 武田雅哉，林久之. 中国科学幻想文学史：下卷［M］. 李重民，译. 杭州：浙江大学出版社，2017：72 - 73.

④ 关于小说发表前后的情况，亦参见：刘阳扬. 科幻小说与“新时期”文学：童恩正《珊瑚岛上的死光》发表前后［J］. 中国现代文学研究丛刊，2019（8）：194 - 205.

⑤ 沙汀的《祝贺与希望》讨论了《班主任》《伤痕》《顶凌下种》《神圣的使命》《“不称心”的姐夫》；草明在《可喜的收获》一文中讨论了《班主任》《伤痕》《神圣的使命》《湘江一夜》《我们的军长》《足迹》《顶凌下种》《从森林里来的孩子》；袁鹰的《第一簇报春花》提到了《班主任》《神圣的使命》《弦上的梦》《愿你听到这支歌》《窗口》《顶凌下种》《献身》《满月儿》《我们的军长》《湘江一夜》《足迹》《于无声处》；林默涵的《读〈窗口〉》专门评论《窗口》；冯牧在《短篇小说——文学创作的突击队》中讨论《班主任》《弦上的梦》《愿你听到这支歌》《窗口》；唐弢在《短篇小说的结构》中谈到《神圣的使命》《窗口》《愿你听到这支歌》《班主任》。《人民文学》编辑部. 一九七八年全国优秀短篇小说评选作品集［M］. 北京：人民文学出版社，1980. 从以上罗列的清单可见，有几篇小说是讨论的重点。当然，《珊瑚岛上的死光》并非唯一没有被讨论的文本。

文学作家和批评家中的每一位，是否认为这篇小说的艺术价值不如其他作品，这不好说，对本书的论题来说也不重要。① 但是，有一点是确定的：在当时的文学批评框架内，在这些作家和批评家惯于使用的文学批评话语系统内，无法对这篇小说进行有效的评价。

明显是为了弥补这种缺陷和遗憾，选集给了童恩正自我分析的机会。② 童恩正的这篇《谈谈我对科学文艺的认识》，因此就不仅是研究童恩正创作思想的重要文献，更承担了为科幻文学发声的重要作用。也正是因此，和其他作者和评论家的文章不同，童恩正这篇文章很大篇幅是定义性、说明性和介绍性的内容，因此也是一个异质性的文本。童恩正在此强调，科学文艺应当与科普作品进行区分，其主要任务是“宣扬作者的一种思想，一种哲理，一种实事求是的态度，一种探索真理的精神。概括起来讲，是宣传一种科学的人生观”。一方面，童恩正强调了科学文艺的文学性；另一方面，又指出其思想内涵与其他文学文体的不同，此处提出的“科学的人生观”就是一个集中概括。

在文学界中，童恩正的提法自然是新鲜的。不过，上文提到的主流文学批评家的思想和编辑、出版前线的实践行为并不总是同步的。事实上，1977—1980 年间，《人民文学》在推广科学文艺（包括科幻小说）方面是下了大功夫的。据叶永烈回忆，《珊瑚岛上的死光》的编辑，《人民文学》

---

① 例如，王蒙在《从〈辣椒〉说开去》中写道：“我们也常常看到另一类作品，尽管写得也很完整，读起来既吸引人也教育人，甚至读的过程中你也会为之激动、为之叹服，却引不起你重读的兴味。小说看完了，作者的意图清清楚楚、明明白白地告诉你了，说明了，弄懂了，就此结束。”见《人民文学》编辑部. 一九七八年全国优秀短篇小说评选作品集［M］. 北京：人民文学出版社，1980：634. 在文学中挖掘深刻性、多义性、丰富性和立体性并以此为最高标准，这是一种普遍的观点。

② 在这部选集中，还发表了几位作者基于座谈发言所写成的创作心得。其中有获得一等奖的刘心武所作《心中升起了使命感》，军旅题材小说《我们的军长》的作者邓友梅的《不可忽视的责任》，王蒙关于张有德小说《辣椒》的评论性文章《从〈辣椒〉说开去》（张有德因病未参加颁奖仪式和座谈会，王蒙的文章可以理解为代写），以及童恩正的《谈谈我对科学文艺的认识》。

编辑组组长王扶，对该小说的文学性这样评价："在中国的科幻小说作家之中，童恩正的作品最具文学性。"① 这固然是在科幻小说的内部对童做出的评价，但是也说明童的作品本身在文学上颇有可取之处，不然也不会刊登在《人民文学》上时，就在文末注明"这篇小说即将由人民文学出版社出版"。

正是在这样宽松的文学环境之中，科幻小说得到了"复活"。尤其是在1978 年以后，随着"四个现代化"目标的提出，科幻小说成了文学领域与此目标最接近的文体。对此，叶永烈如此评论："在粉碎'四人帮'以后，我国科学幻想小说的创作日趋活跃，各报刊竞先刊载科学幻想小说。这是因为我们正在大踏步向四个现代化前进，而科学幻想小说是描绘未来的小说，它的活跃是时代的需要，反映了我国科学大发展的跃动着的脉搏。"② 这个时期，发表了科幻小说的报刊包括《人民文学》《中国青年报》《工人日报》《儿童文学》《我们爱科学》《少年科学》《中国少年报》《少年报》《革命接班人》《科学画报》《科学实验》《科学文艺》等。

1978 年 5 月，上海召开了全国科普创作座谈会，受邀作家包括高士其、郑文光、肖建亨、童恩正、刘后一、周国兴、张锋等科普作家。童恩正回忆："我同作家们都很兴奋，相约共同为繁荣中国的科学文艺做出贡献。我重新拿起笔来，以比过去更强的自觉性和责任感开始了创作。"③ 此时，童恩正已经调回四川大学做考古研究，但文学创作并未放弃，后来，他改写了《古峡迷雾》和《珊瑚岛上的死光》，在沈寂的帮助下改编成了剧本，还写了一大批新的科学幻想小说，包括《雪山魔笛》《追踪恐龙的人》等。

同年，全国少年儿童读物出版会议在庐山召开，科幻和科普作家同样受邀参加。"编辑们估计到这一领域的作品可能会被解禁，他们'包围'了

① 叶永烈. 中国科幻小说经典［M］. 武汉：长江文艺出版社，2006：226.

② 叶永烈. 论科学文艺［M］. 北京：科学普及出版社，1980：89.

③ 董仁威，童恩正. 童恩正专访［M］//董仁威. 科普创作通览：下. 北京：科学普及出版社，2015：462.

参加会议的作家们，争先恐后地进行约稿。”① 于是，收入《中国科幻小说大全》的科幻小说篇目，从 1977 年的 3 篇，增长到了 1978 年的 42 篇，到了 1979 年，更增加到了 145 篇。

正如上文的描述，这种普遍的对科学文艺的友好态度首先在编辑出版领域反映出来。1978 年 11 月，北京的科学普及出版社恢复不久，就召开了科学文艺座谈会，邀请科学文艺界人士参加。在这个座谈会上，参加者争论了科学文艺到底是“科学”重要还是“文艺”重要的问题，亦即到底是“科学性”还是“文学性”统领科学文艺。② 此争论日后在科幻文学界引起了轩然大波，但是就这次科学文艺座谈会而言，这个话题的提出，恐怕还是基于编辑实践中的第一手问题：找谁去约稿，约什么样的稿，编辑与作者应该朝向怎样的方向来合作，以共同完成科学类读物的出版计划？说到底是由于作品生产的需要，才使得科学文艺“到底怎么写”的问题凸显了出来。

在这样的大背景下，作者的创作是有明确的自觉性的。正如上文所引童恩正的回忆中表明的一样，是使命感驱使着这批作家生产优秀的精神食粮。以此为前提，通过对当时的科幻文学进行文本分析，可以得以管窥时人心目中的科幻小说具有怎样的特点。《珊瑚岛上的死光》就是典型的例子。

一、叙事框架

《珊瑚岛上的死光》讲了这样一个故事：出生在国外的华侨科学家陈天虹，从小向往社会主义祖国。在某国结束了核物理方面的学习之后，计划

---

① 武田雅哉，林久之. 中国科学幻想文学史：下卷［M］. 李重民，译. 杭州：浙江大学出版社，2017：49.

② 郑公盾. 进一步发展科学文艺更好地为社会主义现代化事业服务：在中国科普创作协会科学文艺、少儿科普研究委员会 1980 年年会上的发言［M］//郑公盾. 科艺史话：郑公盾文集. 北京：科学普及出版社，2013：26.

将自己的导师赵教授带队发明的高压原子电池带回国。在这个过程中，因某大国的间谍抢夺发明图纸，赵教授被杀死，陈天虹驾驶的“晨星号”飞机也被击落在太平洋上。幸运的是陈天虹恰巧落在马太博士岛附近，被隐居于此进行科学研究的马太博士搭救。出生在日本的华侨马太，原名胡明理，曾是×国的工程技术界明星，因厌恶战争，受雇于某商业性的洛菲尔公司，在小岛上进行民用科技研究。实际上背靠某大国的洛菲尔公司计划使用马太博士的发明——强力激光器作为武器，被陈天虹和马太博士揭穿，在冲突中某大国的代表被消灭，但马太博士也受伤死去，激光器的图纸亦被毁损。陈天虹带着高压原子电池，驾驶着小艇向祖国的方向驶去。

这部小说颇具有时代的特点。首先从开头读起：

> 你们没有忘记双引擎飞机“晨星号”，不久以前在太平洋上空神秘的失事吧？从失事后新闻界提供的消息来看，当时飞机机件运转正常，与×港机场的无线电联系也一直没有中断。好几个国家的远程警戒雷达都证明：当时，在出事的空域内并没有出现其它飞机，或任何类型的导弹。然而，“晨星号”却在八千公尺的高空发生了爆炸，燃烧的机体堕入了太平洋。报纸上公布的消息是：“驾驶飞机的陈天虹工程师下落不明。”
>
> 我就是当时“下落不明”的陈天虹。在这里，我不但要向你们介绍这次失事的原因和经过，而且也要介绍失事以后，我在太平洋某岛上的一段经历，一段令人悲愤也令人深思的经历。

整部小说是以第一人称为视角叙述的。在开篇，作为叙事者的陈天虹，就表达出和“你们”对话的姿态。究竟谁是“你们”？显见是读者。但这个预设的读者的身份如何呢？他们是祖国的读者，这一点是确定无疑的。从后面的情节发展来看，陈天虹最终踏上了回到祖国的旅程之上，应该是回到了祖国。那么，既然安全地将非常有用的发明带回了祖国，何以这段故事并未公布于众，又需要陈天虹再次来讲述呢？更何况，小说中提到马太博士的身份神秘，他将自己的故事告诉“我”的首要条件便是保守秘密，不可告诉他人：“马太凄然一笑，似乎有很多隐衷，停顿了一下才说：‘如果你能答应一个条件，那就是当你离开这里以后，不要把我讲过的话告诉任何人，而当成一桩在有生之年应该保守的秘密，那我可以满足你的好奇心。’”叙事者违背马太的要求，向陌生的读者讲出了全部故事，究竟为何？

请看小说末尾的最后一句话：“充满了仇恨，也充满了信心，我驾驶着小艇向着祖国的方向飞驰，准备迎接新的斗争生活。”“斗争生活”一词，带有强烈的时代特征，是一个惯用的习语，但同时它也有着具体的内涵，即生产建设和生活并不是平顺的，而是充满矛盾和斗争。可以推论，陈天虹回到国内之后，大概又经历了种种的斗争，于是才在后来，需要再一次讲述这个故事。

结合小说发表时“文革”刚刚结束的时代背景，与陈天虹、赵教授、马太博士等人的华侨身份和教育背景（事实上整个故事都是发生在中国以外的，而涉及的人物也都是出生在国外或长期在国外生活，小说的结尾所带来的是一个全新的环境和全新的故事），不难推论出这篇小说中隐含的对于刚过去的时代知识分子命运的回望。虽然小说的原稿写作于 1960 年，但是在发表时经过了修改；即使开头和结尾不是新增补的，那么结合 1958 年左右的政治状况，这种含有批评和反省的姿态也可以得到解释。

综上，实际上小说叙事者所直接称呼的“你们”，不仅仅是笼统意义上的读者，而且是新时代的读者，是曾经被见诸报端的误导性叙事蒙蔽，而今具有了获知真相的权利和可能的读者。

这种“向读者如实讲述回忆”的框架，当然并非童恩正所独创。写于 20 世纪 40 年代的顾均正的《性变》使用的叙事框架与此非常相似。请看《性变》的开首一段：

我曾经读过全国著名的犯罪心理学家黄慧明先生的新著《二十世纪疑案录》，当我读到第四则《沈大纲自首案》时，不由笑了出来。我敢明告读者，在这世界上能够知道这疑案真相的，只有我一个。我保守这秘密已经很久了，现在我实在守不住这个秘密，一种不可抵挡的力量，迫使我把这件事情的真相公布出来。

……

事实的真相是这样的：

同样嵌套了一个“向读者如实讲述回忆”的叙事框架，比起《珊瑚岛上的死光》，《性变》在叙事上粗糙很多，重要的一个原因便是它的隐含读者不明。如果说前者的隐含读者是新时代的大众，那么后者的隐含读者身份确实不清晰。对于叙事者为何要讲这个故事，小说只含糊地说“一种不可抵挡的力量”驱使他去讲出来，但没有具体地解释这种力量到底是何种力量——是科学研究的求真精神，是蒙受冤屈的情感力量，是对人性黑暗面的憎恶，还是其他？没有明确的线索。实际上这类线索，正是突出主题的利器。相比之下，出版于几十年后的《珊瑚岛上的死光》在这方面就进步很多了。正如上文所述，后者提供了较为明确的读者指向，以隐晦的方式提供了小说的时代背景和隐含的批评视角。此外，不同于《珊瑚岛上的死光》，《性变》小说的主体是以第三人称讲述，结尾处还有一处叙事框架的收尾，说明故事中的沈大纲就是“我”本人。相较之下，《珊瑚岛上的死光》全部使用的是第一人称，故事结尾没有框架性收尾，故事讲得更为自然和流畅。

类似还可以举出叶永烈《小灵通漫游未来》一开始的“编辑大朋友”的“开头的话”，王晓达《波》一开始的作为记者的“我”的前言，等等。这种叙事框架显得陈旧，但却有其便捷之处。科幻小说频频使用这种方式，一方面，是便于提出悬念。这种框架是一种有效提出悬念的方式：使读者预先知道一部分结果，同时又得知这个结果并非真相。上述这种回忆式的框架，就是先抛出一部分结局——并且这个结局只是看似如此，远非全部的真相——再卸去框架，娓娓道来事情的原委。这种整体真相缺失的感觉，自然为读者制造了悬念。另一方面，是减少提供背景的负担。回到《珊瑚岛上的死光》上来，开头就提出了“晨星号”失事的地点、失事前的联系情况、失事蹊跷之处，以及当事人的名字和身份。这些信息与后来叙事中提供的真实版本形成了张力，以较短的篇幅达到了丰富文本内涵的效果。

此外，重要的一点是此处对整个故事做了价值判断：“一段令人悲愤也令人深思的经历。”这个判断给整个故事的展开定下了调子，也因此部分地解释了叙事者为何违背马太博士的意愿，讲出了他的故事：是因为故事令人悲愤，讲出来以同读者分享深思。从当代文学批评的角度来看，显然这种主观的定调是不受欢迎的。但是，既然本书的目的是对科幻文学的类型特点进行历史性的描述，此处就提出这种价值判断在20世纪70年代末期科幻文学中的重要性。类似的判断，在当时许多文本中几乎都存在。

二、媒体与技术

《珊瑚岛上的死光》中多次提到新闻和媒体，贯穿了整部小说。媒体的双刃剑效应，可以说是小说一个隐含的线索。

报纸媒体的第一次出现，是在开篇，上述所引的段落里。“晨星号”失事后，媒体报道了它失事的相关蹊跷信息，称“驾驶飞机的陈天虹工程师下落不明”。此处报纸的立场是中立的，根据所知线索进行报道。但综合前文的分析，似乎在陈天虹安全返回之后，没有做出澄清事实的报道。

第二次出现是在马太博士岛，“我”刚刚得到马太博士的搭救，在博士助手的房间中醒来：“屋角里，摆着一架落地式的电视、收音、录音、电唱四用机。”此处的流行媒体被和资本主义低俗文化联系在一起：四用机边上摆的是“各种‘甲壳虫’音乐和‘狂飙’音乐的录音带和唱片”；与之相应的是，书橱上除了电子学和核物理方面的参考书，竟然是“资本主义世界常见的荒诞色情小说，如《黄金岛之恋》《杀人犯的自白》《发财致富之路》等等”。博士的助手罗约瑟，在后文中再次出现时，已经成为军事商业力量的帮凶，对他的这种想象也就顺理成章了。

与之相对，马太博士的设备全然用于研究，虽然“屋顶上，几种不同类型的无线电天线向四面八方伸开灵敏的触角”，但马太博士对接受外界传来的新闻报道没有兴趣。“其实他手边掌握有各种先进的通讯（信）工具，但是在别人的怂恿和自己的偏见之下，除了技术资料，他却从不接触任何其他的消息。他好象（像）为自己修筑了一道无形的高墙，将马太博士岛与整个世界的社会生活完全隔绝起来。”

马太博士自己曾是新闻媒体的主角：本名叫胡明理，曾是工程界的明星，与×国政府公开争执，后来隐居起来。“这曾经引起资本主义社会新闻界的各种推测。”显然，新闻界此前对胡明理的报道，只是出于对科技界明星的追逐，并非对科学精神的尊重。请看新闻媒体的下一次表现。

胡明理在得知自己的研究成果被用作军事武器后，非常愤怒，要求×国政府向他道歉，并收回所有的发明。他的诉求当然不可能得到满足。并且，这时媒体成为霸权力量的帮凶：

> 一些报纸上已经披露了他的消息，把他描写成为一个变态心理者，精神病患者，讽刺嘲弄，无所不用其极。他愤怒万分，亲自接待了几批记者，想要阐明事实的真相，但是他的话却被精心地歪曲了，以致看了报道的人对原来的描述只有更加相信。胡明理虽然在激光方面是个专家，在社会经验方面却十分幼稚。他把资本主义社会的舆论看得过于认真，这种迫害攻击使他产生了一种愤世嫉俗的念头。

正是因为媒体的恶毒攻击，胡明理才受到致命的打击，决定遁世。经过一系列的契机，他化名马太，到小岛上开始了孤身一人的研究生涯。不过，马太后来再吃亏则是由于对新闻媒体的不信任。邀请马太来到小岛上研究的洛菲尔公司，正是一家具有某大国政治背景的公司，马太的研究成果无疑又将违背他的意愿，被用在军事上。叙事者陈天虹一听说洛菲尔公司的名字，就想起一条新闻，“引用了大量材料，证明洛菲尔公司是受某大国暗中操纵的、接受了某大国大量投资的一家跨国公司”。新闻中提供了可供个人判断的事实材料，倘若马太对新闻报道有所关注，此时他又可以避开这项他所不愿从事的工作了。

在上述讨论的段落中，小说提及新闻媒体，一方面将其视为社会个体了解信息、了解世界的必要窗口，另一方面视其为资本主义舆论的重要阵地，欺骗性信息的集成场所。这构成了小说中媒体的双刃剑效应。马太博士的悲剧虽然本质上是因某大国的利用和诓骗造成的，但在他个人的方面，又可以认为是对媒体双刃剑效应的不理解造成的。

因此，小说的后半段，即关于马太博士的部分，也可以读作一个缺乏媒体素养的故事。这个媒体故事充满隐喻性：不具备媒介常识的马太和他的仆人葬身孤岛，而对媒体信息有着理智判断的陈天虹则得以全身而退，向着自己理想的方向前进。

三、价值观的斗争

故事实际的主角是马太，虽然他在后半部分才在小说里出现。马太这个幼稚、善良而又执着的科学家，所代表的是与社会脱离的科学研究路线：他认为，一切武器都是杀戮的，因此是罪恶的。而作为科学家，只要守住不去研发武器的底线，就是守住了道德底线。这一观点本身有问题，但更可悲的是，马太就连这一点自我约束的要求，也因为遭受哄骗而未能达成。

马太的助手罗约瑟，则采取了商业的逻辑：“科学就是一种商品，顾客拿商品去做什么，我们是不负责任的。”这等于说研发武器本身并无罪恶，只要科学家自己没有拿着武器去杀人，便可以免去罪责。显然，这是利益至上的冠冕堂皇之词，从前文叙述罗约瑟常看的《发财致富之路》等书籍就可看出。

虽然陈天虹是故事的讲述者，他的行动也贯穿了整个故事，但这个角色没有太多个性特点。同他的导师赵教授一样，这个高大全式的人物是小说的价值锚定点：爱国、正义。陈天虹的一句话道出了小说的核心价值观：

> 问题不在于武器就等于罪恶，而在于谁掌握武器，利用武器去达到什么目的。你说对吗？

科学技术本身是中性的，而科学的使用却有正义与邪恶之分，这就是小说强调的价值。放在20世纪的历史语境中，这个命题实际上并不令人感到陌生。可以说，小说的中心价值观是在延续了几十年的民族主义框架中得到展示的，并且积极地调用了社会的、文化的和文学的资源。可以说，《珊瑚岛上的死光》虽然在评奖时被认为是正统文学杂志中的异类，但其实它诞生于同样的历史和文化语境之中，和所谓的严肃文学，具有深刻的亲缘关系。

此外，夏衍写于1942年的剧作《法西斯细菌》虽然不是科幻小说，但是描绘了抗日战争时期一位科学家的转变过程。从最初毫不关心时事到辗转于战火之间，最终认识到“科学虽然没有国界，但科学家是有国籍的”，细菌学家俞实夫找到了自己研究科学的最终目的。

在最初的一幕里，这位科学家就媒体与科学工作发表了其论断：科学与报纸没有一丝关系。他厌恶媒体到要求家人不得把报纸拿进家门的地步。这里，报纸因其新闻载体的性质成为世间时事的一个隐喻，拒绝媒体的影响意味着拒绝科学以外的事务对科学的影响。亦即，俞实夫希望保存科学研究的纯洁性。

这个情节，与马太博士对新闻媒体的厌恶何其相似。不过，俞实夫在后来的战火生活中体会到，科学家必须用自己的知识来帮助本国人民战胜敌人，过上和平的生活，因此他从实验室里的细菌研究，走上了医疗工作者的道路。而《珊瑚岛上的死光》中的马太博士，在理解自己过去的错误之后，并没有一条可供选择的道路，最终只能和孤岛一起毁灭。

四、毁灭的隐喻

小说中讲了两次毁灭，一次是赵教授遭到某大国特务的袭击，他为了使研究成果不落入对方手中，因而毁灭了保险箱中的图纸。硕果仅存的原子能电池样品，则交给陈天虹带回祖国。第二次是马太博士岛整个毁灭，被死光击沉。

马太博士为着虚幻的“科学”目标做研究，他的研究缺乏社会和实际应用的基础，因此他的研究成果——激光掘进机（也就是“死光机”）无论是图纸还是实物，都灰飞烟灭了。图纸为某大国上校沙布诺夫和洛菲尔公司所取得，当然他们在随后由马太博士安排的激光机攻击中丧生，得而复失。而激光机成品本身，因太过沉重无法携带，被陈天虹留在了岛上，随着整个岛一起爆炸消失。

与此相对，赵教授和陈天虹等学生出于为祖国奉献的爱国情怀所研发出的原子能电池，则安然无恙地被带回了祖国。

孤立于大陆、装满高端仪器，做着受到伦理挑战的研究的小岛最后“爆炸”，这一意象不能不使人联想到幻想传统中的一些其他文本，比如《科学怪人的新娘》（电影，1935）。在普特瑞斯教授为科学怪人造出新娘后，科学怪人却被新娘拒绝，因此他拉动了毁灭实验室的闸门，和二者一起葬身于爆炸之中。科学怪人的悲剧在于，在不知情的情况下被创造出来，违背伦理、不受理解，甚至不能得到自己的“同类”理解。这种彻头彻尾的悲剧，在叙事上带来的必然结果就是科学怪人和他的悲剧的始作俑者一起毁灭和消亡。

马太博士的悲剧则在于，一方面被欺骗，未能按照自己的心愿、为合适的人进行研究，另一方面，自己的心血结晶未能保留于世。隐居的研究成果，终究化为一片虚无。爆炸隐喻着罪恶的荡涤、意义的消解，孤立于人世的小岛的消除更意味着此种悲剧从此在人世间不复存在。随着陈天虹所乘小艇的离开，仅存的一线新世界的希望亦被带走。

小说中的科学创意，主要是两个发明创造：一个是原子能电池，解决能源问题；另一个是高强度激光发射器，解决远距离精准切割物体的问题。并且，马太畅想将这两个发明连接起来，成为高效方便的掘进设备。除此之外，小说世界的科学技术发展水平，似乎与当时的世界并没有什么差距。事实上，国内的情况基本没有提到，而国外的情况，正如小说所写，也没有特殊的地方。

不过，在当时的文化语境之下，想象激光武器、高能电池，尤其与国际间谍、孤岛科学家的形象联系在一起，对普通的读者来说已经具有足够的惊奇效应。可以说，这是当时的科幻文学最吸引人的魅力所在，并且这种科幻的惊奇，还是统摄在时代特色的价值观之下的，这对于读者来说，就更便于接受。

历史地看待作为科幻文学的《珊瑚岛上的死光》，可以发现它是一个以科学方式讲述的价值故事，对爱国崇高情感的追求是最高的目标，而对于社会历史，亦有一定的反思（虽然这一部分是以比较隐晦的方式体现出来的）。虽然小说确实具有一定的悬念感，但是其间弥漫的爱国主义情怀使得这种悬念的导向必定是一个具有崇高感的结尾。

第二节 《小灵通漫游未来》

到目前为止，中国科幻文学史上最为畅销的一本小说是《小灵通漫游未来》。初版于1978年的这部作品一开始就印了150万册，① 累计发行超过

① 叶永烈. 是是非非灰姑娘［M］. 福州：福建人民出版社，2000：5.

300 万册。① 并且，不久就被译成蒙文、朝文，出版了四种版本的连环画。②目前能够和这个纪录竞争的，只有《三体》，后者截至 2015 年在国内销售超过百万册，并且近年来这个数字还在增加。但是，考虑到出版年代等综合因素，《小灵通漫游未来》的流行程度之高和影响之大无疑是难以匹敌的。

同《珊瑚岛上的死光》一样，《小灵通漫游未来》也是写作于 20 世纪 60 年代，但迟至 70 年代末才出版的作品。它的问世同样见证了 70 年代末科学文艺繁荣的大潮，并且为这种繁荣贡献了浓墨重彩的一笔。作者叶永烈是著名的科普和科幻作家，在 60 年代，作为一名北京大学化学系的学生，他已经因出版科学小品集《碳的一家》③、参与《十万个为什么》的写作而积累了名气。同样在"文革"期间受到批判，他也在 70 年代末重新开始发表和出版作品。叶永烈 1976 年在《少年科学》杂志上发表的《石油蛋白》和 1977 年在同一杂志上发表的《世界最高峰上的奇迹》因想象力丰富、语言风趣，成为这一时期中国科幻小说史上的重要作品。④ 包括《碳的一家》《十万个为什么》在内，这些作品主要是面向少年儿童读者。可以说在这个时期叶永烈已经掌握了少年儿童科学文艺作品创作的规律。很快，他又在 1978 年出版了《小灵通漫游未来》，获得了极大的成功。1980 年，这部小说在第二次全国少年儿童文艺创作评奖中获一等奖。

如果说《珊瑚岛上的死光》对于科学技术可能引起的负面影响非常自觉的话，此一本面向少儿读者的幻想故事，则畅想了一个生产力极大增强、人民生活闲适、没有黑暗面的未来主义乌托邦。弥漫在这部小说中的乐观

---

① 武田雅哉，林久之．中国科学幻想文学史：下卷［M］．李重民，译．杭州：浙江大学出版社，2017：71.

② 章邦鼎．寻觅在科学的未来：叶永烈和他的科学幻想小说［M］//王泉根．现代中国科幻文学主潮．重庆：重庆出版社，2011：338.

③ 叶永烈．碳的一家［M］．上海：少年儿童出版社，1960.

④ 尹传红，徐彦利．叶永烈与叶永烈的笔［J］．科普创作，2017（1）：63－64.

主义情绪，一方面与其写作时代紧密相关——它是诞生在革命乐观主义的体系之中，并且出版于一个充满希望的时期；另一方面，当然也因面对少年儿童，有希望培育读者对世界和未来的乐观看法。在全国建设“四个现代化”的背景之下，畅想一个科技现代化、生活现代化的前景，当然是少年儿童读物的一个重要模式。①

一、叙事框架与时空并置

像是按照惯例似的，《小灵通漫游未来》同样使用了一个叙事框架。整个故事套着两层框架：第一层，是“编辑大朋友”的框架。故事开头是这样的：

> 我的年纪不算大——你的年纪加上你弟弟的年纪，就跟我差不多啦。
>
> 我每天都收到好多信。在每封信的开头，总是这样写着：
>
> “亲爱的编辑大朋友：您好！”
>
> ……

这位“编辑大朋友”收到许多小朋友的信，问未来究竟是怎样的，于是他派小记者小灵通去未来市采访。而框架内的作品整体，即是小灵通发回的采访稿。自然，这个采访稿并非以严格新闻报道的体式写成，而是以游记（或说故事）的方式。于是，整部作品既是一个小记者的经历记录，也是编辑回复给读者的一封信：

---

① 1978年8月第一版《小灵通漫游未来》的内容提要部分是这样写的：“这是一本科学幻想小说。通过小灵通漫游未来市，展望未来科学技术的发展和人民幸福生活的灿烂远景。作品介绍了气垫船、电视电话机、电视手表、微型直升机、飘行汽车、机器人、人造大米和人造蛋白质、无土庄稼、彩色棉花、环幕立体电影以及未来市学校等二十多种新的科学技术。内容丰富多彩，故事生动有趣，引人入胜。在向四个现代化进军中，对培养儿童从小爱科学，提高儿童对科学的兴趣，有积极的教育意义。”

这小家伙写得可真有趣，我一口气把稿子读完，决定发表。这书印好之后，准备给每一个写信问“未来怎么样”的小朋友，都寄一本去，作为我们编辑部的一封回信。

下面，就是小灵通写的游记——《小灵通漫游未来》。

而在“小灵通”交上来的游记中，亦有一个框架。这个内嵌的故事开头是这样的：

哎！要讲的事情，比牛毛还多。

从哪儿讲起好呢？就从我那“宝贝”——照相机是怎么丢的说起吧！说实在的，我总以为，我的这次奇遇，都是从丢了这架照相机引起的。

我记得，那天傍晚，我在江边闲逛。

接下来，故事就从小灵通为找相机，误打误撞坐上了开往未来市的气垫船开始。

所以，小说实际上嵌套了两层框架，第一层提供了编辑—记者之间身份、语气的转换，由编辑部中和小朋友关系亲密、忙于回信的编辑大朋友，转向“年纪虽小，消息可灵通哩”“机灵活泼，有双乌黑发亮的大眼睛，两只大耳朵，长着逗人喜爱的小圆脸”“走起路来爱连走带跑，步子轻快，象（像）阵风似的”的小记者。这位小记者还拥有神奇的能力：“他不仅知道世界上刚刚发生的事情，还知道世界上即将发生的事情，而且还知道几十年、几百年以后，世界上将发生什么事情。”显然，按照这样的叙述，小灵通的知识能力远远超过了编辑，因为作为大朋友的“我”虽然“跟许许多多小朋友一样，也非常想知道未来的一切”，却在想回信的时候“写了半天，一个字也没写出来”，因为他实在不了解未来世界的样子。

这个“大朋友”的框架，其实具有现实生活的依据。叶永烈回忆《小灵通漫游未来》的出版过程，谈到这本小说的书稿本来在 1961 年就写成了，书中的材料来自于他编写的第一部科普书稿《科学珍闻三百条》，他以小说的形式将从报纸和国外杂志中收集到的一些科技新成就写出来。《小灵通漫游未来》投到了出版社，但是被退稿。不过，到了1977年，时代发生了变化。当年10月，叶永烈受上海少年儿童出版社的编辑邀请，给上海一所小学的学生讲科学知识课，题目是《展望2000年》。讲座大受欢迎，叶永烈在接连去几所小学讲完之后还是不断受到邀请，讲不过来，只好让大家去听录音。他回忆，有老师对他说："大家都知道祖国的未来是美好的，但很想具体地知道未来是怎样美好。孩子们是未来的建设者，他们就更加强烈地向往未来，关心未来。"这时，上海少年儿童出版社又约叶永烈写一本科学幻想小说，题目是《在国庆50周年的时候》，也就是畅想1999年的情况。《小灵通漫游未来》的修改和出版响应的正是少年儿童的这种对于未来的渴望与向往，而直接的出版契机确实来源于"编辑大朋友"从"读者小朋友"那里收集到的要求。①

于是，现实中的编辑将描绘未来的任务转交给了作者，而小说中的编辑将叙述权转交给了小灵通。这种转交其实是转换了一个世界：从现实世界到畅想的世界；从"跟许许多多小朋友"所处的世界"一样"的、对于未来茫然无知的身边的现实世界，转换到了一个由充满活力又具备神奇预知未来能力的小灵通导引的、具有各种可能的世界，这个世界虽然在发展上处于"未来"，却在时间上和现实世界相平行，只是它以地理方式与我们的世界区隔开来。这样，就可能通过派出一位机灵的记者，来对这个地方进行探访。

这是一种神奇的时间旅行：它虽然是从现在到未来的时间旅行，却以空间旅行的方式展开。而这个"旅行"的感觉，正是以编辑—记者的叙事框架转换的方式来实现的。这种转换同时显现出来的，还有一种对于未来

---

① 叶永烈. 是是非非灰姑娘［M］. 福州：福建人民出版社，2000：41-43.

的理解：它是一个可以“到达”的“地方”，是一个地理概念而非时间概念。[①] 照此推论，未来和现在的联系实际上非常薄弱，因为它不是从现在渐进发展过去的，而是一个截然不同的地方。

不过有趣的是，关于未来市的历史，小说确实提供了说明——小灵通被未来市的小朋友带去图书馆查找到《未来市的历史》一书，其中除了讲十几万年前、一万年前、一千年前的事情外（这部分历史实际上和现实世界中的过去历史是一致的），关于近一百年历史是这样讲的：“一百多年前，人们用智慧和劳动，不断与大自然进行斗争，使干旱的沙漠变成了良田，成为大自然的主人，用劳动和智慧创造美好的未来”；“这是现在的未来市地图，这张地图是用劳动的双手画出来的，是经过艰苦的斗争才画成的”。余下的部分则是展望未来，鼓励这本历史的读者用“劳动的双手去绘制”更多更美的未来图景。有趣的是，这里引用了毛泽东的话：“一张白纸，好画最新最美的图画。……”这段在革命建设时期被频繁引用的话，昭示了小说精神与革命精神的内在联系。

如果将“人们用智慧和劳动，不断与大自然进行斗争……”这一场景理解为新中国成立以后开展的与自然斗争的活动的话，未来市的历史比起现实的历史超前了一百年左右，就是说，它一方面是从现在开始，现实的中国在百年后的样子，另一方面又是一个不同的地方。例如，在未来市的月球地理课中，讲到中国海、李时珍山、鲁迅市，这些实际上并不存在的、昭示着中国文化遗产的地名表示，未来的月球已经经由中国人的研究和建设，成为可资利用的空间资源；而从“我们”的世界到未来市，气垫船需要开动几个小时，航行一万多公里，到达写有“未来市”的码头；又或者使用火箭，从“未来市火箭飞行站”出发，到达现实世界的任何地方。这

① IOVENE P. Tales of futures past: anticipation and the ends of literature in contemporary China [M]. Stanford: Stanford University Press, 2014. 在这部著作中，叶纹（Paola Iovene）讨论了当代中国文学中一个重要的“彼岸”，即对于未来的“期待”。以《小灵通漫游未来》为例，她认为这种期待常常是以对某一个地理范畴进行想象的方式来实现的。

种时间与空间的混杂，暗示了二者之间的艰辛历程，正如刚才提到的交通运输情况，值得仔细探讨。

未来市不容易到达，必须借助来自未来市的气垫船或火箭。这两种交通工具连接的是同样的路程，这令人感到困惑，未来市到底有多遥远呢？它到底在哪里？虽然小说中数次提到未来市属于中国，但它确实在地理上是神秘的。对于“我们”的世界来说，要想主动到达未来市是不可能的，因为“我们”还不具备可以通行到那里去的高科技交通设备。而未来市的人，则可以很方便地去到德国、法国、埃及、南极，甚或去到月球避暑——按照前文逻辑分析，他们所去到的地方并非现实生活中的德国、法国、埃及、南极和月球，但这些地点在读者听起来总之是陌生而遥远的，感觉不到其中的差别。相比之下，在当下世界的人们，在物理空间的移动方面，自由度小得多。

这种将未来设置在遥远的某处的想象方式值得思考：如果是这样，那么物质、文化各种方面都有所欠缺的现代，如何抵达物质富足、人民乐观向上的未来？它无法提供方法，只能提供结果，在无形中似乎暗示，未来是没有办法通过渐进的方式抵达的。或者说，此种科幻小说所提供的，并不是路径，而是一种希望，一种对于未来的设计。这种从现在到未来的“跨越”（或者如《珊瑚岛上的死光》那样从现在到过去的“回溯”），往往是通过叙事框架技巧来实现的。

这第一层叙事框架的转换，还提供了一种视角和语气的转换。编辑和读者毕竟有年龄的距离，但作为主要叙事者的小灵通则不然，所以他的行文可以从儿童视角出发，发出儿童会有的疑问，使用儿童化的语言：“小虎子大概又要卖弄自己的力气了。西瓜那么大，看他怎么对付得了？”“哈，斗大的字都错了！未来市的油漆工人叔叔，怎么粗心到这样的地步！”不过，小灵通毕竟身为记者，职责在身，动不动就掏出他那支“胡萝卜粗的自来水笔”，写文章去了：“当我一想起编辑部交给我的采访任务，一想到编辑部的大朋友在焦急地等着我的稿子，还有那成千上万个小朋友在急切地等着看我的新书，我就连一秒钟也不想多耽搁了！”

小灵通并非为了采访未来市而前往，这次旅行实在只是一场意外和巧合。这个愉快的意外将他带往采访目的地的同时，也使得他忘记带照相机这一“漏洞”得到解释。小说的结尾更值得玩味：小灵通把军用水壶错当成相机放进了采访包，因此遗憾地没有留下任何未来市的照片。而作为唯一纪念的电视手表，也忘在火箭中，被自动起飞的火箭带走了。因此，关于未来市的资料，只剩下采访本上描述出的故事。

电视手表的丢失，从科学设想的角度来看，避免了时空转换中产生错误的情况：如果手表来自时间上的未来，那么无论从物理形态上还是功能运作上，它都不可能在一个现在的时间正确地运行，一定会带来一系列的严重后果；如果手表只是来自空间上的他乡，那么它的物理形态可以得到保存，但功能未必可以全部实现。在未来到底是一个地方还是一个时间的问题上，小说只提供了模糊的线索，但抛去这个问题不谈，作为一个象征性事件，电视手表的丢失更多地代表着未来市旅行经历的非现实性：未来市的纪念物，不能够以其自身存在的方式，存在于眼前“我们”的世界；去未来市的旅行只能是一次性的，像一场梦境一般。

第二层叙事框架的转换，即小灵通的“回溯”视角，从现实世界的角度，回顾在未来市的经历，在叙事的末尾又将读者拉回现实世界。这个叙事框架理论上伴随着文体的转变，即由说明去未来市的经过，转到由在未来市的经历组成的采访稿。不过，虽然小灵通屡次提到自己在未来市把经历写成采访稿，但最后发表的仍是另外写成的一份游记——读者眼前的这一篇是从未来市返回后重新完成的。这一点从叙事的文体可以看出，小说末尾也有说明：回到招待所后，“我连忙打开我的采访笔记本，又从抽屉里拿出一大沓空白的稿纸，想了一会，就在稿纸上写下了第一行字：《小灵通漫游未来》。我不知道几点钟开始写的，也不知道几点钟写好的，我不停地连续写，一气呵成了这本《小灵通漫游未来》”。

虽然“编辑大朋友”声称提供的是一位记者对未来的采访，但最后读者读到的是“刘姥姥进大观园式”的游记。这种张力一方面使得小灵通的小记者身份和技能似乎没有充分发挥出来，另一方面又可以验证上文中已经分析过的一点：对于现实世界的人，去往未来并不是易事，甚至根本不具有这种通路。如果不是误打误撞，即使作为记者，小灵通也无法去往未来；而记者的身份赋予了小灵通的“误打误撞”一定的“合法性”，即对未来进行采访式的观摩是可以的，但这种游览不可能成为常规。完成了这一点，记者身份的功能也就发挥了，至于最后写成的文稿的文体，已经不重要了。当然，无论跳出文本从作家写作的角度，还是在文本内部从小灵通讲故事的角度，运用游记的方式都比采访稿好得多，这点无须多说。

二、智能农业和交通运输：“四个现代化”的回响

《小灵通漫游未来》对于未来的描述，讲到了市容市貌、人们的职业、全息电影、机器人等，但主要集中在农业生产和交通运输两个方面。在农业生产方面，讲到了在人造粮食厂和“农厂”参观各种粮食作物、蔬菜水果生产的方式；在交通运输方面，讲到了气垫船、飘行车、小型直升机、原子能喷气式飞机、宇宙火箭等。丰衣足食的需要和物理移动的需要，在当时都是非常突出的民众需求，也都是国家战略重点宣传的一部分，在当时的科幻小说中不乏相应的想象。

食物与人的生活本就密切相关，属于最基本的需求。在国外，也有各种关于食物和食物生产的幻想性作品，比如美国科幻作家菲利普·迪克在《老兵》（*War Veteran*，1955）中写到机器人园丁；阿西莫夫在《基地》（*Foundation*，1951）中写到食物和必要品的生产；日本村井弦斋写于 19 世纪末 20 世纪初的《食道乐》，以精通食物料理的中川兄妹为中心，写了各种菜

系食物做法的不同特色，以及饮食养生的知识；① 年代较近的还有安迪·威尔（Andy Weir）所著的《火星救援》（*The Martian*，2009），后被拍成电影。

关于食物生产的畅想，天然是科幻文学的主题。在物质生活不够丰富的当时，食物更是能产生种种奇思妙想。② 不过，具体的想象往往与历史环境紧密相关，尤其在中国这样一个传统农业大国。新中国成立后，在20世纪50年代就提出了“四个现代化”的目标，其中包括农业的现代化。③ 因此，小说中所想象的智能农业生产可以纳入国家战略大方向的视角来分析。下文将论述《小灵通漫游未来》的科技创新设计直接来源于“四个现代化”战略，并且其更贴近的意象来源可能是更早时期的一些想象。

到了未来市不久，小灵通就随着小虎子和小燕的家人，吃了“一顿稀奇的中饭”。这顿饭包括珍珠一样圆溜溜的人造大米，小西瓜那么大的五香酱人造蛋，清蒸人造肉丸，生长在同一棵植株上的萝卜和黄瓜——“萝瓜”，以及西瓜子那么大的芝麻。这顿饭的亮点在于“人造”和“大”，一方面，不用种植就能收到米，不用养殖就可以造出肉和蛋；另一方面，这些食物都有足够大的特点，在物质紧缺的时代，这种想象中的食物具有极

---

① 长山靖生. 日本科幻小说史话：从幕府末期到战后［M］. 王宝田，等译. 南京：南京大学出版社，2012：64－65.

② 肖汉. “十七年”科幻：从幻想到现实的中国速度［N］. 文艺报，2020－03－04（3）.

③ “四个现代化”的目标酝酿于20世纪50年代。1954年9月，周恩来在第一届全国人民代表大会第一次会议上提出建设“现代化的工业、现代化的农业、现代化的交通运输业和现代化的国防”是革命成功的必由之路，这是“四个现代化”的第一次提出；1959年，毛泽东提出：“建设社会主义，原来要求是工业现代化，农业现代化，科学文化现代化，现在要加上国防现代化”；1962年1月，刘少奇在扩大的中央工作会议上代表中共中央正式向全党提出：“我国将能够奠定工业现代化、农业现代化、科学技术现代化和国防现代化的巩固基础……我们必须依靠全党和全国人民的努力，来实现这个伟大的目标。”不久，毛泽东提出“以农业为基础，以工业为先导”的思想，因此在后来的表述中，“农业现代化”放在了“工业现代化”的前面。“四个现代化”战略的正式确立，是在1964年，周恩来在第三届全国人民代表大会第一次会议上，根据毛泽东的提议宣布了实现四个现代化的任务：“今后发展国民经济的主要任务，总的说来，就是要在不太长的历史时期内，把我国建设成为一个具有现代农业、现代工业、现代国防和现代科学技术的社会主义强国，赶上和超过世界水平。”参见：郑有贵. 中华人民共和国经济史：1949—2012［M］. 北京：当代中国出版社，2016：83－84.

大的诱惑力。

小说的后半部分，小虎子和小燕带着小灵通参观了人造粮食厂和“农厂”。在人造粮食厂，小灵通看到了人造大米是如何由人造淀粉制成的，人造肉是怎样由“吃蜡菌”生产出的人造蛋白质制成的。① 在“农厂”，则看到了巨大无比的向日葵——“那向日葵的茎秆，象（像）电线杆那么粗，那么长，被单一样大的叶子，圆桌面那么大的花盘”。水生南瓜像荷花一样漂浮在水上，比人还大的鲤鱼跳来跳去，西瓜有普通小轿车那么大，需要用电锯锯开才能吃。“农厂”里的庄稼不仅个头大，并且还生长得快：“这儿的庄稼自从用了新型的植物生长刺激剂，不仅长得又高又大又好吃，而且长得非常快：一个月可以收一次苹果，半个月可以收一次甘蔗，十天可以收一次白菜、菠菜，而韭菜在一个星期内就可以割一次。”快速生长使得农业产出像工业产出一样快，所以“农场”被称为“农厂”。

食物生产如此大量、快速，白菜的“叶子比床单还大”，甘蔗“笔直挺立象（像）松树似的”，黄瓜“如胳膊那么粗”，下面还长着萝卜。

关于“萝瓜”，从实际的角度来讲，嫁接的主要好处有二：一是改良品种，增强产品口感；二是提高生长效率、抗病能力等。如果不能达到目的，为嫁接而嫁接，此种想象本身就值得玩味：它显示人类向大自然挑战的雄心不仅限于对自己有用的情况，甚至有任意而为的成分。不过，“萝瓜”这一技术确实具有一定的节约目的：黄瓜的根没有用处，萝卜则只有根可以食用。两者结合在一起，无论是根还是果（包括叶），都可以食用，确实做到了最大限度地利用资源。

交通运输方面，小说则畅想了长途、空间运送工具——宇宙火箭；中长途交通工具——原子能喷气式飞机；中短途交通工具——气垫船；近距离交通工具——飘行车和小型直升机；等等。这些工具能满足不同距离、

① 这一创意，与叶永烈此前发表的短篇《石油蛋白》的创意相符合。

不同人群的通行需求，使得未来市的交通出行不仅舒适（公共交通不拥挤）、快速，而且可以到达人们想去的任何地方。这种畅想既显示出对“现代化”的希冀，也通过智能化（需要人工操作的成分非常少）这一特点减少了现代化的前景可能会带给读者的焦虑感。如果说在21世纪第二个十年的今天，对人工智能的想象造成了更广泛的焦虑——关于人的本质、人与世界的关系以及更重要的，人类的未来，① 那么在几十年前，这种焦虑在中国科幻文学中还未广泛存在；对于现代化的前景是乐观期待的，更贴近的问题还是“人”如何追随科技，不被时代抛弃。智能化，在小说中是一种解决方案，能够一步解决人适应现代化生活的问题，从而避免了人自身要如何在思想层面（这也是当时几十年来人们将主要精力投入的方面）以外如何学习和进步这一问题。

有趣的是，“农厂”的厂长刘叔叔、人造粮食厂的化学工程师和车间主任杨老师，正是小虎子和小燕的父母。这是小说中未来市一人身兼多职的例证——杨老师同时又是中学特聘化学教师，刘叔叔则同时是《未来日报》的特聘记者。在对科技发展提供幻想的同时，小说还涉及对未来社会劳动结构的预想。教育普及带来人口素质的提升，工作效率的提高带来生产力的解放，一人身兼数职成为常态。在对于人力资源的利用上，这也是一种对于高效率的极致追求。事实上，小虎子一家几乎是整部小说中出现的主要未来市人物的全部。由小虎子的家庭结构，折射出未来人口结构和劳动结构：小虎子和小燕，作为孩子，在学校中读书；参与劳动的是小虎子的父亲、母亲、祖父（祖母是否参与工作不详，但在小说中，她和小虎子的曾祖父母一起去月球旅行了，由此推测，已经不再参与社会劳动）；曾祖父母、高祖父母虽然身体健康，但不再参与劳动。由于人类寿命的极度延长，

---

① SIMS C A. Tech anxiety: artificial intelligence and ontological awakening in four science fiction novels [M]. Jefferson, NC: McFarland & Co., 2013. 在这部研究著作中，克里斯托弗·A. 西姆斯（Christopher A. Sims）分析了美国科幻小说中对人工智能的焦虑感。

造成了劳动人口结构的变化，这势必带来社会养育成本的增加。这种成本如何弥补？小说很好地解决了这个问题，一方面，如上文所说，使参与劳动的人的劳动效率得到极大提高；另一方面，小说中屡次提出，许多工作已经不需要人来做，或者只需要极少的人，加以机器人的辅助。对于“自动化”、智能化、多快好省地高效工作的追求，在这里明显地体现出来了。

三、未来、儿童和导游式作品

作为一部取得巨大成功的科幻小说和儿童读物，《小灵通漫游未来》体现出了一些那个时期中国科幻文学的特点。虽然说从小说的具体意象中可以找见具有新中国成立后至20世纪五六十年代的，尤其是“大跃进”式想象的痕迹，但这不等于说小说是政治宣传的遗产。显然，小说中的想象都是基于一定的科学基础。在21世纪的今天阅读这部小说，读者一定会惊奇地发现，许多“未来市”使用的科技已经成为现实，比如环幕电影、自动记录声音并转化为文字的“写话机”、自动驾驶的汽车、荧光颜料、防水布料……整部小说确实都是基于前沿科技发展加以想象写成的，并非脱离实际的主观想象。

新中国成立后的几十年的革命时期，培育出了特定的革命话语和相应的科学技术文化。《小灵通漫游未来》对于科学技术的幻想，一方面具有真实科技发展的基础，另一方面也正是在这种整体社会氛围之内孕育出来的。这使得它呈现的审美取向和对现代化的理解都具有时代的特征：对进步、方便、快速、丰富资源的追求。并且，在社会主义制度下，经过几十年的奋斗，达到一个“乌托邦式”的前景，这种憧憬在当时形成了一股潮流。《小灵通漫游未来》中“编辑大朋友”写在前面的话极有可能正是事实：在当时，询问“未来是怎样的”这样的信件很可能确实如雪片般地飞向了编辑部。据叶永烈回忆，《小灵通漫游未来》出版以后，他收到几百封读者来信，小朋友纷纷要求见见小灵通，叫他“带我到未来市走一趟”①。这是在1978年、1979年左右。“未来”，并且是以1999年、2000年为具体指向的未来，对人们形成了强大的吸引力，这种潮流从新中国成立后一直延伸到了至少20世纪70年代末和80年代初期。

在很长一段时间内，中国科学幻想小说被划归儿童文学，涵盖在儿童文学之中。《小灵通漫游未来》可以说是这种倾向中的巅峰之作，也是代表之作。不久以后，出现了“清除精神污染”运动，科幻文学进入了低潮期。在这个低潮期过后，科幻文学逐渐向儿童文学以外发展。作者叶永烈后来也不再局限于儿童科普，开始写作传记文学等。在这部巅峰之作中，体现出一部分面向儿童的科幻文学的特点。

第一，使用叙事框架。如上文所述，使用编辑—记者叙事主体的转换，以及小灵通直接叙述和游记的转换，将读者从“现实”世界带到未来世界，并展开故事。这个误打误撞进入未来世界的故事，实际上与远至南柯一梦的故事，近至“梦游”② 这样的写作套子，都是一脉相承的。

第二，使用游记的形式。叶至善在《关于〈失踪的哥哥〉的自白》中将自己在20世纪五六十年代的科幻小说写作总结为落入“两个窠臼”：“破案记”或“参观记”，或两者兼而有之，既侦查又参观。③ 这不是叶至善一个人的做法，在当时都是很典型的。用这两种方法来参看《小灵通漫游未来》，可以看到它正属于第二种。可以说，当时对于现代化（或者在当时的语境中）的想象，许多都是以这种“乌托邦式”的世界的描绘来呈现的。而当时的科幻文学，也确实做了许多这种博览会展出般的工作。不过，这种“乌托邦式”的幻想关注终极完美的科技成果和人类个体生存状态，而

---

①　叶永烈．是是非非灰姑娘［M］．福州：福建人民出版社，2000：42－43．

②　比如，张然著的《梦游太阳系》（天津知识出版社1950年版），就以“梦游”为结构框架，讲述小学生静儿和同学、老师在太阳系中游历，了解天文知识的故事。前文讨论过的叶至善的《到人造月亮去》亦然。

③　叶至善．关于《失踪的哥哥》的自白［J］．科普创作，1983（3）：38－39．

对实现的路径没有兴趣，因此“未来市”只能以一个类似飞地一样的形态存在，无法与现实世界有机地联系起来。

第三，普及科学知识的情怀。虽然很大程度上是科学幻想，讲的是可能出现而尚未出现的科学技术，但是这部小说没有放弃科学普及的追求。例如，在讲到小灵通参观人造粮食厂中的人造淀粉车间时，就顺便介绍了叶绿素在植物中的作用，以及在粉尘较多的地方不可以穿皮鞋走动的原因，等等。

第三节　科幻文体新探索

在 1978 年后，科幻文学空前繁荣，其文体的探索也丰富起来。作家越来越具有明确的文体意识，并且以创作来实现自己的文体设想。本节以叶永烈和童恩正为例，讨论新的内容和新的形式如何被纳入科幻文学的文体之中。

一、叶永烈：“惊险科幻小说”之探索

除了作为主要作者之一参与广为人知的“十万个为什么”丛书的编写，写出《小灵通漫游未来》这部超级畅销的科幻小说以外，叶永烈还有许多科幻小说、科普文艺作品，包括《世界最高峰上的奇迹》《球场外的间谍案》《飞向冥王星的人》等科幻小说集、科学散文集《盗取天火》、科学童话集《科学王国里的童话》、科学寓言集《侦探与小偷》、科学杂文集《为科学而献身》、科学幻想电影剧本集《生死未卜》、科学相声集《圆溜溜的圆》、科学小品集《知识之花》、儿童科学电视系列片故事集《小灵通》等。叶永烈后来还出版了传记和报告文学等其他作品。

在 1980 年的《论科学文艺》一书中，叶永烈提出了“惊险科学幻想小说”“科学寓言”“科学童话”等概念，可以说他对科学文艺的文体非常重

视。但值得指出的是，这些总结都是在“谈经验”的过程中产生出来的：在《论科学文艺》的前言中，他坦承“多年以前，我只是从事科学文艺创作，而对科学文艺创作理论并没有作过深入的研究”，仅在1961年前后写过一些关于科学文艺创作理论的短文。在《小灵通漫游未来》出版以后的1978年起，叶永烈受上海作协、少年儿童出版社、《儿童文学研究》丛刊、《少年报通讯》和上海人民广播电台之邀，在科学文艺创作理论讲座上做了发言，写了《科学文艺创作札记》《科学文艺漫笔》等文。1979年，叶永烈受上海师范大学中文系邀请，为该系讲课，这部《论科学文艺》是由当时的讲座讲稿发展而来的。①

无论是科学文艺创作理论讲座还是上海师范大学中文系的讲座，邀约叶永烈的目的都是通过总结其创作经验，给作家和研究者以理论上的指导和启发。在这种前提目的下做出的理论总结，都是为指导创作和研究提供方便。

同样在1979年，叶永烈开始探索“惊险科学幻想小说”，写出《欲擒故纵》《神秘衣》《“X－3”案件》等小说，将惊险小说和科幻小说结合在一起。所谓“惊险小说”的参照对象是英国作家柯南道尔的《福尔摩斯探案集》、阿加莎·克里斯蒂的《尼罗河上的惨案》《东方快车谋杀案》、威尔基·柯林斯的《月亮宝石》和美国作家埃勒里·奎恩的《希腊棺材之谜》。作为一位高产的小说作家，叶永烈很快就创作出一批这样的作品，构成了以博士警察金明为中心人物的金明科学探案系列，进一步将惊险、破案和科幻结合在一起，并且形成了一个固定的模式。这批小说包括《乔装打扮》《如梦初醒》《秘密纵队》《不翼而飞》《纸醉金迷》《黑影》《暗斗》等，在青少年读者中影响很大。

叶永烈写道，这种创作是“把惊险小说的创作手法，运用到科学幻想

① 叶永烈．论科学文艺［M］．北京：科学普及出版社，1980：前言．

小说中来"①，认为其基底还是科幻小说。但实际上，科学幻想在这些小说中更多的是作为产生悬念的元素，对情节更重要的是探案揭秘。如果《小灵通漫游未来》中涉及科学幻想的部分旨在畅想未来，那么"惊险科学幻想小说"所指向的是以科技手段解谜。在后者中，科技创想带来的惊奇感不在于未来世界的种种令人向往之处，而在于犯罪方借助高科技手段所做的案件之复杂精妙，以及正义方同样借助最新科技知识及高超推理能力而取得的胜利之精彩。新奇的科学发明不仅用于破案，也用于犯罪，而悬念的最终解开，依靠的则是解谜者的综合知识。这种内容和情节设计使得"惊险科学幻想小说"具备了明显的文体特征，即相对固定的叙事模式和元素调用方法。

此处所说的"惊险小说"，直译对应的是"thriller fiction"，现在通常译为"惊悚小说"，即以悬念和惊悚为核心的小说，常常涉及罪案。但叶永烈所参考的柯南道尔、阿加莎·克里斯蒂等作家，实际上通常被认为是悬疑小说、侦探小说家。叶永烈自己曾写道："惊险小说在国外也极流行。日本把惊险小说称为推理小说……"② 因此，此处的"惊险科学幻想小说"与侦探小说、推理小说等更为接近。

以写于1979年的早期金明探案中篇《"X－3"案件》为例，故事以熊猫研究专家林平出差回家发现家人都认为自己已经死了为开端，制造悬念，再以插叙手法写到林平出差过程中遭遇的小插曲，此后回到叙事主线，金明出现，断定幕后有间谍主使，以科学知识推理出案件原委，最后守株待兔抓住间谍伊娜，并且带出其背后的跨国犯罪集团。

小说中国外派出的间谍欲偷盗的是林平的一项科技发明：大熊猫的"单性繁殖"，其原理与今天所谓克隆相近，即使用动物个体基因繁殖出一模一样的新个体。而偷盗的目的则是利用单性繁殖的"人类"不具备人类

① 叶永烈．神秘衣［M］．天津：新蕾出版社，1980：写在前面．

② 叶永烈．论科学文艺［M］．北京：科学普及出版社，1980：102．

身份和权利这一点，剥削其劳动，或者用作不需要抚恤金的军队。这一情节设置中涉及的人造人伦理问题，在国内外科幻小说传统中一直存在，并且在当今科学界已经成为现实存在的问题。也就是，克隆人、人造人是否应该拥有自然人所拥有的权利，比如身份、隐私、劳动酬劳和人身自由等等。在动物基因复制已有先例，甚至对人的基因编辑也被科学界中一部分人触及的今天，关于这类伦理问题人们已经形成了一些一致的意见。但是，在写作小说的20世纪70年代末，这还是相当前沿的科学幻想问题。同样，小说中间谍使用的微型照相机、“手掌上的透明薄膜”（即指纹模拟）等高科技手段，在今天也都已经实现。在当时，这些发明只是在畅想中存在，但是也有现实科技成果作为依据。

在写作《小灵通漫游未来》时，叶永烈借鉴了国外新闻报道中提到的先进技术，其灵感从他自己编写的《科学珍闻三百条》中发展而来。小说对未来的畅想带有一种近未来、可实现的现实气息，因此具备了技术乐观主义的品质。显然，金明系列也使用了类似的创作手法，营造的也是可实现的近未来小说世界。不过，间谍或犯罪因素的加入使得这种近未来性具备了一定的政治想象，更重要的是具有大众性、通俗性。

与前文分析的许多文本不同的是，金明系列“惊险科学幻想小说”在叙事上没有使用嵌套结构。也就是，小说开头即使用第三人称视角开始讲述故事，提出悬念，并没有一个独立于主要叙事者的视角，也没有采用体验式的第一人称：整个故事既不是一个梦、一段回忆，也不是一段来稿；叙事者既非没有参与故事的人，也不是一位记者或导游式的人物。这个变化意味深长：曲折惊险的故事情节本身成为重点，而作为情节展开语境的另一层时间、空间（这通常由叙事框架带来）则不复存在。失去了这层复杂性的小说变得更为纯粹，后来也因与此相关的娱乐性而受到批评。

小说的着眼点和意义在于故事本身，通往更多解读的空间减小，在严肃文学意义降低的同时，这也使得这类小说的大众性、通俗性和娱乐性增加。不过，小说仍然追求思想意义，这体现在反特题材和正反面人物塑造上。作为一种固定的文体特征，小说中出现了明显的正派和反派人物，简化了矛盾，以此将关键点集中在敌我对立之上。

在作品发表的当时，对叶永烈“惊险科学幻想小说”的评价是比较高的。1980 年，饶忠华、林耀琛如此评述道：“近年来，科幻小说创作的一个新发展，就是把惊险小说引进了科幻作品。在这方面，叶永烈较早做了尝试，并获得了一些可取的经验。他的《“X－3”案件》就是一篇比较成功的科幻惊险小说，这种作品难度高，一方面幻想构思要贯穿始终，要有清晰的科学主题，另一方面在人物塑造上又要与一般科幻小说不同，同时还要设计出破案时符合逻辑的层层推理。《“X－3”案件》有幻想构思——生物单细胞繁殖，虽然是常见的题材，但由于故事情节曲折，所以读来仍能引人入胜，具有相当吸引力。”①

饶、林二人的评论从写作的角度说明这种新科幻小说在文体上的创新之处：新的构思、新的人物塑造，以及推理元素。惊险科幻小说被视为科幻小说在创作上的“一个新发展”，证明当年科幻文学概念的巨大包容力，允许各种各样的探索。改革开放初期的几年，确实是科幻文学文体中的许多可能性得到探索的时期。

日本科幻杂志《SF 宝石》上的一篇评论则称叶永烈的《乔装打扮》及其他惊险科学幻想小说在某种意义上“是使中国科幻小说从‘科学教育’的束缚下解脱出来的一个开端”②。不过，这个来自日本的评论并不准确。如前所述，在叶永烈开始进行惊险科幻小说实验之前，以“科学教育”为目的的科幻小说传统模式已经有了突破。小说的意义并非只在于最早改变了文类的教育目的，更在于对科幻文体在通俗文学领域的拓宽，即科幻文学从严肃的社会人生文学领域又走向了通俗文学，显示了其文体的高度流

①② 转引自：尹传红．中国科幻百年：下［J］．中国科技月报，2000（5）：14．

动性和可塑性。

在后续的科幻文学史中，惊险科幻小说的地位有所边缘化。叶永烈进行此种创新时，中国文学正处在一个活跃的探索期，科幻小说的探索亦在其中，而此后一部分创新被经典化，其他则被边缘化。例如《人民文学》开始刊登科幻小说，像《工人日报》这样的严肃媒体也以连载的形式发表过吴伯泽的《隐形人》和叶永烈的《欲擒故纵》等；《少年文艺》1979 年推出惊险小说专辑，意在向读者介绍这一文体，读者反响热烈。这些尝试在当时收到一些反面意见，认为这些小说只重视情节，忽略了教育意义。而在后来科幻小说越来越被期待为反映现实的工具或者思想实验的园地的情况下，惊险科幻小说蕴含的通俗气质使得它不易于在文学史中留下地位，更自然地退到了边缘地位。后来叶永烈自己的兴趣转移到其他文体上，类似的探索也慢慢减少，“惊险科幻小说”的提法也慢慢消失了。

虽然如此，但是这一创新显示了科幻小说出入严肃文学与通俗文学之间的广阔可能以及与其他文体结合的空间。在 20 世纪 70 年代末 80 年代初，科幻文学文体的探索才刚刚开始。

二、童恩正：考古与科幻的结合

考古学家、作家童恩正（1935—1997）在科幻文学领域建树丰富，他在题材、叙事结构上丰富了科幻文学的文体。1959 年，正在四川大学历史系学习的童恩正就在《少年文艺》上发表了科幻小说《五万年以前的客人》，获得了好评。1960 年，单行本《古峡迷雾》出版，在青少年读者中影响很大。20 世纪六七十年代，童恩正的创作陷入停滞，直到改革开放初期，才开始再次创作。这一时期他发表了著名的《珊瑚岛上的死光》（同样是在 60 年代写成初稿，这个时期才公开发表。上文已做论述），以及《雪山魔笛》《追踪恐龙的人》《宇航员的归来》等。

《古峡迷雾》和《雪山魔笛》等小说以考古工作为线索，铺陈细节，具备一些现实主义元素，最终呈现的却是科学幻想的故事。《古峡迷雾》讲述古代巴族（后改为“虎族”）被灭，其湮没在历史尘埃中的经历被考古工作者发现，其中涉及帝国主义考古者对中国考古资源的文化侵略和对中国考古工作者的戕害，以及中国考古工作者以生命为代价换回来的历史真相。此书在1978年出版时，经过了改写，加强了民族主义色彩。

《古峡迷雾》的叙述语言平实，具备现实主义特质。事实上，对古代历史中一个片段的幻想是在现实场景中展开的：

> 这里是瞿塘峡。它位于奉节和巫山之间，峡谷全长十五公里。过往的旅客们往往在这号称“天下第一雄”的夔门前面真正地开始领略到三峡的奇险和壮丽。
>
> 浩荡的长江在这里被两岸陡立的大山束缚成一条狭窄的激流，红色的山岩从江边垂直矗立，高高地耸入云霄，日光只有在中午才能射进这阴暗的峡谷。江水汹涌地冲击在狰狞的礁石上，激起了翻滚的波浪，卷起了巨大的旋涡。瀑布从高山上倾泻下来，在峡谷中回响着可怕的轰鸣。险峻的高山下，奔腾的江水在这里是以它的粗犷、它的雄伟震慑着人，激动着人。千百年来，它曾经激发了多少诗人的灵感，引起了多少游客的惊叹！
>
> 然而就是在这样的地方，仍然留下了我们英勇的祖先们劳动创造的痕迹。考古队在代溪的发掘进行得非常顺利，遗址内容的丰富，也是过去没有估计到的。①

文本一方面陈述三峡之险，衬托考古工作的艰辛，另一方面展示中国山川河岳的雄伟与其中蕴含的悠长历史。一个充满艰苦和惊险，并被阴谋笼罩的考古故事就此展开。这种“写实”的感觉贯穿在文本之中，整部小

① 童恩正．古峡迷雾［M］．上海：少年儿童出版社，1987：20.

说的阅读感更像是一部札记而非幻想。这是作者有意为之：实际上，作者甚至开玩笑地用上了自己的朋友杨传德的名字。在 1960 年写的后记中，童恩正写道："这个故事的某些情节虽然是虚构的，但确实都有一定的事实作为根据。……小说中谈到的'黄金洞'，也是实际存在的。……关于华西探险队的活动，关于史密斯和吴均的故事，这也是在集中了很多事实的基础上写成的。……那么杨传德呢？年青的陈仪呢？这些优秀的新中国的考古学家也是真实的人物吗？是的，他们全是真实的人物，他们就生活在我们周围。"

根据事实凝练写作、加上一定的幻想因素创作的《古峡迷雾》，虽可以看作是科学幻想小说，其主旨却并不在于幻想，而在于传播关于考古学的种种日常。童恩正向目标读者这样寄语："亲爱的少年朋友们，这本书在你们面前展开了一种新鲜的事业——新中国的考古事业。这项工作需要的是智慧、勇敢、坚毅和对祖国对民族的无限热爱。它犹如一块肥沃的土地，等待着大量的勤劳的园丁去开垦。如果这本小书能使你们对这门科学增加一点了解，从而为祖国的文物考古事业增加一批热心的支持者，那就是我最大的快乐了。"①

可见，在宽泛的意义上，小说的目的仍是"普及"，并非侧重普及科学知识本身，而是普及考古涉及的常规工作、可能遇到的危险状况，以及考古与中华民族历史、文化、资源、民族自豪感的深刻渊源。于是，小说主体是在考察札记式的记述中，插入了两个故事：一个是关于古代历史的幻想，另一个是关于外国考古者野蛮掠夺中国考古资源最终被识破的犯罪故事。撇去两次插叙的往事，小说文本主体是一个写实色彩浓厚的考古工作者生活状态记录。真正具有"科学幻想"特点的部分，是在插叙的第一个故事里，即立足当前，根据现有的考古学证据（"黄金洞"和青铜剑等遗迹文物），对古代历史上一段故事进行基于科学的想象。

① 童恩正. 古峡迷雾［M］. 上海：少年儿童出版社，1987：49.

不过，这种科学想象与晚清民国时期天马行空的想象，与 20 世纪 50 年代充满乐观的知识普及型未来幻想，都有较大的区别。晚清民国时期许多科学小说中的科学虽与民族主义、现代化进程紧密联系，但几乎是无所不能，而“十七年”时期科幻小说中的科学更成为改善人民生活、促进社会现代化的神奇推动力。但是，《古峡迷雾》中的科学是以一种极为脚踏实地的方式，重访湮没的历史，解决谜题，并且在解谜的过程中还有艰苦的斗争和悲壮的牺牲。科学不再是无所不能的良药，正义和良心超越了科学技能，成为科学家首要的素质。

童恩正在回顾自己这一时期的写作时声称，包括《古峡迷雾》在内的早期作品“文学性不强，科学气氛不足，幻想缺乏新意。主要的原因，在于我本人的文学修养和科学修养都不足以驾驭这一新的文学品种。但是它终究从一个很小的侧面，反映了我国科学幻想小说二十余年发展的一点状况”①。这里所谓“科学气氛不足”，原因正是科学扮演的重要角色被正义、良心和民族立场所取代，从而使得科学在小说中的地位没有得到强调，而这种强调恰是当时要“驾驭这一新的文学品种”所必需的。

但正是由于没有用读者习以为常的方式“驾驭这一新的文学品种”，童恩正才为科幻文学的文体发展做出了独特的贡献：引入考古学专业知识和纪实的文风，以及从晚清开始的外国探险家对中国自然历史资源的攫取这一主题，为中国科幻小说另外开辟了一条新路。

同样写实的风格在《雪山魔笛》中也非常明显。《雪山魔笛》讲述一队考古调查人员在西藏喜马拉雅山支脉康格山附近进行考察，发现了红教传说中用来召唤“山精”的“魔笛”。经过调查，“魔笛”的确能召唤不为人知的动物前来，而这种所谓的“山精”，实际上是并未灭绝的一种猿人，这一发现具有重大的科学意义。

---

① 童恩正．古峡迷雾［M］．上海：少年儿童出版社，1987：173．

《雪山魔笛》的叙事者“我”是考察队的成员之一，在讲述此行工作时，他是这样开始的：“在三个月的工作中，我们已经从废墟里找到了很多宝贵的经卷雕版、手抄文献、宗教法器，临摹了残存的壁画。由于红教在西藏流传的历史非常悠久，保留了较多的原始巫教的成分，因此这批资料对于研究西藏古代的神话、民族、历史等方面，有很重要的参考价值。”关于某些具体的工作细节，他写道：“经堂的中央，是红教的主神之一降魔天尊的塑像。它的涂金彩绘已经剥落，肢体残缺，露出了泥胎，不过轮廓仍然清楚，瞪目咧嘴，手持法轮，脚踏妖魔，形象十分可怖。无论如何，这座塑像代表了较早期的红教艺术的某些特征，所以我们仍然对它进行了测绘、照相。”① 这些类似考察手记的描述精确冷静，使用教科书般的语言，即便在假想一项震惊世界的科学发现，仍然保持了平实的叙述。

事实上，《雪山魔笛》同样使用了框架结构。小说开篇即以第一人称告知读者：“在这里，我将根据我的工作日记，详细地将这远离人世的雪山深谷里发生的一切，从头到尾讲给你们听……”② 于是，叙事者所讲述的故事主体既是回忆，也包括工作日记中的实时记录，而小说文本也确实呈现了科学性、记录性的叙述。这种叙事特点在当时的科幻小说中独树一帜，又与小说涉及的考古学学科平实记录、详细描述的特征紧密相关。在童恩正的一系列小说中，包括《五万年以前的客人》《古峡迷雾》《雪山魔笛》《石笋行》等，这种特征都非常明显，对此前的科幻小说构成了创新。

在20世纪60年代初，《古峡迷雾》确是作为科学幻想小说写作的，不过它与儿童文学的渊源最深。童恩正回忆：“少年儿童出版社在扶植这一新品种的发展、培养新作家等方面，则尽了很大的努力，作出了积极的贡献。我本人就是在读大学三年级时，在出版社编辑同志的热情关怀下进入当时

① 童恩正. 古峡迷雾［M］. 上海：少年儿童出版社，1987：52.
② 童恩正. 古峡迷雾［M］. 上海：少年儿童出版社，1987：50.

屈指可数的几名业余作者的行列的。”① 正因为对象为少年儿童，作者又是新进入这个领域的年轻人，小说的教育意义才得到如此的强调，对文体的塑造才显得别具一格。

而与儿童文学的渊源也使得童恩正秉持了科幻文学应该具有一定的教育性的理念，这在《古峡迷雾》强烈的民族主义色彩、《雪山魔笛》发现猿人所体现的“进化论对神造论的胜利，唯物论对唯心论的胜利”中有明显的体现。从这一点上看，童恩正的许多小说继承了当时中国科幻小说中的重要传统。20 世纪 80 年代，童恩正在对自己的科幻小说创作进行回顾的时候，曾为不少当年的读者后来成为考古学家、电脑专家等感到自豪，并称“值此中华腾飞的时代，我仅以此（小说集《古峡迷雾》）献给祖国未来的科学家们”②。

不过即便童恩正认同科幻小说对少年儿童以及更广阔的人群的科学普及作用，对于其文学性的层面他还是非常用心的，并且有着清晰的文体意识。他认为“情节性”非常重要，这种强调使得他的小说具备悬念感，也因此具有较高的可读性。他认为：“这类作品（科学幻想小说）一般属于‘情节小说’的范畴，除了塑造人物以外，它很讲究紧张的悬念、曲折的故事。它之所以能受到广大读者、特别是青少年读者的欢迎，这不能不说是一重要的原因。”③ 在 20 世纪 80 年代初关于科幻小说“姓科还是姓文”的争论之中，在保持科学精神的前提下，童恩正倾向后者，认为科幻小说根本上是小说，虽然兼有鼓励青少年（后来也包括成人）的功用，但并不只有教育工具一途，因此文学上的创造力才是根本。他在科幻文学文体上的探索也是基于这一认识。

基于制造悬念的考虑，童恩正的《古峡迷雾》采取了多层次的复杂叙

---

① 童恩正. 古峡迷雾［M］. 上海：少年儿童出版社，1987：172.
② 童恩正. 古峡迷雾［M］. 上海：少年儿童出版社，1987：175.
③ 转引自：叶永烈. 论科学文艺［M］. 北京：科学普及出版社，1980：103.

事结构。小说主体包括三个时间发生的故事：公元前316年，秦国统一六国之前，巴族灭绝；1924—1932年，杨传德、吴均、史密斯共同学习和参加考古考察，发现巴族遗迹，吴均被史密斯害死；1959年，史密斯考古专著出版，杨传德和青年助教陈仪在瞿塘峡考古，解开巴族灭绝之谜，也找到吴均被史密斯害死的证据。以第三段故事为主体，小说进行了多次回溯式的叙事，制造了悬念，以解开几个谜（巴族为何灭绝、吴均是否遇害、所谓外国“学者”对中国考古资源的盗取和对考古学家的戕害）为叙事动力，最终完成几个悬念的解决。在几个不同时间发生的故事的闪回交织中，产生了情节的曲折性和叙事的紧张性。

作为面向少年儿童读者的小说，《古峡迷雾》语言成熟，突破了之前儿童科幻文学的惯例。还是大学生的小说家童恩正，为了使读者了解考古工作，使用的是较为平实的记录语言，其目标读者也更接近中学生而非低龄儿童。而到后来的《珊瑚岛上的死光》（1978），童恩正已经在为成人写作科幻小说了。此处将在后文展开论述。具体专业的学科内核、平实的语言和充满戏剧性的情节设计、复杂的叙事结构、倾向更成熟的读者，童恩正在科幻小说文体方面的探索具有如上特点，也正因此在科幻小说发展史上留下了深刻的痕迹。

第四节　参与现实与遭受批判

新科幻小说子类型的发明意味着科学元素在不同领域的应用，无论是叶永烈还是童恩正，都并不意在把小说写成教科书。而在进行这类文体探索的同时，另外一些科幻小说文本对文学参与现实提出了自己的理解。这种内容和思想上的探索使得科幻距离科普更远了。

一、郑文光的“科幻现实主义”转向

前文讨论到，郑文光在《从地球到火星》中使用了“教学体”风格，

但这种风格及叙事方式虽然服务于科普教育的目的，却使得小说本身出现生硬的“知识硬核”，充满说教意味，在文学表现上亦有不圆满之处。在郑文光意识到这种叙述对于小说文学性的伤害之后，在1978年的《飞向人马座》，虽同样讲的是星际探索，但是略显笨拙的叙事框架和叙事者设置就消失了。小说成了一个完整的虚构世界，从叙事策略看不再具有明显的说教痕迹——当然，从文本中夹杂的大量科学知识阐释看，它还在科普精神的影响之下。这一点也为郑文光本人所承认：“从现在的观点看，《飞向人马座》的缺点是显而易见的。……对天文学的课程上得太多了一点……”此外，他还提出概念化的两大国战争情节设定、“理想和美丽”的夫妻感情设定也是自己这部小说中的重要缺陷。

郑文光在接下来的创作中着意改正这些他自己认为的缺点。从《从地球到火星》到《飞向人马座》，再到之后的《太平洋人》《地球的镜像》等，从叙事上讲，小说的文学性更强，也反映出在20世纪70年代后期，科幻小说的写作逐渐脱离科普教育倾向，在“工具性”上有所减弱，走向更广阔的思想领域。

《飞向人马座》对《从地球到火星》的突破是全面的，两篇小说在长短、复杂性以及价值指向上非常不同，从写作目的到文学表达都很不一样，但在另一层意义上，由简单儿童读物向复杂的青少年读物、由“教育体”向更富文学和思想意味的转变，正代表了中国科幻文学主流发展的一种趋势。或者说，作为科幻文学领军人物、被称为“中国科幻之父”的郑文光，以其作品引领了这种趋势，在科幻文体发展史上以此种方式留下了印记。

郑文光作品中代表这种转变的最典型文本之一是《地球的镜像》。这篇小说写于1980年，以讽刺的方式对刚刚过去的“文革”时期进行了反思和批判。小说中几位“探索号”“百花号”宇宙飞船上的宇航员在星际中发现了一个种种景色与地球形成补色的富饶星球，称为“乌伊齐德”，也就是“dì qiú”拼音的反称。对地球人避而不见的乌伊齐德人用投影的方式将地球人历史上的野蛮行为播放出来，以此静默地表达对地球文明的批评。这一幕幕野蛮行径的真实记录，其中包括刚过去的十年中中国发生的荒谬事件，使得地球宇航员既伤心又羞愧难当。对于读者来说，小说文本是另一层的“投影”：面对外星生物的质疑和批评，读者的第一反应恐怕也是反思甚至羞愧。这篇短小的作品虽然在文学呈现上没有太多特别之处，却以其犀利的讽刺力量达到了振聋发聩的效果。将历史的错误放置到人类、历史、星际的视角下思索，使得批判更具力量，从而在“文革”结束后诸多反思作品之中显得独树一帜，这正是因为作品的科幻性质，也是郑文光作为科幻作家在文体功能上对科幻文学所做的拓宽。

不过，郑文光在此时并非全然抛弃了科幻文学的“科学文艺”性质。相反，他在1979年改写了自己的一些旧作，又创作了一些新的短篇，包括《太平洋人》《鲨鱼侦察兵》等，以及《鲨鱼侦察兵》和《海姑娘》两个短篇集所收录的作品。这些作品不乏科普意味，而传播科学知识、激发科学爱好的目的又再次为郑文光所强调：“科学和幻想的结合，诞生了科学幻想小说。……科学幻想激发了不少人从青少年时代起就对科学事业产生热爱，鼓舞着许多人向科学事业作不屈不挠的进军。”① 值得指出的是，此时的郑文光是在科学幻想小说的框架下谈论这个问题及做出文学实践的，也就是说他将科普和教育的功能作为科幻文学的基础功能，不是加以排斥，而是加以吸收和提升。在以科学知识和科学文化为基础的小说内容上，再为小说注入社会、人生、哲理的关切，这大概是科幻小说的一种理想形态。

在“科学文艺”与“科学幻想小说”之间徘徊，在科幻小说的教育功能和现实主义潜能之间权衡，这一时期重要科幻小说作家郑文光的这种状态正体现了当时中国科幻小说的一种整体状况。实际上，郑文光在后期提

① 郑文光．飞向人马座［M］．北京：人民文学出版社，1979：281.

出“科幻现实主义”的问题，将介入现实视为科幻小说发展的重要方向，[①]《地球的镜像》即是这种方向的重要实践之一。在科幻小说集《战神的后裔》的序中，郑文光写道：“一切真正的科学幻想小说都不是为了普及知识而写的……是作为小说来表现人的才能、思想、智慧等的。”[②] 显然，这是对一种创作方向的肯定与提倡，他所说的“真正的科学幻想小说”，在中国的语境下，指的是自己和一些其他小说家在当时开始创造的、指向社会人生的科学幻想小说。这里为郑文光所支持的，包括魏雅华、金涛等。以下以金涛的《月光岛》为例继续讨论这一倾向。

二、金涛《月光岛》的“伤痕”叙事

金涛的《月光岛》创作于“文革”结束之后，使用科幻小说的形式讲述了一个现实主义的故事，对刚过去的十年之中知识分子所受到的迫害进行了记述，并对荒谬的现实进行了批判。这篇影响很大的中篇小说在主题上与郑文光的《地球的镜像》相似，但在表现上更具抒情性，具有更多“伤痕文学”的品质。实际上，这篇小说的写作与郑文光有着一定的联系，始于两人 1978 年在厦门鼓浪屿召开的中国海洋学会科普委员会会议。在金涛的回忆中，在会议之余，郑文光建议他将“文革”中的磨难写成科幻小说。虽然依照郑文光的回忆，这是金涛自己的想法，但郑文光至少曾对金涛的想法提供鼓励。[③]

《月光岛》讲述海洋生物学高材生梅生在荒岛上研究生命复原术，并偶然救活跳海自杀的女孩孟薇，而后者正是梅生从前的导师、优秀科学家孟教授的女儿。孟教授一家因“里通外国”而深受迫害，梅生的进修前途也

---

①③ 姜振宇．贡献与误区：郑文光与“科幻现实主义”［J］．中国现代文学研究丛刊，2017（8）：78－92.

② 郑文光．战神的后裔［M］．广州：花城出版社，1984：序.

因此受到牵连。梅生离岛办理进修手续，在荒岛上等候他回来举办婚礼的孟薇得知梅生被牵连后，跟随突然表露身份的天狼星人小组远赴外星，再不回来。

同样是借助外星人之口对过去十年中发生的悲剧进行揭露和批判，如果说《地球的镜像》已经脱离了中国既有科幻小说文体的一般价值指向，即对科学知识的传播和科学追求的激发，以及对科学研究与人类福祉的关系的探寻，而转向了利用科幻文学的形式来讲述与科学无关、指向社会人生的故事，《月光岛》则在这方面更进一步，其小说基本框架并不依赖科幻设定。抽去“生命复原术”的构思和外星人突然出现的情节，其基本情节架构和现实主义伤痕文学作品无异。

相较而言，《月光岛》的语言更富诗意。丰富的细节描写和环境描写渲染了伤感、悲痛的情绪。例如，在小说结尾，看完孟薇留下的告别信后，梅生——

> 手里紧紧捏着孟薇的信，长久地仰望着万里碧空。那里有一只秃鹰在慢悠悠地旋转，自由地翱翔。几朵白色的云凝固不动，像睡着了似的。不知名的热带花朵在岩缝里怒放，随风传送阵阵幽香；海浪不知疲倦地拍打海滩，唱着安详的催眠曲。这一切仿佛告诉他，地球从来是这样和谐、美好，似乎什么事情都没有发生过。

地球的大地万物如此自由而美好，人类却在自我斗争中残酷地互相伤害，《月光岛》将抒情、伤感的语言与关于星际生物和种族文明特征的幻想结合起来，从宇宙的尺度，对荒谬现实提出了批判，极力渲染了“伤痕”之深。

有趣的是，显然从主流文学中汲取了诸多元素的《月光岛》，仍然遵循科幻小说源流中一个常见的传统做法，即在开头加上一个小小的引子，起到一个叙事框架的作用：

啊，月光岛
你美丽又荒凉
想到你啊
我永世难忘又无限悲伤……

小说全文是以第三人称全知视角进行叙事的，并且具有相当的画面感。但这一段开头的抒情语句，却是以第一人称出现的。结合小说内容，这里的“我”最有可能是梅生，他在月光岛上多年，孤独地过着科研生活，在此发明了“生命复原术”、救起孟薇、与孟薇相恋，最后又在这里失去了爱人，因此梅生既了解月光岛的“美丽又荒凉”，又对此地“永世难忘又无限悲伤”。梅生显然在多年以后从回首的视角、以第一人称进行直接抒情，后文的情节都在梅生回忆的范围之内。

但是，故事采取的是第三人称全知视角叙事，在小说主体中梅生并未如此直接袒露心声。况且，对于孟教授全家包括孟薇的遭遇，梅生并不详细知晓。于是，这个直抒胸臆的感叹，也有可能是隐含的全知叙事者。值得注意的是，对于孟薇受到迫害、无法升入大学之后的生活情况，小说是没有提及的：“没有人知道她的行踪，也没有人去留心打听她的消息，她像一粒平凡的尘埃从地球上消失了，也从不多的人们的记忆里消失了。……大约过了几年，在一个落日黄昏的码头上，有个衣衫褴褛的女孩子畏畏缩缩走到售票窗口，买了一张轮渡的船票。……”全知视角对孟薇行踪的不详，暗示了其“社会公众”属性，因为孟薇这段时间正好走出了公众视野。如果将正文前的抒情片段理解为这个第三人称叙事者的慨叹，那种“永世难忘又无限悲伤”的伤感就上升到了一种普遍的情感，是站在当时回望痛苦过去的复杂心态，是对“伤痕”的回首与批判。

“科幻现实主义”的出现与当时思想文化界普遍的对于过去错误的反思心态直接相关，亦反映出知识分子讨论社会问题、针对现实发言的强烈意愿。然而，与其他现实主义文本不同的是，科幻小说贡献了更为阔大的视角，无论是从宇宙的角度还是从超越现实的科技的角度，这些典型文本都使得批判的力度大大加强，反思的深度突破以往。一方面，这使得中国科幻小说的社会功能提升了；另一方面，也使科幻小说这个文体具备了出入科学、人生、社会问题的严肃品质。

最后值得一提的是，金涛的《月光岛》发表在《科学时代》杂志 1980 年第 1 ~2 期，属于杂志连载小说。在同一时期，主流文学杂志也较多地发表了科幻文学作品，许多后来成为科幻文学史上重要作品的小说都于这一时期发表在这些杂志上。比如《人民文学》发表肖建亨的《沙洛姆教授的迷误》和《乔二患病记》、叶永烈的《腐蚀》和《正误之间》；《四川文学》发表了童恩正的《遥远的爱》；《上海文学》发表了郑文光的《地球的镜像》和叶永烈的《同行》；《北京文学》发表了魏雅华的《温柔之乡的梦》；《春风》发表了王亚平的《神秘的事件》；《小说界》发表了叶永烈的《并蒂莲》；等等。①

20 世纪 70 年代末 80 年代初主流文学对于科幻文学的认同，与科幻文学在某些方面向主流文学的靠拢，是同一问题的两个表现：在当时的文学语境中，不同类型的小说分享着一些同样的话题和情绪，借助文学想要表达的思想和感情有着相通之处。但是这种短暂的“合流”趋势在随之到来的“清除精神污染”运动之中被打断了。

三、“清除精神污染”运动中的科幻文学

关于科幻文学在“清除精神污染”运动中的遭遇，已经有一些研究，基本情况比较清楚。这场在 1982—1983 年达到顶峰的批判，在此前几年就已有端倪。1977 年第 2 ~3 期《少年科学》杂志刊登叶永烈的科幻小说《世界最高峰上的奇迹》。这篇小说的内容在当时引起了批评。针对根据该小说改编的连环画《奇异的化石蛋》，1979 年 7 月 19 日，甄朔南在《中国青年

---

① 尹传红. 中国科幻百年：下 [J]. 中国科技月报，2000 (5)：14 – 15.

报》发表文章《科学性是思想性的本源》，批评该作品不符合科学事实，没有思想性，是“伪科学”。8 月 2 日，叶永烈在《中国青年报》发表《科学·幻想·合理——答甄朔南同志》，为自己辩护，认为科学幻想小说并不需要完全准确的科学事实，只要大致上符合科学原理，便对读者有益。对此，甄朔南再次发表《科学幻想从何而来？——兼答叶永烈同志》，继续发表批评意见。

《奇异的化石蛋》这篇小说在今天看来并无“出格”之处。小说的内容是在珠穆朗玛峰找到了一个未完全变成化石的恐龙蛋，经过科学研究，孵化出了恐龙。对它的批评意见主要是说涉及的情节在科学上无准确性可言。

几乎与此同时，1979 年 8 月 14 日，鲁兵在《中国青年报》上撰文批评童恩正的科学文艺观念。这是针对童恩正谈自己的《珊瑚岛上的死光》的文章《谈谈我对科学文艺的认识》中，认为科学文艺不必泥守科学知识的论调。童恩正在这篇文章中写道：科学文艺作品的“目的却不是介绍任何具体的科学知识，而与其他文艺作品一样，是宣扬作者的一种思想，一种哲理，一种实事求是的态度，一种探索真理的精神，概括起来讲，是宣传一种科学的人生观。在这里，科学内容又成了手段，它是作为展开人物性格和故事情节的需要而充当背景使用的……有的科学文艺作品尽管它涉及的科学内容已经是过了时的或甚至已被证明是荒谬的，但是由于它所塑造的人物和它所包含的深刻的思想内容，仍然使它至今能列入世界文艺的宝库之中，而为人们所传颂”①。

童恩正此处所写的“科学文艺”，以《珊瑚岛上的死光》为例，指的是科学幻想小说。而鲁兵批评的，正是这种科学幻想小说在非科学领域的探索。鲁兵这篇题为《灵魂出窍的文学》的评论针对童恩正上述观点，提出“科学文艺是采用文艺形式的科普著作，采用文艺形式的科普著作就是科学文艺。说科学文艺有别于采取文艺形式的科普著作，这是将一事物的名与

① 童恩正. 谈谈我对科学文艺的认识 [M] //王泉根. 现代中国科幻文学主潮. 重庆：重庆出版社，2011：24.

实隔离开来了。科学文艺失去一定的科学内容，这就叫做灵魂出窍，其结果是仅存躯壳，也就不成其为科学文艺”①。针对好的作品即使科学内容是荒谬的，也可能列入世界文艺宝库这种观点，鲁兵提出这类作品成为经典是因为其在当时的进步与创新之处，而其中的错误之处在今天需要被剔除。虽然没有点名，但是鲁兵的批评确是指向童恩正的一系列观点。

1982 年 4 月 24 日，鲁兵又在《中国青年报》发表《不是科学，也不是文学》，再次对童恩正的科学文艺理论进行批评，同时也批评了叶永烈的科学幻想小说。当年 7 月 11 日，邓伟志在《文汇报》发表《科幻小说应当宣传科学》，论调与上文一致。同年 12 月 11 日，《中国青年报》发表李丰的《并非无的放矢》，也支持上述观点。

真正的批评升级发生于 1983 年。当年 10 月 29 日，《光明日报》发表房亚田的《警惕“科幻小说”中的精神污染》，把此前对科幻小说及科学文艺的批判与当年正在进行的对“精神污染”的批判结合在一起。至此，这次争论升级到了政治高度，科幻小说被纳入“精神污染”的范围进行批判，也因此在接下来的很长一段时间内一蹶不振，科幻杂志停刊，作者停止创作，即便有作品也无处发表。

这一时期关于科幻小说的争论显示，科幻小说及科学文艺的概念及内涵，当时并无广泛的认同。童恩正是在“科学文艺”的框架下讨论自己的小说创作的，将科幻小说作为科学文艺的一个分支，并且视自己作品中的科学幻想内容、对社会人生的评论、对情节的营造为对科学文艺文体的有益探索。而对童恩正的批评声音则希望科学文艺坚守“科普”的根本功能，在科学方面多花心思，减少或停止在文学方面的探索。作为文艺批评家的鲁兵、作为研究者和编辑的邓伟志、作为报纸编辑的房亚田等代表着评论界的一般看法，将科幻小说纳入“科学文艺”的范畴，同时将“科学”与

① 鲁兵. 灵魂出窍的文学［M］//王泉根. 现代中国科幻文学主潮. 重庆：重庆出版社，2011：387.

“文艺”或“文学”对立起来，实际上是否认了其文学属性。如果说后期这种批评与对“精神污染”的批判的合流有其历史偶然性，① 那么前期对科幻小说的创新的否定，则反映了科幻文学作为一个新文体在发展过程中遭遇的困难。新文体普遍面临这类困难，但对于科幻文学来说情况又有特殊之处：一方面，虽然科幻文学与科学的关系也非常值得探讨，但是科学和文学的异质性是显而易见的；另一方面，科学文艺长年被赋予传播科学知识的功能，其文学性几乎没有得到承认。从科学文艺内部生发出来的科幻文学，必须面临定义自己的文学性并为之寻找依据的问题。因此，科幻文学从创作和理论两方面，都必须在科学和文学的缝隙中开辟出属于自己的空间。

这一事件对接下来几年科幻文学的发展是一个巨大的障碍。不过，产生科幻的土壤还在，它的复兴是必然的。当20世纪90年代初这个文体再度发展起来的时候，已经有一批新的作者成长起来，并且他们的文学追求与十年前不同。这与时代语境大有关系：社会总体从创伤之中逐渐走了出来，走向一个更富有希望和活力的时代。愈加开放的社会产生了个性化发展的需求，人们在价值取向上有了不同的倾向，在生活方式上有了更多的选择，在文学趣味上也有了不同的方向。无论是作者还是读者，都已经变得更加多元化。于是回归的科幻文学，也形成了更多元化的整体图景。在这样的状况下，谈论科幻文学本身的审美特质变得更有意义。

---

① 关于对“清除精神污染”运动本身的研究，参见：杨兴山．再谈清除精神污染运动[J]．学理论，2015（6）：118－119，174.

第五章

细读科幻文体新风格

20 世纪 90 年代以后，科幻文学的发展进入新的时期，出现了一批新的作家，许多此前沉寂了的作家也重新开始创作。在社会整体科技水平提升，文学审美观发展，国内外交流畅通，创作活跃的大环境下，科幻文学变得更有创造力，也更为多元和丰富。进入 21 世纪，尤其在刘慈欣的《三体》获得雨果奖之后，中国科幻文学的接受和创作都格外繁荣，在国际上也获得了广泛的关注。在这个新媒体全面发展的新时代，科幻能见度的提高与文学生产的增加相辅相成，但好的科幻文学始终都是在作家思想和技艺的积淀之中、在传统与现代之间的深刻互动中产生的。本章主要讨论近年来的几部（篇）新科幻小说的叙事特点和作家的风格，以此管窥当代科幻文学的文体新变。

第一节　刘慈欣：技术性思维与史诗化写作①

在中国当代科幻文学，甚至中国当代文学中，刘慈欣的小说都是独树一帜的，不仅因为其科学幻想之瑰丽，更是因为其科学技术情怀的深厚。作为长期工作在技术一线的工程师，刘慈欣曾在多个场合表示，自己是一个坚定的技术至上主义者，并且也在作品中以科学技术为对象，书写了一个个当代神话。相对于当代科幻文学中较多的对科技与自然、人伦关系的批判性反思，刘慈欣作品的特点更多地体现为一种问题导向的技术性思维，对工程技术解决人类问题的前景表示乐观，这表现出世界科幻文学“黄金时代”的特征，有学者称之为“新古典主义”科幻文学。② 本节关注刘慈欣小说基于技术性思维展现出的情怀，以及使用科学元素对一种新史诗的创造。

一、工程思维与工业精神

正是从较多表现科学技术作为人类在宇宙中生存的巨大助力，而非人类与自然之间和谐相处的阻力这一角度，刘慈欣自称自己的小说有些“过时”——无论在中国还是世界范围内，后者都正在占据科幻小说中的“主流”。确实存在对刘慈欣作品中“技术决定论”“社会达尔文主义”的批评声音。然而，作为当代中国最引人注目的科幻小说家，刘慈欣的作品拥有广泛的读者群，在国际国内文学界和学界都有巨大的影响，这无论如何都不能说是“过时”的表现。可以说，刘慈欣小说的魅力在很大程度上来自

---

① 本章部分内容曾以《刘慈欣小说中的技术乐观主义与工程思维》为题发表于《中国文学批评》2019年第3期；以《科幻文学史诗性的呈现——以〈流浪地球〉为中心》发表于《中国当代文学研究》2019年第2期。

② 参见：吴岩．新古典主义的科幻文学［N］．文艺报，2015-09-30（3）；吴岩，方晓庆．刘慈欣与新古典主义科幻小说［J］．湖南科技学院学报，2006（2）：36-39.

于思想内核的工业精神。在工业化社会发展的当代中国，工业思维和工程精神仍然是一种根本性精神需要，而刘慈欣的作品正以文学的方式提供了这方面的精神食粮。对于刘慈欣作品中蕴含的技术乐观主义和工程思维，已经有研究进行了分析。① 下文以几篇（部）代表性作品为例，将刘慈欣小说中蕴含的技术乐观主义和工程思维置于对中国发展道路的思考和探讨这一思想谱系之下，探讨这一倾向对发展中的中国的意义。

在刘慈欣最负盛名的长篇小说三部曲“三体”（2008—2010）中，面临三体文明的威胁，地球人第一次认识到，茫茫宇宙是一个“黑暗森林”，诸多星际生命之间鲜有联系的原因是需要自保和面临巨大的生存压力。向外界发出信号、暴露自己坐标的星球会被更高级的文明毁灭：这一设定在战略决策上的告诫是在充满竞争的环境中保持低调。法则看似残酷，但蕴含的基本设定是技术乐观主义的，因为这一法则的基本假设是任何文明即使目前发展水平不高，都可以通过科技水平的突发性增长，成长为高级文明，对其他文明产生巨大的威胁。小说的发展也确实如此，虽然面对科技发展水平远远超过自身的三体世界，但地球人并未放弃，在对峙与周旋之中，地球人发现自身最为特别、不为外星人理解的特质是可以说谎，即思想和语言、行为不一致。正因如此，虽然掌握了更高的科技和武器，但三体人无法从思想上攫住地球人的弱点，因而只剩下了一个大脑孤身进入三体世界的云天明，得以通过故事向人类传达三体世界的重要情报。这一情节设定对人类思想和行为的复杂性这一特质进行了开掘和利用，在不进行道德判断的情况下分析人性在星际冲突中的可资发挥之处，具有战略性眼光。

“三体”系列小说，与刘慈欣的许多其他小说一样，常被论者以“雄浑”“崇高”等特质加以描述。不过一方面未知世界的广阔与科学的神圣地

---

① 比如，王洪喆认为，《三体》与美国“黄金时代”的科幻文学作品一样，是一种“应用文学”，蕴含战略思维。参见：王洪喆．冷战的孩子：刘慈欣的战略文学密码［J］．读书，2016（7）：3－9；李广益．光面与暗面：百年中国科幻文学中的工业形象［J］．东方学刊，2019（2）：53－59．

位被赋予无上的崇高感，另一方面这种崇高并不意味着道德上的洁癖或感性的浪漫。[①] 对广阔宇宙之崇高的敬畏与实用主义、脚踏实地的精神同时体现于“三体”中的诸多英雄人物身上。如第一部中的警察大史，虽然言语粗俗、行为出格，却具有顽强的生命力和实践经验，以生活中获得的经验为依靠，在诸多科学家都束手无策的状况中屡出奇招，起到定海神针般的作用。第二部、第三部中的罗辑，本是一位不思进取的大学教授，虽然被选中为“面壁者”，但对地球和人类的前途并不在意，反而借助“面壁者”身份尽享世俗私利。在充分体味人的本性需求之后，他才从自己研究的宇宙社会学中获得了置身事外的视角，从而抛开道德、文明的束缚，建立了黑暗森林威慑，成为人类的守护者。而第三部中的主要英雄人物云天明虽然蹉跎一生、无甚成就，却从对暗恋之人诚挚的爱情出发，舍弃永恒的宁静，孤身进入三体世界，以一己之身承载了人类的希望。这些英雄人物的共同点是从社会的最基层出发，在生死爱欲这些最基本的人性需求中寻找出口。而作为对比人物的程心，虽然具有高尚的道德和深厚的学识，却几次在关键时刻做出错误的决定，使得人类遭受几近灭亡的重大损失。这种强烈的对比暗示了人类必须以科学理性为指导，以顽强和脚踏实地的精神寻找自身发展的路径，在必要时甚至可以采取极端手段。也就是说，道德和文化习惯有其适用场景，在危机时刻应该首先保证种族的生存。

有学者用“文明冲突”来描述“三体”三部曲中的主要矛盾，将第一部概括为“知识分子叙事”，第二部概括为“英雄叙事”，第三部概括为“末人叙事”。[②] 这一论述点出了三部曲中关于科学技术和人伦观的几个重要观点：科学家与大众、国家政权合作的重要性；科学家应该承担起延续人类文明的历史使命；保证人类生存才是最大的道德，不是保证普世价值。

---

① 贾立元．“光荣中华”：刘慈欣科幻小说中的中国形象［J］．渤海大学学报（哲学社会科学版），2011（1）：39－45.

② 陈颀．文明冲突与文化自觉：《三体》的科幻与现实［J］．文艺理论研究，2016，36（1）：94－103.

充满价值观叙事的三部曲从多个角度论述，科学技术可以在极大程度上保证人类的安全发展和文明延续，但是整个系统必须在客观、“科学”的方式下运行，科学研究和政策实施要以操作机器般准确、冷静、理性的态度进行，否则出现结果只能是悲剧。《三体·死神永生》的悲剧性结局正源于一个不尊重科学规律的“普世价值”错误。三部曲中提出的训诫，可以理解为站在技术乐观主义立场上，对科学发展道路上的文化障碍进行了批评。

在另一篇小说《流浪地球》（2000）中，因为太阳可能发生氦闪，对地球造成毁灭性打击，人类启动了史无前例的“流浪地球”工程。开动这一工程的决策是在地球上前所未有的集中机制下做出的：在一切地球生命赖以生存的太阳即将消失的时刻，人类的社会政治文化建制全部改变了形态——单独的国家政府消失，取而代之的是消弭了国家区别的联合政府，政府决策不再根据一国利益，而是以人类作为一个整体的生存为最优先的考虑。对于政府领导和科学研究的组织，小说提出的方案是：长期的规划必不可少，充分论证过的规划必定严格执行。跨越 100 代人、2 500 年的流浪地球计划，是在较短的时间内做出的，而其准备工作则是在 400 年内完成的。研究、规划和实施计划由联合政府主导，科学家、军人、政府参与其中，普通民众配合和支持。这种支持的前提是联合政府不带任何私心，完全代表人类利益，不惜为此做出牺牲。

在特殊的条件下，家庭形态和人伦关系也发生了巨大的变化。在面临生死选择的时刻，毋庸置疑地投入使用最大限度保证物种延续的铁则。牺牲与死亡成为常态，叙事者父亲作为军人的奉献型牺牲；母亲作为中老年群体的一员，将生存机会让给年轻人而做出的牺牲；妻子作为普通大众的一员由于缺乏理智而在战斗中死去，这些生命的消亡在象征的意义上呈现了革命年代的悲壮与残酷，而无论如何，保持希望，保持奋斗，保持理智的先锋队所指明的方向，必定是成功——故事中体现出的组织方式、集体主义精神和价值取向与中国革命时期以来的实践经验具有高度一致性。

有研究者将《流浪地球》中体现出的对地球的眷恋和保护欲描述为一种强烈的“家园意识”①，与中国人自古以来安土重迁的文化传统相关联。这的确是小说重要的文化根基，同时也可隐喻化地解读为对本土发展的坚持：世代居住之地，无论有多困难，只要还有一丝可能，也一定要坚持守护下去。与刘慈欣许多其他作品不同，《流浪地球》中并没有突出的英雄人物，无论叙事者，其家庭成员，还是涉及的老师、同学和周围的人，都并非举足轻重的大人物。而领导这项巨大工程的先锋队，即最后时刻还能保持理智的联合政府成员，也是以5 000 人的集体面貌出现的。小说提示，像流浪地球这种规模的大型工程是一个集体的事业，属于所有人民，并非一些英雄人物能够独力解决的，但必定有一个更为坚定、理性和具备相应能力的先锋队，以集体的力量去领导它。②

坚持本土成功经验的同时，也需要时刻反思和自我批判。集体情绪泛滥的任性结果，在小说中遭到了揭露和批判：由于阴谋论的流布，联合政府的流浪地球工程遭到平民的质疑，在大规模的叛乱之后，五千人被处死。讽刺的是，在他们被以残忍的方式冻死，成为五千尊冰雕像的同时，太阳氦闪发生了，谣言不攻自破，但五千尊冰冻雕像永远屹立在冰原上，记载着在宇宙巨变之下追求稳定的集体无意识带来的严重后果，小说的高潮也正在此出现。小说一方面认同集体主义价值，另一方面又提示集体主义需要理性的规约，即有节制的、真正基于集体利益的集体决策。结合中国历史解读这样的反思，在今天仍然具有警醒意义。

在生存与灭绝之间，这一系列小说毫不犹豫地选择生存，以任何可能

---

① 参见：王卫英，徐彦利．刘慈欣科幻小说《流浪地球》的悲剧内核［J］．科技视界，2018（28）：10－13；王卫英，徐彦利．永无归期的航程：《流浪地球》赏析［M］//颜实，王卫英．中国科幻的探索者：刘慈欣科幻小说精品赏析：下册．北京：科学普及出版社，2018：569－580．

② 罗雅琳．作为第三世界文学的刘慈欣科幻［M］//石晓岩．刘慈欣科幻小说与当代中国的文化状况．北京：社会科学文献出版社，2018：147－161．

的方式延续人类的基因，并且达到一个快乐、理想的生活方式，即便人类的生命形态都发生了重要的改变。这种主张在《微纪元》（2001）中达到了顶峰：小说同样基于太阳发生氦闪，对地球造成了不可逆转的巨大影响这一背景，为了适应资源的急剧变少和环境的变化，人类运用基因工程将后代塑造成细菌般大小的“微人类”，并且运用纳米技术将生存所需的科学技术产品成比例地缩小，塑造出一个占用资源极少，但保留了人类文明的新物种。20 代人以后，地球上的人类已经完全以微人的状态存在，建立了上万个城市，拥有 180 亿人口，却只占据极少的土地，消耗极少的资源。

小说关于微人类的想象是自然而有趣的，其核心创意对读者并非完全陌生，虽然微人类在尺度上非常微小，通常这类想象只有在科幻小说中才能够见到，但中外既存的“小人国”故事谱系仍然可以帮助读者解读和想象它。① 不过，《微纪元》并非像此前存在的故事一样，将微小的人类作为一种异域风情的猎奇对象，或是某种思想倾向的讽喻客体，而是将它作为一种问题的解决方案。这在故事的聚焦人物——“先行者”的观察和行动上鲜明地体现出来。

太阳氦闪发生前，人类为探索可能移民的星球，派出“方舟号”飞船，载着若干“先行者”到方圆一百光年内为人类寻找出路。由于技术问题耽搁回程的最后一位先行者回到地球的时候，太阳氦闪已经爆发过，因此他成了宇宙中最后一个“人”，小说中称为“宏人”，与“微人”相对。在自己的同族已经灭绝的大悲怆之中，先行者被微人类发现，了解到发生了的一切，惊喜地发现人类文明的延续者虽然微小，但在生存方面具有强大的优势，并且因资源的相对可获得而具有乐观、无忧无虑的性格特征。先行者为微人类文明所打动，自愿成为他们中的一员：“我是全人类最幸福的

① 关于中国古代诸多“小人国”故事，可参见：王立．中国古代文献中的小人国母题：兼谈博物视野中的文化偏见和优越感［J］．陕西师范大学学报（哲学社会科学版），2004（3）：65－71．西方经典的“小人国”故事是英国作家乔纳森·斯威夫特所作的《格列佛游记》。

人，至少是宏人中最幸福的人，我看到了人类文明的延续。其实，用文明的延续来形容微纪元是不够的，这是人类文明的升华！我们都是一脉相传的人类……”并且，在意识到微人类唯一可能的敌人就是宏人之后，先行者选择将保存了两万五千年的一百个宏人胚胎细胞毁掉，彻底使人类进入了微纪元时代。

如果说关于微人类的设想尚带有既存文学传统中一些志怪想象的影子，那么先行者的心理变化和选择使小说告别了诗意化的文学想象，而成为一个带有实践意义的社会行动方案，为资源匮乏的地球发展提供了思路。在世界人口增长迅速、资源减少、环境恶化的今天，如果有这样一种办法，使得“地球生态资源的千亿分之一就可以哺育微纪元的一千亿人口”，使得“一小片草地”就意味着“一个草原”，而“一个草原”就意味着“一个绿色宇宙”，那确实可称得上是一种“自然生态乌托邦”了。①

虽然在小说中，这种关于人类生存和生态保护的方案具体呈现为将人类缩小，具有强烈的科学幻想色彩，但在隐喻的意义上，小说所提出的方案也可解读为少消耗、少占有的绿色生存策略。“宏人”与“微人”的对比不仅在于体形的大小、资源消耗的多少，还在于心态的不同。少消耗、少占有的微人类由于节制了物质欲望，获得了比宏人类更为民主、平等的社会状态以及更为乐观、天真的生活心态。在强烈的对比下，既经历过宏纪元又经历过微纪元的先行者决意放弃自己同类宏人类的未来，将地球让给微人类，以迎来更为幸福的人类文明，这种隐喻式的姿态提示现实中的人类社会发展应该选择健康、绿色的生存路径。

对于《微纪元》所提出的社会发展方案，有学者提出疑问，比如，有学者认为“微人类”的纪元是“‘轻松’和‘失重’的，他们的忧患意识随其微小体形而成比例地缩小，以至于他们的生活完全无忧无虑，充满快

① 关于小说作为一个“自然生态乌托邦”的论述，参见：胡用琼，任美衡．重建科幻文学的“生态”意识：《微纪元》赏析［M］//颜实，王卫英．中国科幻的探索者：刘慈欣科幻小说精品赏析：上册．北京：科学普及出版社，2018：161－167.

乐。相应地，他们没有责任和负担，没有过去的记忆，没有历史感，也没有自我发展的需求。‘微人类’像是生活在无休止的节日里，沉溺于梦幻般的狂欢，享受着孩子一般，天真和永远年轻的生活”，而这“更多是对当代中国各种问题症结的一种令人警醒的回应”。① 这种观点认为，历史的沉重、记忆和悲伤是人类应有的背负，而失却了历史和发展需求、“无忧无虑”的后人类生活所提供的更多是警醒。小说中呈现的乐观技术主义的社会与这种基于人文主义的思考正好形成了强烈的张力关系：在微纪元，人类的文明遗产得到了很好的保护和传承，对于东西方哲学、艺术、音乐、戏剧经典，微人类都能信手拈来。微人类唯一的不同是他们很少体会到负面情绪，“忧郁”只存在于博物馆之中。如果地球和人类已经遭受过太多的苦难，甚至于世代依赖的美丽家园永远不能恢复，连基本的生存也是勉强通过基因编辑才得以保证，那么，小说提出，这种“无忧无虑”的状态为什么不值得追求呢？小说中的设想带来如下启示：如果一个非常不同的后人类时代来临，那么生存要求的技术与物质生活状态都会发生变化，人类的心理、历史观和发展观也不可避免地会发生变化。也就是说，人文精神的内涵并非永恒不变。

《超新星纪元》（2002）是刘慈欣在创作早期非常重视的一部作品。从1989年开始酝酿，到1990年提笔创作，再到2002年最终出版，小说经历了五次创作和大改写，经手编辑和相关人员接近20位。在最终出版之际，刘慈欣坦诚地写道，由于出版历程很长，这过程中由于个人思想发展加上编辑意见等外部因素，“小说中所表现的思想，在最后一稿中已与第一稿完全相反，这种情况在现在日新月异的科幻创作中应该是不常见的”②。反复的修改后，最终文本呈现了坚定的工业精神和民族主义情结。

《超新星纪元》讲述20世纪末，位于御夫座的一颗超新星爆发，强烈的辐射使地球上的成人患病，走向死亡。但由于基因的自主修复功能强，13

---

① 宋明炜，王振．科幻新浪潮与乌托邦变奏［J］．南方文坛，2017（3）：33－41．

② 刘慈欣．第一代科幻迷的回忆：写在《超新星纪元》出版之际［M］//刘慈欣谈科幻．武汉：湖北科学技术出版社，2014：134．

岁以下的孩子不会受到辐射的影响。获知大人很快就要全体死亡、世界上将只剩下孩子之后，中国大人迅速采取行动，以游戏选拔的方式从全国孩子中选出了未来的领导人，并对所有孩子进行专业和生活方面的培训。世界其他国家也以自己的方式开始了交接。在全世界的大人全部死亡后，地球进入“超新星纪元”。纪元之初，恐慌感和无所适从占据了孩子们的心灵，国家陷入了混乱，是谓“悬空时代”。利用超级计算机“大量子”，中国孩子领导人解决了混乱危机。在接下去的“惯性时代”，孩子们对大人世界的运行方式感到无趣，纷纷在虚拟网络社区“新世界”表达不想工作、只想玩的意愿，并在虚拟空间中建立了以游戏为核心的国度。很快，享乐主义盛行，社会进入“糖城时代”，孩子们肆意消耗着大人留下的食品、商品，不事生产。而这并不是中国一国的情况——在地球的另一端，美国也进入了“糖城时代”，孩子们拿着武器开始了死亡游戏。在美国主导的全球谈判中，最终各国协商决定全体派出部队，到南极进行战争游戏，以决定南极的所属权。游戏中，美国向中国基地发送了核弹，而作为反击，中国也启动了核弹，战争结束。由于气候突变，在南极的各国军队紧急撤兵。经过漫长的海上颠簸，孩子们终于看到了中国的海岸线，开始欢呼。而这时，国内已经完成了大迁移，所有孩子迁到长江以南居住，长江以北将成为绿色的世界。

以一个灾难造成的“儿童世界”故事为外壳，小说实际上设想了一套在较低的人力资源水平下治理和建设国家的方案。孩子的特质是注重感官体验、缺乏理性和自我约束，容易耽于玩乐；在小说的世界中，全世界的情况都是如此，不存在人力资源水平的差别。那么在各国力量的博弈中，取胜的关键点如何？小说中的答案是领导人理性、高瞻远瞩的领导思路，以及丰厚的历史遗产，包括物质和非物质遗产。小说中最终取得胜利的中国，正是依赖于其领导核心的强有力理性指导和在超新星爆发灾难中逝去的大人们留下的遗产而在地球上诸多国家的竞争中处于不败之地。

小说具有民族主义色彩，在中国的大人和孩子合作下取得的胜利，其实质来自于中国大人高瞻远瞩的规划。同时，超新星纪元的中国领导人也充分发挥了自己的能动性，由普通的小学生迅速成长为合格的领导者。在超新星爆发后仅剩下的一段短短时间里，小说中的中国领导人通过游戏的方式选拔中国未来的领导人，以战略能力、思辨力和人文关怀为标杆，选出具有决策和实干能力的领导核心。以华华、眼镜、晓梦为代表的孩子延续了大人世界的责任感，因而成为孩子世界继续运行的保障力量。华华具有优秀的组织能力、战略眼光，能够处理外交事务，言语行为成熟；眼镜代表了研究思辨的力量，名言是“我只负责想，不负责说”；晓梦则是人文关怀的化身。在移交国家之前，给人带来极大冲击的一幕是，大人领导者带领未来的孩子领导者参观用火车皮装载的味精和盐——二百多火车皮的味精和盐只够全国人民一天的供应。这一直观地想象人口规模的方式也象征了大人世界的全局观和责任感。“味精和盐”这一典故在单行本后文中再次出现，被孩子领导核心用来指代负责任的民生观。在美国对中国基地进行核打击后的关键时期，“特别观察组”向中国领导核心移交了“公元地雷”——中国的秘密武器，以及一封大人留下的信，使得中国在战争游戏中重获主动权。这是秩序、理性和技术的力量在全文中的最强音。

在某种意义上，《超新星纪元》所描绘的社会状况也可以解读为后现代社会人类行为的一种普遍走向。同《微纪元》中的微人类一样，孩子们倾向于淡化历史和悲伤，以享乐精神为指引前行。对于一个这样的社会，小说仍然抱有乐观的看法，即在正确思想的指导和合理的社会规划之下，人类仍能在自我调整之后走向一个平衡、绿色的生存状态，同时保持民族的特质。

以上分析说明，刘慈欣小说中的一些典型文本具有技术乐观主义、工程思维和民族主义的双重特点，关注国计民生相关的问题，并且将这种关注扩大到地球甚至更大的尺度上去。这种特点在科幻文学界具有标志性意义，但在当代中国文化思想界并非仅此一家。举例来说，可以一起讨论的就有近年来中文互联网上出现的一些对中国发展道路的回顾与设想，这些回顾与设想以工程科技思维引领，强调工业技术与基础设施建设的重要性。研究者这样描述其中一个群体：“中国互联网上一个联系松散的知识群体，代表一股成分驳杂的社会思潮，他们信奉国家至上和工业化至上的理念，以工业化和技术升级的线索翻新了社会主义建设的历史叙事，并借此处理当代国家发展和社会治理问题。同时，他们以明确的民族主义立场对抗自由派网络话语，形成了规模庞大的网络粉丝社群和亚文化。”①

这一思潮的重要特点是以工程科技人员为主，或者更准确地说，在讨论中国发展问题时更多地借助工程技术思维和话语，并且对世界走势，尤其是中国在这种走势中的发展道路最为关注。刘慈欣的许多小说正好体现了这些特点，因此在对这一思潮进行研究时，他的小说也成为最常提到的文学文本。《流浪地球》《地火》《三体》等在诸多讨论中被认为体现了工业和工程思维。尤其是这些小说对资源紧缺问题的关注，对国别、物种、星球之间为生存而展开的竞争之激烈的强调，对科学技术解决问题能力的信任，以及对战略规划和方案设计的精细描绘，都使这些文本具备了异于大部分其他文学文本的精神实质。

但是相较之下，刘慈欣小说的总体图景又更为复杂。如果上述网络讨论确实是从中国应该如何发展这一问题出发，最后又落实到这一问题之上，而其可能存在的问题也源于解决问题的急切性的话，刘慈欣小说则并不带有这样强烈的问题意识。诚如《三体》带来了当代中国文学中缺失的“整体性”这一评论所提示的，② 刘慈欣小说的重要关注点包括宏观尺度上的国计民生和发展问题，但这只是文本的一个面向，很难说是终极指向。③ 宇宙蕴含的万般可能，人类倚仗自有科技水平在不同状况下能做出的选择，及这些选择在宏观和微观各个层面上呈现出的一环扣一环的影响，都构成了刘慈欣小说的整体性图景。其文本中蕴含的技术与工程思维、塑造的新的“崇高”，以及体现的中国精神是科幻精神在想象和描绘上述繁复图景中的

---

① 卢南峰，吴靖．历史转折中的宏大叙事：“工业党”网络思潮的政治分析［J］．东方学刊，2018（1）：49－60．

② 杨宸，罗岗．“整体性”的确实与呼唤：论《三体》之于当代中国文学的意义［M］//石晓岩．刘慈欣科幻小说与当代中国的文化状况．北京：社会科学文献出版社，2018：3－22．

③ 作者本人多次表示作用于现实并非自己科幻小说的目的，科幻本身才是目的。可做参考。

表露。在一些语境下，刘慈欣的作品确实作为工程思维的代表作品被讨论，但其文化内涵却远大于此。

几十年来中国工业化建设中，工业精神和工程思维一直在发展和深入，互联网的发展则使相应的声音更容易被听到；在世界多元化发展、国际形势复杂化的今天，民众对国家发展道路的关心与日俱增，亦是上述现象的一个重要原因。在“后工业社会”已经成为一些国家制定发展战略的立足点的同时，强大的工业仍是中国发展自身所依据的重要基础，独特的本土实践经验给相应的观念和思维方式在文学和思想领域的呈现准备了土壤。刘慈欣部分重要作品中体现的技术乐观主义和工程思维正是这种土壤上开出的花朵，它的独特之处也显示了科技相关思想的多样性。

二、科技化史诗与其叙事策略

在西方古典意义上，“史诗”是叙事诗，不但要涵盖长久的历史，具有宏大的规模，[①] 还必须具有历史上的英雄人物。[②] 晚近的文学观点则在广义上理解“史诗”概念，突破有限的古典作品以及诗歌体裁的限制，认为在古典史诗之外，不同形式的现代史诗也在被源源不断地生产出来。无论是《指环王》这样的奇幻小说，还是《星际迷航》这样的科幻电影，乃至于《迪士尼的史诗米奇》这样的电脑游戏，甚至实验性的人造生命电脑程序，都被理解为某种意义上的现代史诗；[③] 东方故事等传统史诗框架以外的作品

---

① MERCHANT P. The epic [M]. London and New York: Routledge, 2018: 4.

② ARNOTT L. Epic and genre: beyond the boundaries of media [J]. Comparative Literature, 2016, 68 (4): 351.

③ BUKER D M. The science fiction and fantasy readers' advisory. Chicago, IL: American Library Association, 2002: 118; ARNOTT L. Epic and genre: beyond the boundaries of media [J]. Comparative Literature, 2016, 68 (4): 351, 352, 358; HAYLES N K. How we became posthuman: virtual bodies in cybernetics, literature, and informatics [M]. Chicago, IL: University of Chicago Press, 1999: 229.

也被纳入史诗的范畴之内,①“史诗性”这一概念的内涵因此得到了延伸。②这种较为宽泛和开放的态度使得我们可以在史诗的框架下讨论许多当代作品，分析和理解当代文学的史诗性从何而来、可以由怎样的叙事策略产生，并由此感受当代时代精神和历史感。

刘慈欣的科幻小说被论者称为具有“史诗品格”③“崇高感”④，并具有“宇宙诗学”⑤ 的面向，重要的原因是这些文本的想象常常在宇宙尺度上展开，跨越长久的时间，超越具体的人和人群，在空间和时间双重维度上都具有宏大感与广阔感。这些特质在当代乃至更长时期的中国文学中并不多见。凭借这些史诗性的特质，刘慈欣作品为中国文学打开了新的视野。⑥《流浪地球》正是这种科幻文学之史诗性的代表。⑦ 从这部早期小说开始，刘慈欣的作品就已经彰显宏大与崇高的叙事特征。

---

① GRANT J, CLUTE J. The encyclopedia of fantasy [M]. London: Orbit Books, 1997: 51 - 52.

② 例如，在论述奇幻史诗的形式特质时，德里克·M. 布克尔（Derek M. Buker）总结了三个特征：篇幅较长，通常是三部曲；时间跨度大；故事背后含有一个巨大复杂的世界或宇宙设定，小说本身只是这个世界中的小插曲。参见：BUKER D M. The long and longer of it: epic fantasy [M] //The science fiction and fantasy readers' advisory. Chicago, IL: American Library Association, 2002: 118.

③ 王一平，王卫英. 尘世之外的一瞥：刘慈欣科幻小说论 [J]. 科普创作通讯，2015 (4): 15 - 24.

④ 贾立元. “光荣中华”：刘慈欣科幻小说中的中国形象 [J]. 渤海大学学报（哲学社会科学版），2011 (1): 39 - 45.

⑤ 严锋. 创世与灭寂：刘慈欣的宇宙诗学 [J]. 南方文坛，2011 (5): 73 - 77.

⑥ 对于中国科幻小说来说，谈论和想象发生在宇宙中的故事并非新事，晚清时期荒江钓叟的《月球殖民地小说》就涉及对月球旅行的想象（虽然没有完稿），徐念慈《新法螺先生谭》更为直接地叙述了人到太空中的旅行。1949 年后郑文光的一系列作品，包括《飞向人马座》《战神的后裔》等，以及更晚近的韩松的《宇宙墓碑》等，都以不同方式想象人类与地球外的宇宙的故事。刘慈欣的许多作品特点在于突破地球中心主义，将人类命运与宇宙变迁联系在一起，呈现大胆惊人的想象，在整个科幻文学中显得独树一帜。放在整个当代中国文学史中，与这种宏大叙事相应的总体性和普世情怀对转向个体内心和民族主义的当代中国文学具有开疆拓土的意义。参见：李广益. 中国转向外在：论刘慈欣科幻小说的文学史意义 [J]. 中国现代文学研究丛刊，2017 (8): 48 - 61.

⑦ 《流浪地球》是刘慈欣较早期的短篇小说，刊于《科幻世界》2000 年第 7 期。

刘慈欣最为著名的小说“三体”三部曲使用的是第三人称叙事，这也是他在许多作品中采用的方法。显然，因为时间跨度大、涉及的故事多，第三人称叙事确实最为适合“三体”这样复杂的小说。许多其他刘氏作品也驾轻就熟地使用了第三人称叙事。但刘慈欣也有一些作品使用了第一人称叙事，比如《带上她的眼睛》（1999）中，“我”对地心中的少女从不熟悉到熟悉，从不理解到最后了解真相，第一人称不但能制造悬念，还在即时的阅读感上显得真实可信，具有打动人心的力量。① 又如《纤维》（2001）中的“我”误入平行宇宙，在与其他“意外闯入者”的谈话中感受到各个平行宇宙历史事实之间的极大不同，受到巨大的思维冲击，小说也因此“充满喜剧色彩”。② 在《流浪地球》发表的时候，刘慈欣已经习惯用第一人称叙事作为工具，控制和调整小说的文学效果。

《流浪地球》同样是一个第一人称叙事的故事。叙事者“我”在七八十年的生命中经历了地球流浪五个阶段——刹车时代、逃逸时代、流浪时代Ⅰ（加速）、流浪时代Ⅱ（减速）、新太阳时代——中的三个：刹车时代、逃逸时代以及流浪时代的前半段。作为一个生活在非常时期、但因家庭原因对流浪计划原理具备一定了解的普通人，叙事者不但提供了大量关于流浪计划的背景、过程和前景介绍，也加上了各个时代自己的经历故事。这使得对流浪地球计划的宏观介绍在个体维度上的家庭生活和情感经历结合起来。

整个故事是“我”在老年时代以回首、成熟的姿态来讲述的。叙事者的讲述从刹车时代的结束，即自己的出生开始：“我没见过黑夜，我没见过星星，我没见过春天、秋天和冬天。我出生在刹车时代结束的时候，那时

---

① 姚利芬．“你那儿的世界真好”：《带上她的眼睛》的通俗化表达［M］//颜实，王卫英．中国科幻的探索者：刘慈欣科幻小说精品赏析：上册．北京：科学普及出版社，2018：61－66.

② 刘军．平行宇宙与多元状态：《纤维》赏析［M］//颜实，王卫英．中国科幻的探索者：刘慈欣科幻小说精品赏析：上册．北京：科学普及出版社，2018：176－180.

地球刚刚停止转动。"① 这种回首的姿态呼应了小说最后透露的："当我回忆这一切时，半个世纪已经过去了。"叙事者回首自己的一生，将个人经历作为一段历史的见证，集中讲述流浪地球计划的缘起和最初时期个体、家庭所经历的生活和情感变迁。这个成熟甚至苍老的叙事声音在大部分时候几乎是上帝视角，以回顾的姿态去讲述故事并加以评述，保证了对小说涉及的故事情节和背景情况进行相对全面的介绍。

在回顾性叙事之后，开始讲述童年经历时，少年的叙事声音和叙事角度时不时出现。从叙事声音上讲，有时采用儿童的语言，表达自己作为儿童的心理。从叙事角度上看，有时采用被追忆的"我"过去正在经历时间时的眼光。少年的视角带领读者进入当时的情境，制造出悬念和紧张感。例如，在讲述飞船派和地球派的争端时，采用的是少年的眼光和声音："我正在自己的舱里昏昏欲睡，听到外面有骚乱的人声。灵儿推开门探进头来。'嗨，飞船派和地球派又打起来了！'我对这事儿不感兴趣，他们已经打了四个世纪了。"在这个例子中，飞船派和地球派长达四百年的争端首先被提出来，后文再慢慢道出二者所依据的原理。在小说中二者所依据的原理冲突是通过小星老师对一件课程作业的点评说出来的，并不是直接评价。从孩子的视角来描绘，让小说更具说服力，也更具直观性和趣味性。

同样，在说明逃逸时代地球为克服太阳引力而变轨加速，因此产生气候异常时，关于原理的解释是借由"我"的同学灵儿之口说出的，"我"只是当时的观察者。在灵儿说明原理之后，成熟的"我"又忍不住加以评论："真是个小天才，记忆遗传技术使这样的小娃娃成了平常人，这是人类的幸运。否则，像地球发动机这种神都不敢想的奇迹，是不会在四个世纪之内变成现实的。"这种跳出当时情境，在更广大背景下讨论当前事件的意义的冲动，像是老年的叙述者和作家本人共同拥有的。在提示读者重要信息的

---

① 刘慈欣. 流浪地球：刘慈欣获奖作品 [M]. 武汉：长江文艺出版社，2008：111. 本文所引《流浪地球》原文均来自此处，下文不再赘注。

同时，它也暂时打破了当前的叙事流，在节奏上造成停顿，从而产生了一种“陌生化”的效果。

关于逃逸时代，叙事者讲了一个细节：父亲爱上了叙事者的小学老师黎星，对母亲和叙事者宣布自己将搬出去，到厌倦的时候再回来。母亲对此反应平淡，甚至在父亲果然回来之后的几个月就把这件事彻底忘记了。叙事者这样评价：

> 在这个时代，人们在看四个世纪以前的电影和小说时都莫名其妙，他们不明白，前太阳时代的人怎么会在不关生死的事情上倾注那么多的感情。当看到男女主人公为爱情而痛苦或哭泣时，他们的惊奇是难以言表的。在这个时代，死亡的威胁和逃生的欲望压倒了一切，除了当前太阳的状态和地球的位置外，没有什么能真正引起他们的注意并打动他们了。这种注意力高度集中的关注，渐渐从本质上改变了人类的心理状态和精神生活，对于爱情这类东西，他们只是用余光瞥一下而已，就像赌徒在盯着轮盘的间隙抓住几秒钟喝口水一样。

和其他部分相比，这一段评述显得有些突兀，叙事者的语言超过了其少年视角的认识水平。叙事者出生于刹车时代即将结束之时，在逃逸时代度过了大部分的青少年时期。在他的时代，人类生活在地下城中，“地球很可能毁灭”这一观念深入人心，因此叙事者形成了不同寻常的世界观。与他人一样，他将当今世界称为“令人神往的”“前太阳时代”，但在小学时期才在人生中第一次看到日出。他将这次经历中看到的阳光称为“令人胆寒的火焰”，“感到自己的喉咙被什么东西卡住了，恐惧使我窒息，脚下的甲板仿佛突然消失，我在向海的深渊坠下去、坠下去……”。其身体感觉和情感认识，理应与其人生经历相吻合，符合时代特征。即使是在六七十年之后，叙事者也未必会对人类情感模式的变化做出这样客观而冷静的对比。但在以上引述的段落中，他将流浪地球时代的人类感情与“前太阳时代”

（也就是读者更为熟悉的当代）的人类感情进行对比，显示了超出其阅历的认识。借用叙事学概念，这是被热内特称为“赘叙”（paralepsis）的视角越界现象，即：“提供的信息量比所采用的视角模式原则上许可的要多。它既可表现为在外视角模式中透视内心想法，也可表现为在内视角模式中，由聚焦人物透视其他人的内心活动或者观察自己不在场的某个场景，这是名副其实的视角越界。”① 也就是说，叙事者说了他不太可能会说出来的话。

同样，在叙事者讲述升入中学的生活时，人类已经开始在地下生活。他这样评价自己的中学教育以及当时的社会思想文化状况：

> 学校教育都集中在理工科上，艺术和哲学之类的教育已压缩到最少，人类没有这份闲心了。这是人类最忙的时代，每个人都有做不完的工作。很有意思的是，地球上所有的宗教在一夜之间消失得无影无踪，人们现在终于明白，就算真有上帝，他也是个王八蛋。历史课还是有的，只是课本中前太阳时代的人类历史对我们就像伊甸园中的神话一样。

这一段同样是一种赘叙，因为叙事者站的立场是在“前太阳时代”。《流浪地球》的叙事声音就是在实时自白和回忆讲述、有限视角和全能视角之间转换的，并非固定不变。从阅读感受来说，叙述视角和声音的多次切换造成了某种断裂感，因而在一定程度上损害了故事讲述的流畅性。② 但有叙事学研究者认为，赘叙“一般‘非法’超出了所采用的视角模式的范畴，形成了文本中偏离常规的突出现象，因此它常常在客观上（一般并非作者的本意）暗暗地起到了某种‘元小说’（metafiction）的作用，因为它促使

---

① 申丹. 叙述学与小说文体学研究［M］. 北京：北京大学出版社，1998：269.

② 有些学者对刘氏小说文字诟病，可能部分来源于此。这些作品与更注重叙事表达的作品确实有形式上的不同。

读者注意到作品的虚构本质和视角模式的局限性"①。这种"陌生化"的效果确实存在，这也是小说用少年视角讲述特殊时代人类心理成长故事时，纳入科学、社会等其他设定信息，并且与此时世界真实情况相对比，以突出其特别性质的手段。有批评家指出，混杂性恰是史诗话语的特征："史诗话语……主体（'我'）的表述不可避免地被语言渗入，成为既是具体的又是普世的，既是个人的又是集体的载体。"② 由多种眼光和声音构成的混杂性，由"陌生化"产生的距离感，在某种意义上促进了小说史诗性的生成——它们辅助描述了一种异于当前世界，含有巨大复杂性和沧桑变化的幻想世界。

前面举的例子《带上她的眼睛》和《纤维》均使用第一人称叙事，但讲述的是相对简单的故事。与之相比，《流浪地球》涉及的核心故事非常长并且复杂，但难得的是这样的故事仍然是由单一叙事者用第一人称视角来讲述的，在这种情况下，其阔大的史诗性是由叙事的几个大跨度达成的。

1. 时间跨度长，但由小切口完成

小说整个格局涉及的故事绵延 2 500 年，通过一个叙事者显然不能达到。叙事者实际讲述的时间跨度六七十年。但是，在这几十年内地球发生的变化却是巨大的：借助地球发动机的动力完成"刹车"，从太阳系中逃逸出来，开始在太阳系以外"流浪"。最大的困难和最剧烈的世事变迁都在这段时间发生。因此，叙事者的一生见证几乎就是流浪地球计划的最重要部分。虽然叙事者的生命有限，仅仅能讲述几十年间的故事，但是长达 2 500 年的世事变迁的精华部分已经讲述完毕。

2. 空间跨度远，由人物的几次旅行经历来实现

小说涉及的空间跨度之大不言而喻：从地上到地下，从东半球到西半

① 申丹. 叙述学与小说文体学研究［M］. 北京：北京大学出版社，1998：269.

② 克里斯蒂娃. 词语、对话和小说［J］. 祝克懿，宋姝锦，译. 当代修辞学，2012（4）：40.

球，从地球到太阳系之外，最后到远处的比邻星。在具体的故事中，地球从太阳系外到比邻星的流浪过程还在构想之中，因此小说主要涉及的是前面的部分。小说中叙事者进行了两次旅行。一次是“我”小学时在老师的带领下和同学们一起做的环球旅行，在这次旅行中，“我们”从北半球出发，参观了太行山附近的地球发动机，看到了已变成海洋的城市。之后乘船看了日出，在太平洋上折返两次；到达西半球，在大西洋上观看地球的黑夜。由于返程时月球被推离地球轨道，引起潮汐，无法乘船，所以这次师生最终回到了南半球。借由叙事者的经历，这一次从北到南、从东到西的漫长旅程展现了刹车时代地球的地理气候概貌已经发生了剧变，从小学生的视角观察流浪地球计划的硬件设备和对地球造成的一系列影响。无论是地球发动机“华北 794 号山”的庞大、变成了海洋的城市显示出的衰颓和死亡气息，还是大西洋海风中的地球之夜蕴含的关于遥远新家园的希望，都衬托出地球空间的广袤与多样。穿插在旅行中的“飞船派”和“地球派”的争论中，地球派从地球生态系统的复杂庞大、难以比拟的角度论证带着地球迁徙的必要性。他们以密封玻璃球做成的小世界系统为例，说明小规模生态系统的不可持续，揭示了空间的巨大与复杂对人类生命延续的重要性，从空间意义上衬托出地球生态系统的庞大——用小说中的话说是“气势磅礴”。

叙事者的第二次旅行是在人类生存环境更加严酷的逃逸时代。“我”在奥运会上驾驶机动冰橇从上海出发，从冰面上横穿已经完全封冻的太平洋，最终到达纽约。这个旅程的大部分时间是双人旅行：“我”在旅行途中遇上了后来成为“我”妻子的日本女性加代子。二者相遇之前，“我”孤身一人在茫茫冰原上，感到“世界就是由广阔的星空和向四面无限延伸的冰原组成的，这冰原似乎一直延伸到宇宙的尽头，或者它本身就是宇宙的尽头。而在无限的星空和无限的冰原组成的宇宙中，只有我一个人！雪崩般的孤独感压倒了我，我想哭。我拼命地赶路，名次已无关紧要，只是为了在这可怕的孤独感杀死我之前尽早地摆脱它，而那想象中的彼岸似乎根本就不存在”。加代子表示自己也有同样的感受，这种无边无际、压抑而骇人的孤独感与宇宙之大互相映衬，以个体感受为尺度，展现着地球和宇宙空间的无限广袤，赋予它们无限和崇高的属性。①

韩松在《想象力宣言》中指出，科幻文学“建立了新的神权，这就是神秘，这就是未知，就是对人生和宇宙的终极关怀，一种可以平衡科学的宗教感。……人类的知识和能力有限，因此，我们要对大千世界永远怀有敬畏”②。巨大的空间跨度正表达出这种对于永恒的拷问及宇宙的敬畏：通常被视为永恒的象征的太阳也可以成为危机的来源。在面临生存危机的时候，即使远达 4.3 光年、需要 100 代人才能到达的距离，人类也必须跨越。而在个体层面上，即便是一个比赛中的旅程，其中的孤独和恐惧也足以让人精神几近崩溃。这种强烈的对比从一个具体的场景出发，挑战着读者对无限遥远的距离的想象。

3. 社会形态跨度巨大

《流浪地球》所描绘的社会与当前社会的不同显而易见：人类居住的自然环境变得异常严苛，国际关系不再是世界各国间的主要问题——相反，“联合政府”代表了人类的共同利益；教育借助技术手段达到了现代化，但教育主题充满对人类命运的忧虑和种种冲突；婚姻制度和生育制度发生了巨大变化；等等。而其原因正如叙事者指出的，“在这个时代，死亡的威胁和逃生的欲望压倒了一切”，这种关注使社会形态产生了巨大的改变。值得一提的是在上述的变化中蕴含了一种世界主义的倾向，人类之间国别的差异逐渐缩小（“我”和日本女性加代子的婚姻，以及“我”的孩子和一位

---

① 在《超新星纪元》中有一个可堪相比的情节：在地球上的成年人即将集体死去之时，考虑到孩子必须接管国家事务，中国国家领导人向未来的少年领导人展示了几十火车皮的盐，并告诉他们这些盐只能让所有中国人吃一天。《流浪地球》中“我”面对太平洋，觉得感受到了整个宇宙，此处也使用了这种“从一滴水中想象整个大海”的叙事策略。

② 韩松. 想象力宣言［M］. 成都：四川人民出版社，2000：394.

“金发碧眼的姑娘”的结合显明地象征了这一点)，而这种“人类共同体”的想象可以在生物种类的意义上被解读为人类共同的史诗。

4. 伦理和情感跨度

从今天社会组织状况产生的伦理和情感秩序，跨越到以追求生命延续为最高目标的时代产生的伦理和情感秩序，但最终追求的是恢复到原来的状态。这种巨大的跨度，是由“我”关于家庭的个人叙事展现的。一方面，如上文提到的，“我”的家庭中，父母的婚姻关系出现第三者并未造成任何波澜。照叙事者的说法，在这个时代这是普遍现象。同时，“我”与加代子的结合也以加代子一个人在战场上死去而终结，而这几乎未引起“我”太多的情绪波动。此外，父母在不同情况下的惨死，虽然令“我”悲痛，但这悲痛似乎轻易就得到了节制，被新的生存危机的到来所淡化。这种非常不同的伦理和情感状态作为文本内容的组成部分，通过个人叙事制造出情感伦理的历史感和距离感，令人产生沧海桑田的嗟叹。

5. 类历史性的品质

刹车时代、逃逸时代、流浪时代的划分将地球与人类变迁结合起来，这种叙事方法被研究者称为“密集叙事”“时间跳跃”①，或“历史实录笔法”② 等。在《超新星纪元》《时间移民》《微纪元》等刘氏科幻小说中，都有这种类历史性的叙事方法。这一点显示了作家对于古典科幻小说的借鉴，譬如刘慈欣推崇的阿瑟·克拉克，就在《2001 太空漫游》等主要作品中使用了这种方法。③ 刘慈欣曾多次表示自己的这种小说已经“过时”，他所针对的是近年来国内外科幻小说以及小说本身向个人化、微观化、细节

---

① 吴岩，方晓庆. 刘慈欣与新古典主义科幻小说 [J]. 湖南科技学院学报，2006 (2)：36－39.

② 王一平，王卫英. 尘世之外的一瞥：刘慈欣科幻小说论 [J]. 科普创作通讯，2015 (4)：15－24.

③ 刘舸，李云. 论刘慈欣《三体》及对阿瑟·克拉克的接受 [J]. 外国文学研究，2016 (2)：133－141.

化发展的趋势。确实，类历史性、大跨度大规模的叙事特质除了在少数科幻小说中可见到，在其他文学作品中都很少使用。但也正是这种特质为《流浪地球》带来“整体性思维和超越性视野”①，在一个没有史诗的时代显示出了整体性的视野和与此相关的史诗性品质。

小说中的许多核心价值点通过“我”的家族的人物命运来呈现，使用了个体叙事的方法，“我”的每个家庭成员的命运都可以视为一种对社会和时代的隐喻。小说中涉及的年岁最长的人是“我”的爷爷，他就是“前太阳时代”的人。他熟悉地球家园本来的样子，后来目睹上海沉没在百米高的巨浪中。在气候剧变之后，他因“老糊涂了”而跑出去淋雨，结果被烫伤。“老糊涂了”只是一种说辞，不能接受地球已然变成一个陌生的地方才是爷爷不顾危险去酷热户外淋雨的原因。而就在地球完成刹车，开始启航之时，爷爷去世了，死因是烫伤感染——一个让他不能适应的时代带来的创伤最后取走了他的生命。一个时代结束了，一辈人走了，地球也永远回不到原来的位置。

父亲以其空军近地轨道宇航员的身份隐喻着人类在极其恶劣的灾变环境下集体做的抗争：无论是提出“希望是这个时代的黄金和宝石，不管活多长，我们都要拥有它”，还是最终因清除威胁地球安全的小行星而牺牲，父亲的行为都显示了向上的意志和艰苦的行动，以及为此付出生命的决心。父亲留下的带有棱角的坚硬勋章是这种精神的物质象征。而母亲因地下熔岩侵入，来不及逃生而死亡，隐喻着平民付出的牺牲：在客观条件不允许所有人存活的情况下，必然有一部分人要牺牲。而“我”自己，一方面承续了父亲军人的职业，虽然中途产生过动摇，但最终还是从上一辈的手中接过继续奋斗的任务，继续着保存地球和人类文明的使命。另一方面，“我”也通过国际化的婚姻延续了人类的基因，并预见人类文明的继续流

① 严锋. 创世与灭寂：刘慈欣的宇宙诗学［J］. 南方文坛，2011（5）：77.

传。《流浪地球》这种极富隐喻性的个体叙事使得小说富有一种寓言性，这是其史诗性的具体来源之一。虽然“我”的一家都并非杰出的英雄，但具有各自的意义，以具体的面貌呈现了幻想的历史长河中面目模糊的民众的形象。

古典史诗中一定具有一个或多个英雄，他们联力造就了历史。在《流浪地球》中，却并没有一个特别的英雄。如果说存在英雄的话，他们是以群体的面貌出现的。作为小说转折点的哗变事件是群体叙事的高潮，敌对的双方是受到流行阴谋论蛊惑的民众和坚守职责的五千人，包括“联合政府的主要成员、大部分负责实施地球航行计划的星际移民委员会的成员，和那些最后忠于政府的人”。太阳氦闪不是一个骗人的阴谋，但是在受到蛊惑而群情激昂的民众面前，无论是以科学推演的方式，还是以言辞辩论的方式，联合政府都很难证明这一点。于是只有时间才能做出最终的裁决：在五千个人在冰海上列成一片，在没有防寒加热措施的情况下，他们很快在零下百度的极寒下冻成了雕像。留在时间长河中的五千个冰冻雕像给人以视觉想象的冲击，形成了悲壮的效果，他们在死前遭遇的凌辱和咒骂衬托了这种效果所带来的痛苦，而马上随之而来的氦闪爆发则加剧了悲剧性与讽刺性。在史诗中，悲剧与英雄的联系自古有之，但是这种群体性的英雄形象之悲剧却不多见，《流浪地球》在这一意义上显示了科幻文学的独特性。

法国批评家朱莉亚·克里斯蒂娃（Julia Kristeva）1969 年在《符号学：符义解析研究》（*Sèméiotikè*，*Recherches pour une sémanalyse*）中提出了“互文性”（intertextuality）的概念，发展巴赫金的动态结构主义，认为使每一篇文学作品产生意义的，都不仅仅是作品本身，还有它的大量“互文本”。①这一概念本身主要考虑的是文本背后的文化意义传统网络，但笔者借用

① 克里斯蒂娃．词语、对话和小说［J］．祝克懿，宋姝锦，译．当代修辞学，2012（4）：33－48；罗婷．论克里斯多娃的互文性理论［J］．国外文学，2001（4）：9－14．

“互文性”概念中含有的对文本间关系的强调，讨论刘慈欣作品背后从形式到内容的联系。这种联系显示，《流浪地球》作为刘氏小说序列中的典型文本，其意象、母题和终极价值在多个文本的网络中显示出更深层的意义，共同构成了一系列史诗性文本。

太阳的意象在刘慈欣作品中反复出现，比如在《全频带阻塞干扰》《微纪元》中，它都是危机的来源；在《中国太阳》中，它是气候控制所倚仗的力量；《三体》中三体世界的危机，同样来源于三体世界的太阳。在更长久的文学传统中，太阳一向是希望、光明和人类追求的象征，但在刘慈欣这里，太阳常常代表对人类及其他生物生存残酷的挑战。这种强烈的对比给读者带来一种不安全感：宇宙是如此的广阔和神秘，而时间之河是如此之绵长，就连太阳也不能一直闪耀。《流浪地球》中的太阳正是这样一个客观、强大而危险的存在，当没有氦闪危险的时候，它是地球生命赖以生存的源泉；当它出现问题时，人类和地球就只好在宇宙中流浪，去寻求一个新的太阳，即新的崇高之物。

地球与“家园”的母题在刘氏作品的序列中亦非常重要。在《三体》中，人类与三体文明的对抗中尽力保护家园，但最终不仅失去了地球，还失去了太阳系，在宇宙开始了另一种生活；《微纪元》中的人类在无法找到比地球更适合的家园的情况下，选择改变自身以适应环境；《中国太阳》中的水娃最终踏上了探索宇宙之路，并且有生之年不再回归，但他心中牢记着自己走出来的那座西北城市的小村庄；《时间移民》讲述的同样是一个回归家园的故事。《流浪地球》不仅在宏观上讲述了人类失去太阳系大家园、奋力保护地球小家园的悲壮故事，也在微观层面上讲述了一个家庭在此过程中经历的颠沛流离和观念变化。[①] 与其他的文本一同，《流浪地球》显示了家园在整体和个体两个层面上对人类的重要性，虽主要采取个体叙事，

① 王卫英，徐彦利. 刘慈欣科幻小说《流浪地球》的悲剧内核［J］. 科技视界，2018 (28)：10－13.

但因叙事者个体和人类整体在生存追求上的一致，展示出了人类面对共同危机时的拼搏。

《流浪地球》中以父亲为代表的军人的牺牲，以及危机状态下为保存人类文明，老年人对青年人的让步，与《全频带阻塞干扰》中军人的英雄主义、《天使时代》中少部分人牺牲以换来大部分人的生存，以及《地球大炮》中沈氏父子的殉道显示了同样的价值取向：这一系列作品以生死抉择来提示比个人生存更重要的东西——从精神上讲是一种基于理念的价值选择，从实质上讲则是人类基因的延续和文明的保存。

《流浪地球》是近年来中国科幻小说成长阶段的重要作品。作为刘慈欣较早的作品之一，《流浪地球》已经显示了史诗性的构想，具有宏大的结构。其史诗性构想是通过叙事眼光和声音上的复杂变换、多种巨大的叙事跨度，以及群体与个体叙事结合的方式来最终呈现的。小说既借鉴了中外经典科幻小说作品的技巧，又显示了独特的创造性。在作者同期和后来的作品中，小说中的意象、母题和价值一再得到强调和讨论，这些作品共同构成了一个史诗性的作品“网络”。

当代世界整体性的缺失给了我们充分的动力从宽泛的意义上理解史诗的概念，并通过具备史诗性品质的当代文学作品去理解人类当今的历史感和诗学精神，以求在新的整体性和崇高感的大旗下重新以人类的名义集结起来。在这种语境下，《流浪地球》及刘慈欣其他具备宏大视野和宇宙胸怀的科幻小说可以作为重要的研究范本。

第二节　韩松：科幻文体家

从狭义文体学的角度来看，在当代中国科幻文学中，韩松是最优秀的文体家之一。在中国文体之林中，科幻小说是年轻的，正如前文所论述的，它从晚清民国时期才开始。因此，中国科幻文学作者都在某种意义上用自己的写作实践来开创和丰富这种文体的内涵。但是，若论对科幻文体的自觉运用，将风格化的叙事与内容的表达结合起来，同时注重形式与内容，那么韩松是值得注意的。

与刘慈欣、王晋康、何夕等同被称为科幻小说“新生代”作家的韩松，出身武汉大学英文系和新闻系，后在新华社担任记者。很小就是科幻迷的韩松至今坚持业余创作。作为本职是记者的科幻小说作者，他的作品常被解读为指向现实，这又与科幻文学中常见的科学主义思维相左。大胆而充满寓言色彩的意象使韩松的小说显得抽象，具有丰富的解读可能。从较早的《宇宙墓碑》（1991）到后来的《红色海洋》（2004）、《2066年之西行漫记》（又名《火星照耀美国》，2000；2012），再到更晚的《地铁》（2011）和“医院”三部曲，主题多涉哲理，虽能从现实中寻迹，却很难找出其具体指涉。但其中也有些离现实距离更近，从具体的事件出发，如《2066年之西行漫记》将现实中的中美关系倒转，以此反思中国文化与世界的关系；《再生砖》以汶川地震为灵感，但跳脱出灾情本身，暴露资本主义逻辑的荒谬与残忍，并将生生死死的问题放置在宇宙的尺度中思考。

韩松作品风格明显，富有瑰丽奇诡的想象，又具备黑色幽默及荒诞的特质，语言风格亦有鲜明的特点。研究者论及韩松的小说风格，往往用“晦涩”“鬼魅”“诡异”“多变”“诡谲”等词语来描述，实际上是指韩松小说中既非现实又非直接讽喻的曲折之处。① 一般读者往往对韩松的小说给出“难读”“读不懂”的评价，而研究者则在承认其很多小说“尚未有人给出足够深入的解读”的同时，指出这是因为韩松小说本来就是“一种有意遮蔽的表达”，“读者只能收集真相的碎片，却发现它们互相矛盾，分别指

---

① 参见：李广益. 诡异与不确定性：韩松科幻小说评析［J］. 当代作家评论，2007（1）：102－106；贾立元. 韩松与“鬼魅中国”［J］. 当代作家评论，2011（1）：83－90；王瑶. 迷宫、镜像与环舞：韩松科幻小说赏析［J］. 名作欣赏，2014（22）：49－51；王德威. 鲁迅、韩松与未完的文学革命：“悬想”与“神思”［J］. 探索与争鸣，2019（5）：48－51.

向不同的解释，无法拼成一幅完整的、自洽的、统一的异世界图景”,① 而这恰是小说文本的意义所在。达科·苏恩文用“陌生化”来描述科幻小说的重要特征之一，从这一点上来说，韩松的小说将“陌生化”推向了一个极致。

一、终极神秘与拒绝叙述

韩松的小说往往涉及“历史”和“未来”，站在未来回望未来的历史，而这种历史表现出了不确定感、荒诞感、神秘感或宿命感。这些有异于寻常感觉的来源不是存在于过去的神秘，而是未来的神秘，是不可预知的未来或真理。从中国科幻文学的传统来说，由于深受乐观主义科学观和线性历史发展观的影响，科幻作家对未来的未知性很少强调，如有强调，也多集中在技术层面，以一种发展的观念看待。而在韩松这里，乐观主义变成了犹疑，必然进步的未来变成了不确定，绝对真理变成了神秘。

韩松早年的作品《宇宙墓碑》，用节制平实的语言讲述了一个神秘的故事。小说由两部分组成：第一部分是宇宙墓碑爱好者——学者“我”的自述。这部分故事发生的时间在远未来，宇宙航行已经成为日常，而不能航行的时代被称为“旧时代”。对旧时代人类留在宇宙中的墓碑的研究类似一种考古，吸引着“我”，但无论是“我”还是导师，都未曾获得实质性的相关证据。第二部分则是宇宙营墓者（墓碑建设者）“我”的自述，它来源于掘墓者得到的手稿。这部分故事发生在人类宇宙航行开始初期，记述“我”偶然成为一个宇宙营墓者的故事，“我”在这份工作中见识死亡、安顿逝者、试图用墓葬来赋予死亡意义，还着重讲述了自己触犯禁忌与女太空人恋爱的过程。

虽说第二部分故事对于第一部分来说相当于解谜——考古者所希求的

① 飞氘. 总导读：韩松的“鬼魅中国”［M］//韩松. 再生砖. 上海：上海人民出版社，2015：5.

真相就在这份手稿之中——但是讽刺的是真相对于这位宇宙营墓者来说，也藏在茫茫宇宙之中。不得而知的许多死亡真相，禁忌之爱的神秘报应，接连出现的墓葬神秘消失事件，与对死亡和纪念本身的意义的疑问夹缠在一起，使真相更显扑朔迷离。而主人公顿悟的是，“这个好心的老宇宙，它其实要让我们跟他妥帖地走在一起、睡在一块，天真的人自卑的人哪里肯相信!”在小说中，生生死死并无伟大的意义，或者说它们的意义存在于作为终极意义的宇宙秩序之中，而由于这种秩序难以被人了解，它几乎等同于某种宿命。

这种宿命般的秩序在小说中的表现之一是隐约出现的人物联系，表面上看起来并无实际联系的两个“我”，其女性伴侣的名字都是阿羽，而作为墓葬研究者的“我”的妻子阿羽和作为宇宙营墓者的“我”都患有意识恍惚的无名疾病。前者在二人第一次一起参观墓葬遗址的纪念日发作，而后者在女友作为护士去执行任务的时刻发作。病症似乎提示着对生死之事的尊重，但又神秘而无法确解。

在《宇宙墓碑》中，前后两位叙述人都在第一人称的叙述中透露出讲述的冲动，作为宇宙营墓者的“我”还解释了自己何以开始了这段叙述：“我不希望这份手稿为后人所得，因为我实无哗众取宠之意。……我写下这些文字，是为了打发临死前的难捱时光。并且，我一向喜欢写作。如果命运没有使我成为一名宇宙营墓者的话，我极可能去写科幻小说。”对科幻小说写作的提及不无意味，营墓者写的是自己人生的自述，而小说文本实为科幻想象，生活与科幻虚虚实实，双双将写作的冲动付诸现实。而故事讲到最后，叙事冲动已消失：“写到这里我就觉得再往下写没什么意思了。我要做的便是静静地躺着，让无边的黑暗来收留我，去和阿羽相会。”

从小说叙事者来说，这是叙事冲动消失的缘由，而从小说文本来说，则留下了暧昧不清的结尾。墓葬研究者苦心试图寻找营墓者留下的意义而不得，而营墓者的叙事则消解了后人所寻求的那种意义。宇宙使此前修建的宏伟墓葬大批消失，营墓者建造与之前格调完全不同的最后一座坟墓，葬着自己，追随女友而去。未来的学者们苦苦寻求的宇宙墓碑的意义，以及极具代表性的那一座墓碑的意义，答案就在营墓者的这份手稿中；手稿写到这座墓是他为自己所造，有意背离了传统，但在谈及具体的缘由时，叙事者却犹豫了、退缩了，或者说不耐烦了。文本中存在的对解释的不屑可能源于隐晦表达的需要，也可能源于对秩序的不确定性的着意营造。不过写作策略并不重要，叙事者的“不耐烦”在客观上给予了小说意义的不确定性和解读的开放性。

韩松在小说中着力建构的，是一种特殊的“秩序”，即它在那里，但无法为某些群体或人类整体所感知。书中人物由此产生一种深刻的无力感，当无力的主体带有民族性时，小说的指向就暗含了民族寓言的性质，比如在《火星照耀美国》中，故事的讲述者——中国围棋手唐龙讲述了一队中国棋手去美国下棋的过程。他使用了第一人称，并习惯性地直接与读者对话：“我的本土名叫唐龙，曾经是一个中国人。我叙述的都是六十年前的往事。如果你们觉得太遥远，太陌生，没有关系。许多事情就是这样的。”“我们那个时代流行早熟综合征。这些，你们现在可能觉得不可思议。因为你们的周围，是一片福地。而我们那时，一切别无选择。”“什么？你们不信？没有关系，慢慢会信的。”“有些事情，要到六十年后才能弄明白。那是你们的问题。”

诸如此类笃定的单方面讲述具有一种压迫性，不接受质疑，自顾自地讲下去。但是，叙事者又不忘记提醒读者（小说文本中的读者是 2126 年，即故事发生后 60 年的未来人，而小说的实际读者在当下）其讲述行为的存在。讲述的冲动与对解释的不屑结合在一起，使得小说的叙事表现为一种倾诉，一种仅将遭遇讲出而希求适当的读者理解的行为。这种讲述姿态透露出对讲述内容的无奈情绪，是一种不愿解释的叙事。

二、现代鬼魅与野蛮暴力

许多研究者谈到韩松作品中的鬼魅，这确实是许多韩松小说中的一个明显特点。鬼魅本是非科学概念，是现代中国着力排除“封建迷信”、建立以科学为重要知识基础的国家过程中拒斥的对象，但在韩松的科幻小说中能和谐地与科学技术相并存。贾立元曾论述韩松笔下的鬼具有“现代性”，是科学的鬼。这是一个具有洞察力的判断。且看《地铁》中地铁上的鬼气：

> 他加快步伐，趑趄走下巨冢般的站台。是在回家，还是在迈向死亡呢？——深藏不露的地下世界营造了棺椁般的冰冻感。站台上还有一些候车人，荒原上的墓碑一样，歪歪斜斜插入地面，紧闭无脂的青色嘴唇，正在灵魂出窍。那么，退休以后，还会坐地铁吗？至少末班地铁怕是没有机会坐了……哦，人死后，还会坐吗？一层淡淡的如若遗憾的情绪，在他胸间焚烧。

充满鬼气的描写显然是作者有意为之。笼罩在死亡与鬼魅的气氛中，关于疲惫的上班族的故事，烘托的是在现代化生活中人们失去自我的心理感受。如若小说止步于此，就只带有现代主义特征，但小说远远没有停留在这一步，而是行进到由地铁而进入的一个异世界中。这个异世界拥有现代性，来自于历史和当下。小说中没有名字的“他”在下班后的末班地铁上遭遇如灵异一样的事件——地铁上的人都变成了异类，并且被怪物一样的生物装在瓶子里运走——在离开地铁之后好像不存在一般。“他”试图寻访同程乘客，亦无结果。种种的怪事发生在疲惫的中老年职员身边，怀疑的对象是如活在异世界般的整个人生。《地铁》由一系列短篇小说连缀而成，文本之间若有若无的联系统一于“地铁”这个现代生活的标志之上。弥漫于小说文本之中的鬼气，则是现代毫无生机的生活的写照。

韩松较新的小说《驱魔》同样充满鬼气，病人杨伟在一艘航行的船上醒来，发现自己失忆，整艘船其实就是一座医院，他在医院里遇见各种奇奇怪怪的病人。医院被 AI“司命”控制，虽然声称希望人人健康长寿，但病人却接连死去。进一步调查使杨伟相信 AI 已经发疯，而这是正在进行的世界大战中敌人阴谋的一部分。随着事态发展，杨伟又发现可能整个世界大战只是人工智能所制造的假象。最后决定跳海自杀的他发现，海洋里竟然没有一滴水……真相扑朔迷离，这里并不是阴森恐怖的鬼气，而是充满怪异的死亡气息的鬼气，是人的躯体毫无生机、为人掌控，真理不再存在的鬼气。小说中的“鬼”其实是一个 AI，通常这种角色不会与鬼怪概念同时出现。但在韩松的小说中，科技与鬼魅就是这样自然地融合在一起，无一丝牵强。只要我们考虑在一个高速行进的科技社会、一个永远不乏陌生感的世界生活的真实感受，就会理解为何现代科技之鬼的概念仍是成立的。

《驱魔》是韩松的“医院”三部曲之一。这个三部曲包括《医院》（2016）、《驱魔》（2017）、《亡灵》（2018），以医药作为隐喻接续了鲁迅对现代中国充满了忧虑与希冀的讲述。鲁迅为追求更好的中国，欲寻求治病的药；而韩松笔下，治病成为空虚的能指，服务于其他目的。《医院》中每个人都在医院没完没了地治病，《亡灵》中主人公见证“药战争”中“药帝国”的崛起与覆灭。疾病和治疗是对人类生存困境的隐喻化描写，更进一步来说是对生存意义的陌生化、鬼魅化审视。现代不仅带来了速度、成就，更带来了现代之“病”和因“治病”而被困的荒诞和恐惧感。韩松创造性地将对鬼魅的恐惧——人类纯粹对物的恐惧转化成人类受到自己创造之物的宰制而产生的恐惧，使得鬼魅的意涵更具现代性。

除鬼气外，突破禁忌的暴力描写也是韩松小说的重要特征。难解的《红色海洋》以幻想的方式写了一部晦涩不明又充满暴力的史诗。在前半部分中，人类移居到了红色海洋之中，身体构造和社会伦理都发生了巨大的变化。小说的中间部分讲述了红色海洋的来龙去脉，包括多种假说，并无实际可确定的历史。而最后一部分是中国历史上一些片段的闪回与相关的假想，包括郦道元写作《水经注》与郑和下西洋的历史过程。这一部分被命名为“我们的未来”，历史和未来之间的张力令人遐思。历史变成未来，未来变成现在，时序的故意混乱隐含着一种非线性亦非螺旋性的历史观，是人类与地球、人类与自身之间的关系定义了历史，它是流动的、非规律性的。

小说最突破禁忌之处在第一部，人类文明遭受挑战，一种新的伦常成为主流。两性关系和家庭伦理变化巨大，传统一夫一妻制消失，家庭成员之间的乱伦禁忌也不再存在。这些变化来自于生存竞争之激烈，吃人与被吃成为生活的常态，人们不具有自己稳定的居住地，变得居无定所。在杀戮面前求生、求基因的延续是这种伦常产生的基础。但面对常态的暴力，叙事者“我”的困惑是：“一些人为什么能强迫和指使另外一些人？银色皮肤的孩子与红色皮肤的孩子难道注定成为敌人？最凶狠的动物是什么？是大海鼠，还是人？女人和男人，究竟谁更危险？人类到底是一种什么动物？我们是怎么来到这里的？我们今后要到哪里去？”其范围涵盖了人类社会的权力分配、被建构出的种族和等级概念、人类对同类施加的有形和无形暴力、两性关系和人类的终极本质问题，这些哲学性的问题提示了小说背后的深层次思考。在小说中出现的暴力杀戮和反常伦理可以视为现代生活的隐喻，喻指习以为常的生活的暴力性。

在《美女狩猎指南》（2002）中，韩松更不惮于更为野蛮的想象：人造美女被放逐到野蛮的荒岛，这些“长有卵巢和子宫的纯种动物”活着的意义就在于为配枪登岛的男子所擒获，任意处置，但这些男人必须冒着被杀死的危险。这个机制的存在基于“发展经济”，讽刺的是，去寻求刺激的男人在死去或被阉割之后才得到内心的宁静。这一去势行为，去的是当代世俗生活之势、异化之势。而那些被围猎的美女，虽然是基于基因技术批量定制，并非自然人，却具备人类基本的天真、善良和欲望。现代社会的压力扭曲了人性，使得人们成为野性动物般的存在。在这样的环境下，也许真的只能像小说中被自己去势的主人公小昭那样，过上“最安全的”“有爱无性的生活”。

性、暴力和死亡，因为涉及许多禁忌，小说仅以电子形式在网络上流传。“新生代”科幻作家面临着不同的媒体环境，因此也产生了不同的发表策略。这种不同开启了一个新的媒介融合时代，它给科幻小说的文体之变提供了一些客观条件。

三、寻常语言与深刻寓意

上述特质使得韩松的科幻小说同时也具备哲学的质地。“读不懂”的评论说明这些小说与其他科幻小说至少有形式上的不同。与其表意的晦涩性相反，韩松的小说语言是简单而寻常的。无论是使用第一人称还是第三人称叙事，都以清楚而富有逻辑的语言写明事件的来龙去脉，很多时候还包括主人公的心理活动。但是小说的晦涩性存在于能指与所指之间模糊的联系。譬如，《宇宙墓碑》中墓碑的消失究竟隐喻着什么？《红色海洋》中以历史为未来，提示着什么？“医院”三部曲中的医院与药帝国，对应着什么？上文分析试图提供一些回答的方向，但文本本身的意义正在于其模糊性，更有意义的只是回答的试图和探索本身。

小说的模糊性来自于高度寓意性的意象、非贴近性的意义联系，以及由此产生的能指与所指之间关系的薄弱。这些属于修辞学的范畴。无论是“红色海洋”“宇宙墓碑”“医院”还是“再生砖”等等，这些核心意象都是隐喻性的，其具体喻体并不明确，但意象本身的鲜明性和明显的隐喻性，以及诡异的情节，又时刻呼唤着读者的注意，使读者不停地思考其对应的概念和理念。即使在那些与现实联系更密切的小说中，文本情节指向的具体对象也不明晰，比如《火星照耀美国》这个明显带有讽刺性的文本，其结尾的内蕴依然不明晰。从这个角度来说，引起思考是文本的意义所在。

对民族命运和社会现实的关切是韩松小说的主要面向之一，但对生命和意义的哲学本质思索和现实关切是结合在一起的，[①] 很难讲这些文本的终极方向是强烈的现实指向。作为一位记者，韩松本身对中国的问题是非常关注的，对于社会热点问题具有极高的敏感性，而对于历史亦有强烈的兴趣。他的写作则常常是在另外的时间和空间展开，因为文本内容与作者本人及读者所处的社会现实之间的时空距离便于产生隐喻性。这个距离，便是能指与所指之间的模糊性产生的本质原因。但是，现实究竟是目的还是灵感？无论是《宇宙墓碑》中那座孤立的、与宇宙“睡在一起”的墓碑，还是《驱魔》中不存在的海洋，抑或《再生砖》中埋藏在再生砖中的人类灵魂，其意义都超越了现实思考，走进更为宏大的哲学尺度，思考人类生命与历史的意义以及存在的真实性等问题。因此，韩松小说中的社会现实可以理解为小说的“打火石”，成为读者思考的起点。

韩松的写作被一些评论者称为先锋性写作，或者说进入了纯文学的领域。这种论述的弊病在于将科幻小说与纯文学对立起来。科幻文学的意义主要在其娱乐性（或实用性），而文学性低——曾经流行的这种观点已经被三四十年的创作实践所否定。更为开放的理解是韩松的小说突破了科幻文学类型的“惯例”——虽然惯例也是在变动中，但韩松的文体创新密度远远大于其他同时代的中国科幻小说。他的小说不是传统意义上的科幻小说，而是带有科幻、哲思、鬼故事、暴力和荒诞因素的综合体，将之定义为科幻小说是小说家自己的选择，也是读者和评论界普遍认可的选择，这意味着科幻文学的疆域大大扩展，文体变得多样，在文学形式上更具备探索精神，成为表达更为深刻的思考的媒介。

韩松对科幻小说文体的贡献一方面是在思考的深刻性上，另一方面则体现在修辞方式上，这是科幻小说家族中许多作品忽略之处。刻意制造的神秘、诡异、不情愿的叙事与令人不适的暴力等特征使得读者阅读韩松小

① 既有研究在谈到韩松科幻小说时，使用过“民族寓言”的概念。参见：飞氘．总导读：韩松的“鬼魅中国”［M］//韩松．再生砖．上海：上海人民出版社，2015.

说时具有一种涩感，这种涩感是“陌生化”的一种极致形式，成为作家的标志性风格特征。韩松的科幻小说创作不可复制，但其风格化的探索必定将影响到后来的科幻作家。

第三节　互文性科幻写作

由于科幻小说通常讲述科学技术相关故事，并且具有强幻想性，其设想的世界一般来说和实际生活有着较大的距离，这也就决定了故事有着非常明显的虚构性。但是近年来许多科幻小说作家尝试将自身生活的一些侧面写入情节，现实人生与想象融合在一起，亦真亦幻，赋予科幻想象一种极具趣味性的张力。

在虚构故事中插入真实元素，这种结合往往能产生阅读趣味性。何夕的一些小说就有这样的例子：它们大多以同名的“何夕”为主人公，似乎这位“何夕”在不同的“平行宇宙”中经历了若干不同的人生。在何夕笔下的“何夕”们展开的是非常不同的人生，有时他是具有才华而执拗的数学家，有时他是富有正义感的脑神经科学家，有时他是失去身份标识的普通人……这些主人公只是使用了何夕的名字，或许在经历的情节中有作者本人的影子，但并未分享何夕本人作为一位科幻作家的社会身份。然而有一类作品，作家在某种程度上以自己的真实身份进入小说，成为主角，具有一定的互文性。本节以吴岩的《打印一个新地球》和宝树的《我们的科幻世界》为文本，讨论其对科幻文学文体的意义。

一、学院派作家的心声：《打印一个新地球》

在很大程度上，科幻作家吴岩常常是作为科幻研究者出现在公众视野中的。早年就开始科幻创作的吴岩一直执教于高校，一边教学一边创作。他开设科幻研究和创作课，培育了一批科幻文学研究、创作方面的人才并进行科幻研究，发表了中国科幻文学研究领域中一些具有奠定性的重要成果。近年来，他承担了科幻理论研究、产业发展方面的课题，担任重要科幻奖项的评委，在中外科幻领域交流方面亦做出许多贡献，称得上是中国科幻文学界不可缺少的灵魂人物之一。出于本研究的目的，此处仅就吴岩的小说《打印一个新地球》进行讨论，但由于小说互文性的特点，后文对作者的个人背景还要再次简要提到。

《打印一个新地球》发表于 2013 年。故事的关键点，也即“新奇性”（novelty）已经在标题中得到了透露，即通过 3D 打印技术，重建一个新的地球。具体来说，小说中设想了一个 3D 无源打印系统，借助这个系统，可以用宇宙中源源不断的物质制造出一个全新的地球。这样做的好处是可以解决现有世界中许多无法解决的资源分配难题，实现合理的规划，开启新的人类生活。3D 打印是时代的科技热点，以此为核心进行新奇性创作并不稀奇。不过，新颖的科技设想虽然是科幻小说的核心组成部分之一，但并不是必要的因素；科幻小说的重点，正是在科技设想背后的东西。这篇小说值得研究的是，在一个几乎与现实同步的设定之中，如何通过科技设想，揭示现实生活中存在的问题及可能的解决路径。

小说是以“我”——一位大学教师——和北京一个不出名的高校的副校长高士兵之间的对话组织而成的。对作者稍有了解的读者都可以看出，“我”——也就是“吴老师”和作为作者的吴岩具有人物设定上的重合之处。甚至可以肯定，作者就是在自己的生活经历基础上展开想象而创作小说的。小说中的“吴老师”曾在管理学院教授教育领导学，但后来没有提到他去做什么了。不过，参考实际生活中的吴岩的经历，他确实在管理学院担任过很长时间的教师，后来调入文学院专门进行科幻文学的研究。在多年的专业研究和高等教育工作实践中，作者必定有许多对于大学教育管理的感受，不管落实于文本中的观点与作者本人的观点有无重合、有多大程度的重合，对这种感受的尊重和理解都构成读者阅读时的背景信息。这种作者自身经历与文学文本之间的互文性，使读者在阅读中形成了一种“真实感”，这种真实感随后在阅读中与情节相结合，增强读者对小说所提到的现实问题的同情性理解。不过，这种真实感必须得在对作者有一定了解的读者身上才可以产生，如果读者对作者的身份背景不熟悉，也没有特别去了解，则不会产生这种效果。从这一点来看，《打印一个新地球》可以作为互文性科幻写作的一个例子。

贾立元对这篇小说点评说：“这个故事完全通过一场对话（主要是单方面的讲述）交代出来，尽管存在着文学形态方面的明显缺陷，但仍然营造了较强的悬念，这主要是源于观念上的冲击力。”① 关于故事讲述上的弱点，这一点评是合理的。故事主体是由高校长讲述的，吴老师只是作为一个倾听者，没有对故事情节的推进给予太多的助益。不过，关于小说的结构还是可以做一番分析。

小说故事发生在寒冷的初春夜晚，北京雾霾浓重，一个电话将“我”从家里叫出来，去上岛咖啡和多年前受邀讲课认识的一个高校的副校长见面谈话。而在小说结尾，副校长讲完了故事，匆匆离去，“我”则在雾霾可能消散的想象中久久回味。这是故事的框架。故事的主要内容是两人之间的谈话——主要是高校长讲，吴老师听；谈话的内容则是关于国家启动集中资金培育重点高校的计划之后，弱势高校为了维持生存，集中资源培育优势学科，企图自救的过程。

简而言之，15 年前，这所高校的领导设法让“我”无意间透露了一些关于重点高校发展计划的信息。根据这些信息，他们感觉只能依靠自己的力量，集中资源发展一两个优势学科，办出教育特色，“做成世界上唯一的、其他院校不可替代的学院”，才能在大浪淘沙的竞争中保持生存。在这 15 年中，他们利用学校数学、马克思主义哲学、工程等方面的研究人才，

① 贾立元．点评［M］//吴岩．2013 年度中国最佳科幻小说集．成都：四川人民出版社，2014：31.

通过惊人的跨学科合作，研发出3D无源打印技术，可以凭空创造出任何物体。出于解决环境生态问题的目的，这所学校的科研队伍设想打印出一个新的北京，乃至一个新的地球，将资源更加合理地组织起来，将地球上的人们原封不动地搬迁过去。这所学校发生的变化使得它占据了科研制高点，但也引起了其他单位的警惕。经调查，学校在操作上有诸多违规之处，领导班子面临被解散和制裁的困境。

小说中的高校长讲完这些便匆匆离去，吴老师作为毫无实权的小人物，只能暗自叹息。在被处理的前夜，高校长找到吴老师所做的这一系列陈述所达到的效果最多不过是多一个人知道和见证这个创新的过程，给吴老师增加一个教育管理方面的案例而已。小说的主体情节在这里戛然而止。从通常意义上来理解，这个创新是彻底失败了，不是因为技术上不能成功，而是因为打破了学术人际关系和组织关系中的某种平衡。并且如高校长所说，“一旦我们学校建制被撤销，必定有一些人会编造谎言把这所学校所做的一切都涂抹上黑色。对我个人来说这些都无所谓，但我们在教育管理领域所做出的这些尝试，将被彻底抹杀。这一点我觉得最不能忍受”，这个失败令人感到沉重。

不过，在一切结束之前还留有一丝希望：“直觉告诉我，高校长所说的打印地球的计划已经启动。五十年之后，我们都将离开这里。我们将站在一颗新的星球上回望历史的天空！”从文本中看，这一猜测并无实据，高校长的讲述中并没有透露出计划已经在实施的信息。因此这个结局可以从两个方面去理解：一是这种直觉只是表达了小说中吴老师的希望，是他作为教师对科技创新和制度创新引起世界变革的希望，或者是某种自我安慰；二是叙事者超越了自己的有限视角，试图从全能视角来讲述故事，透露后续情节发展。

一位沉浸于情节发展的读者恐怕会倾向从后一角度来理解，虽然这在小说写作上似乎有点违反常规。不过，结合对前文的分析，这一角度是可以解释的。实际上，小说的开头有两个叙事声音。二者之间的联系密切，宜一起读。首先是一个第二人称的声音："深冷的夜晚。你蜷缩在被窝中，不想做任何事情。除非，紧张而急促的电话铃声把你吵醒。"然后，这个第二人称的声音被一个第一人称的声音所取代，也就是吴老师的声音："我不太喜欢夜间接任何工作上的电话，特别是在北京初暖还寒的春天……"如果说后面这个第一人称讲述的故事很自然的话（全文是以这个第一人称的视角展开讲述的），那么第二人称的讲述是值得关注的。"你"是谁？是吴老师。那么谁会对吴老师称"你"，还对他的喜好，或者说一般人的喜好，做出总结性的概括？有两种可能性：一是这是吴老师在给第三人讲故事，将自己的经历套入听者身上，使其产生身临其境之感；但是，更为合理的第二种解释是，存在一个全能的叙事者，他从全局的视角俯视着整个故事，俯视着吴老师的讲述。以此来看，结尾处吴老师的直觉便可以合理地解释为事实，因为在此刻，第一人称和第二人称的两个叙事者结合在了一起。

在某种意义上，小说对郑文光的《地球的镜像》形成了遥远的回应。发表于1980年的科幻小说《地球的镜像》中讲述了一个完全是地球的反面的"乌伊齐德星球"，虽然自然条件与地球相似，但是没有地球上的杀戮、残害、战争。不仅如此，乌伊齐德星人还因地球上发生过的黑暗历史事件而对地球人敬而远之。在地球人来到乌伊齐德星球时，该星人躲避开来，只向地球来访者回放了秦始皇焚书坑儒、"文革"等历史暴力事件。而《打印一个新地球》的末尾则告诉读者，"五十年之后，我们都将离开这里。我们将站在一颗新的星球上回望历史的天空！"《地球的镜像》的讽刺意味相当浓厚，《打印一个新地球》则较少这种感觉，更多地显现出一种沉重感。但是，两篇小说在内在精神上有一致性，即对本土历史和现实中存在的问题进行反思。在科幻创意上，这种一致性体现得更为明显——两篇小说中的"两个地球"都是一个带有多年积累的天灾人祸的沉疴，一个则青山绿水、希望常在。

此处提出这种精神一致性，并非强调《打印一个新地球》的科幻创意有更早的来源，而是意在强调中国科幻小说多年来形成的内在精神、外在主题和思维方式上的一种传统，即对社会问题的切近反映，与对历史（包括刚刚过去的历史）的深刻反思。这种强烈关怀现实的小说始终是中国科幻小说中重要的一种。套用学术研究的术语，它们的“问题意识”很强。除此之外，还往往提出关于解决方式的想法。如果《地球的镜像》呼唤一个和平、自由、平等的世界，那么在《打印一个新地球》中，所建议的解决方式虽然看上去是无源3D打印，但根本上则是对改革和创新型实践提供更多的包容和自由空间，对资源分配更多地讲求平等和实效。可以说，最终解决问题的并不是高校长的学校所做出的创新，而是他们在一个小的平等、创新的环境中所创造和实践的科研制度——一切为了研究，为了教学，为了人类社会的平衡和人类自身的全面发展。

“雾霾”在小说中作为一个形象的隐喻出现。在开头吴老师不愿走出家门，原因不仅是晚上并非工作时间、北京的春天天气寒冷，更重要的是雾霾严重。在现实生活中，这种由于人类行为导致的异常天气给人体带来的伤害虽然不能准确得知，但是已经得到普遍的认识。而小说最后，高校长走后，雾霾仍然没有消散，但是天气预报中所说的24小时后将有大风，预示着高校长的学校所研制的无源3D打印技术将给地球带来新的机会。实际上，研发这项技术的初衷确实也是为了解决存在已久的环境污染问题，包括雾霾问题。这样就形成了一个隐喻的闭环，以问题产生开始，以问题得到解决的希望为结束。

有一点需要强调，这个解决的希望并非是无源3D打印技术本身，而是产生这项技术的、由高校长带领的学校顶住压力创建的小小学术研究乌托邦。根据鲁思·列维塔斯（Ruth Levitas）的看法，乌托邦最根本的要素是欲望，它是“对欲望的教育”“对更好的生活的欲求之表达”。乌托邦既可以是现实的，也可以是不现实的；即使没有给出可供直接达成的实践路径，乌托邦也可以提供给我们参考，因为无论是何种乌托邦，都能使我们“了解生活在某些状况下的经验，只要我们去想想这些状况下产生了怎样的不能满足的欲望”①。乌托邦的现实意义正在于此：表达出来的社会形态、制度设计等要么可想而可达到，要么可想而不可达到，但不论如何，所反映的是现实社会中真实存在的问题。

如果说高校长所讲述的师生各自发挥所长、以兴趣和学识为引导的科研和教学活动，以及由此带来的研究、实践上的进步，乃至作为“副作用”而产生的学生精神面貌、审美水平的提升，是一种可期待的未来乌托邦的话，那么高校长的被调查（很可能会是被捕）与吴老师的无奈则反映了教育和研究系统中现存的诸多需要改变之处。在反思现实这一点上，《打印一个新地球》和《地球的镜像》一脉相承，但是对比像《小灵通漫游未来》这样乐观主义的作品，前者是在构想理想社会的基础上加入了一个反思的维度，因而显现出了更为深刻的内涵意义。

吴岩在创作感言中写道：“自从 2003 年我在文学院招收科幻文学方向的硕士生之后，再没写过哪怕一个短篇故事。这几年虽然集中精力于科幻文学的理论研究和学科体系建设，但无一日不期待重返创作队伍。《打印一个新地球》是十年后的首次动笔……”②

这段自述文字点出了研究与创作之间的张力：这两者似乎有一种互斥的力量。研究对创作的抑制一方面体现在对时间的占据：对于一个学院派作家来说，研究工作艰苦，占据了大量的时间，因此创作的时间相对就少。另一方面体现在写作思路的限制。与创作相对的中文系的研究性教育，强调的是文学史和批评教育。正如陈平原所说：“‘文学史’作为一种知识体系，在表达民族意识、凝聚民族精神，以及吸取异文化、融入‘世界文学’

① LEVITAS R. The concept of utopia [M]. Syracuse, NY: Syracuse University Press, 1990: 7.

② 吴岩. 2013 年度中国最佳科幻小说集 [M]. 成都：四川人民出版社，2014：1.

进程方面，曾发挥巨大作用。至于本国文学精华的表彰以及文学技法的承传，反而不是其最重要的功能。”① 文学史或其他类型的文学研究，与文学创作关心的内容有许多不同之处。习惯了与文学史有关的研究性话语，在切换到创作时一般来说要经历比他人更多的困难。

正如“中文系不培养作家”的争论所显示出的，高校中文系长期以来对文学创作持一种疏离的态度。② 不过近年来，创意写作作为一门新兴的学科已经在许多高校中发展。③ 复旦大学、北京大学等大学的中文系开设了创意写作专业，中国人民大学等学校邀请著名作家驻校进行教学。在这方面，中国的大学逐渐和国际接轨。不过开设写作专业并不仅仅是一个与国际接轨的行为，更是为传承中国文学的精神和技巧提供了一个正式的依托。研究很重要，创作亦重要。

吴岩本人在这方面也做了很多工作，比如知名科幻作家星河、飞氘，少儿科幻作家杨鹏，都是他的学生。他的这一努力集中于科幻文学方面。吴岩此前在北师大主持科幻教育基地，现在在南方科技大学主持科学与想象力研究中心工作，其中都包括科幻创作方面的教学工作。对于科幻创作

---

① 陈平原．今天怎样“教文学”[J]．成才之路，2009（12）：92.

② “中文系不培养作家”，这句话西南联合大学时期的罗常培就说过。后来北京大学中文系前主任杨晦重申了这句话，成为著名语。参见：詹冬华．杨晦评传［M］．合肥：黄山书社，2016：146．詹著中记录，杨晦对学生说这话是在1954年。另据周思源回忆，复旦大学中文系前系主任朱东润也在1957年说过一样的话。参见：周思源．中国文化史论纲［M］．福州：海峡文艺出版社，2014：239．可见，大学中文系不培养作家，而培养学术研究人才，这在具有传统的中文系中得到了一定程度的共识。不过这种共识在近年来可以说已经被打破。关于中文系是否培养作家的争论，参见：吴爽．陈平原：北大中文系不培养诗人和作家［J］．教育家，2016（37）：32－35；罗文华，周怀宗．高校中文系为什么不能培养作家［J］．人民文摘，2014（4）：35；高宏洲．高校文学院应当承担起培养作家的责任［J］．天中学刊，2016（4）：136－139；姚国军．如何培养作家型人才：大学中文系学生创作能力培养研究与实践［J］．教育观察，2013（19）：43－47；曾军，邓婕婷，李维，等．高校写作人才培养及其相关问题：以上海大学为例［J］．云梦学刊，2016（3）：114－119.

③ 近年来，复旦、北大、北师大等高校陆续开设创意写作学位，人大、北师大等学校引进作家驻校教学。

是否可以传授，他的态度很明确，在多个场合指出在科幻界这早已不是一个问题：创作技巧当然可以传授，并且，专门学习过的人和没学习过的很不一样。正如这一观点显示的，比起放在中文系创意写作专业这一谱系中去看，科幻创意写作教育在中国的发展趋势也许放在世界科幻文学的语境里去理解更为合适，它体现着越来越密切的中外科幻界的联系和共通之处。在美国科幻界，有着几个长期活跃的创意写作培训营，如号角工作坊、奥德赛工作坊、阿尔法青少年工作坊等，都长期致力于培训科学幻想类写作人才。① 类似地，近年在中国也出现了这类针对科幻写作的专门培训，如《科幻世界》组织的培训，未来局组织的写作营，等等，形式多样，也确实培育出了优秀的作品和新人。纵观大文学类中的创意写作培训，还属科幻文学在这方面走得比较远。

值得强调的是，这些对科幻创意写作能力的培养往往和对科幻研究的扶植相结合起来，因此，基本上朝着研究和创作相结合的方向上走。如果说在传统的中文专业划分中仍然存在研究和创作之间明显的分野，那么在科幻文学这里，两者的距离则比较近。这突出地表现在近年来，许多年轻学院派科幻作家，比如飞氘、陈楸帆、夏笳、宝树、梁清散等，都在科幻创作之余做了不少科幻研究工作。正如吴岩所讲：虽然很多学位的要求是以学术研究为重，创作不能让学生毕业，但“你可以来从事研究的同时学习写作。你有三年的时间全面浸淫在科幻中，每天都要思考科幻的问题。这样的状态，对任何喜欢科幻的人都应该有吸引力。喜欢写作的人必定会写作。要当作家的人谁也挡不住”②。

科幻文学与学院的联系非常明显。很显然，绝大部分的中国科幻都是在经受过学院教育的作者手中产生的。科幻文学自身与科学技术的发展和

---

① 杨琼．美国科幻创作交流活动概况［J］．科普创作，2017（1）：67－71．

② 贾鹏．科幻文学博导吴岩：科幻课堂不是魔法学院［N］．新京报，2014－12－01（A19）．

前景密切相关，因此对写作者的知识水平、对科技文化的熟悉程度有一定的要求，这是一个共识。而随着中国社会平均教育水平的快速上升、文学形态的快速增加和拓展，近年来作家这个群体的平均教育水平也一直比较高，其中科幻作家的教育水平可以说是相对最高的群体之一。知名的科幻文学作者，在早期是徐念慈、吴趼人、梁启超等这样的跨越新旧知识体系的知识精英，后来开始科幻和科普写作的是顾均正、老舍、许地山、叶至善等接受新式教育的作家，再后来在 1949 年之后进行创作的郑文光、肖建亨、童恩正、王晓达、刘兴诗、魏雅华、叶永烈等，多为科学家、工程师背景，受过专业教育。20 世纪 80 年代至今，又涌现出了许多新的作者，其中有代表性的是刘慈欣、王晋康、韩松、星河、柳文扬、凌晨、何夕、江波、郑军等，更年轻的是飞氘、陈楸帆、夏笳、郝景芳、宝树、阿缺、糖匪、墨熊、万象峰年等。很多这些作家是从学生时代或者毕业不久的时间开始写作的，近年来，还有许多作者和高校的科幻社团关系密切。可以说，从历史角度讲，中国科幻文学本身就是“学院派”的。此处，我想指出并讨论中国科幻文学的一些与学院思想有关的特点，这些特点由其作者构成和科幻文学本身的特点所带来。

第一，知识分子对中国现实固有的关照——关心弱势群体、针对民族性进行探讨、针对社会问题提出发问。从较为早期荒江钓叟的《月球殖民地小说》、梁启超的《新中国未来记》，到老舍的《猫城记》、许地山的《铁鱼底腮》，到 1949 年后郑文光的《火星建设者》、童恩正的《古峡迷雾》，再到更近时期刘慈欣的《三体》、韩松的多部作品，等等，都展现了对社会问题的关怀。对于这个倾向，有的作者非常清楚地认同，比如叶永烈在 1980 年写道：“我们正在大踏步向四个现代化前进，而科学幻想小说是描绘未来的小说，它的活跃是时代的需要，反映了我国科学大发展的跃动着的脉搏。”① 叶永烈强调科幻小说的社会功用，将之作为科幻发生的必要动力。但有的作者则不太认同，比如，刘慈欣引用冈恩的定义，认为“非科幻小说是另有所指的，科幻小说则指向自己，科幻本身就是科幻的目的”，并表示自己的写作也是从科幻中来，到科幻中去。② 刘慈欣强调科幻作为小说本身的自足性，与社会现实未必有什么批评或赞扬的直接关系，但这只能说明作家自身的创作自觉性，在对作品进行阅读之下，还是能够看出其与社会生活的密切联系。这种密切联系的来源至少有三处：其一，社会生活作为写作动机的来源与写作材料的来源，通过各种直接和间接的方式影响了科幻文学的创作；其二，中国文学的现实主义传统；其三，作为中国科幻文学精神传统的社会关怀的延续。这些或多或少地影响了作者的创作，体现在中国科幻文学的文本之中。

第二，知识分子对于困扰着人类的共同问题的思考。这一点在科幻文学上体现得更深，因为科幻文学处理的科学技术相关问题，如环境问题、伦理问题、技术中心主义问题等，常常是与人类命运相关联的。吴岩将刘慈欣的创作称为“古典主义科幻”，而刘慈欣则在描述当前科幻文学的转型时提出，以前的（也就是他的“古典的”）科幻文学是将人类作为一个整体去讲述，而这一方法现在已经渐渐过时。③ “过时”可能是一个比较夸张的说法，但是确实有许多作品已经在故事主体方面开掘了其他的方式，比如较为“新派”的科幻文学作品常常用各种标准将人分成不同的群体，或者从个体的角度进入故事。这种趋势在 20 世纪 80 年代的作品中就开始明显起来。如果说在 80 年代的科幻小说中，具体的人物还是面目模糊，带有群体特征的话，那么在近年的许多小说中，人物已经非常清晰，带有强烈的个性特征。也就是说，个体经验正在取代人类共同经验，个体叙事正在增加，

---

① 叶永烈．论科学文艺［M］．北京：科学普及出版社，1980：89.

②③ 刘慈欣．世界科幻文学正在面临深刻的变化，我写的科幻小说类型正在消失［Z］．中国科普作家协会公众号，2018－11－22.

而群体叙事正在减少。

回到对《打印一个新地球》的讨论。这篇小说获得了 2014 年全球华语科幻星云奖提名，虽然篇幅不长，也并未使用太多叙事技巧，但对本书的讨论很有意义。这篇小说的启示有两方面：一方面是科幻对于改造现实生活这一议题的想象能力。人类总是在创新和改造现有的世界，总是在负重前行。改造世界不仅需要对世界现状的认识，需要一定的生活经验和专业技能，还需要想象力的支撑。正在进行的高等教育改革，有可能在微观层面上，对学校、教师和学生、科研和教学乃至国家和人类产生怎样的影响？怎样的改变可以促成更好的高等教育？要回答这些问题，教育管理学的研究成果抵不上小说的直观和震撼人心，其中主要发挥作用的是想象能力。

另一方面是科幻文学与现实之间的距离问题。如果凡尔纳的游历性小说讲的是与普通人生活相距甚远的探险世界，关于刘慈欣空间世界的小说讲的是与现代日常生活相距甚远的后地球时代世界，那么《打印一个新地球》所代表的就是一种非常切近生活的科幻。

二、互文性的狂欢：《我们的科幻世界》

“80 后”科幻作家宝树近年来佳作频出，有《三体 ×》（2011）、《时间之墟》（2013）、《人人都爱查尔斯》（2014）等代表作。宝树的科幻创作始于对《三体》的续写，一开始是发表在新水木社区论坛上。当时是更接近于粉丝性质的游戏之作，但因对原著情节和逻辑的良好延续以及深刻的内在哲理而在读者中引起巨大反响。《三体 ×》出版后，宝树正式踏上了科幻写作之路。毕业于北京大学哲学专业、曾在欧洲求学的宝树文风常带戏谑，在设想科学技术与人类情感的微妙纠缠方面有独到之处，代表了“更新代”科幻作家学院派的一个方面特征。

宝树的中篇小说《我们的科幻世界》发表于 2019 年，是为《科幻世界》创刊 40 周年而作。作为科幻迷和科幻作者，宝树的这篇小说以自己人文，半真半假，带有谐谑之语，却讲述了一个非常感人的故事。小说的叙事者“宝舒”是一个青年科幻作家，小有名气但是并不大红大紫，在因缘际会被高中母校请回去做校庆演讲之后，发现了高中时自己常去看科幻小说的书店老板的秘密。令人惊讶的是这个秘密与宝舒的命运紧密相关，甚至还关系到整个世界的现状。

小说开头似乎是真实的作者心声：“今年是《科幻世界》杂志创刊四十周年，编辑部约我写一篇纪念文章。应承之后，我才感到为难，不知道写些什么好。我是一个资深科幻迷，但出道当作者却很晚，2010 年之后，我才开始科幻写作，入行八九年，发表了若干毁誉参半的小说，出过几本销量平平的书，蒙读者和编辑不弃得过两次银河奖，创作之路走得普普通通，写出来想必读者也没什么兴趣看。”读起来像是回忆性纪念文章的开头。但这样符合宝树本人情况的纪实性自述在《科幻世界》主编“姚海君”（实际上主编的名字是姚海军）出场之后变得真假参半。后文中 1999 年《科幻世界》“记忆移植”专题和当年高考作文题目《假如记忆可以移植》的巧合在现实生活中曾为媒体和考生津津乐道，但“谢宝舒”考入“中关村文理学院”（网友对北京大学的戏称）而因院校合并才进入“燕京大学”的经历则因虚构与现实的张力产生了一种喜剧效果。小说的科幻构思在此处还没有展开，但在情绪上已经使读者期待一个似真非真的平行宇宙故事。接下来的情节中，作家受邀参加母校高中的校庆，遇到中学时常去的书店老板的女儿，得以揭开了一个沉积 20 年的秘密，一位为了实现梦想的“科幻世界”而牺牲自己的老科幻作家的形象，在调查中浮现出来。

小说中利用量子坍缩原理实现梦想的“梦之箱”是科幻作家沈星光的发明，他用这个装置实现了自己的科技发明追求，帮助女儿和谢宝舒实现了他们当时的梦想，并且以自己的生命为代价，让世界充满了科幻可能。小说中的这个科幻设想并没有特别强的新意，但其中涉及的许多内容具有充分的真实性，能唤起读者的共鸣。比如少年人阅读《科幻世界》，如同打开人生新大门的经历；世纪之交科幻与高考之间发生的偶然联系；对科幻作家和科幻作品的品评认识（这种来自少年的品评是带有合理的幼稚性的）；在“清除精神污染”运动中一些重要作家受到批判，乃至影响了整个创作生涯和人生轨迹，使后世读者和研究者无限唏嘘；等等。这些从现实中汲取灵感的情节使小说情节融入了科幻文学史，具备了唤起读者情绪的功能，成为一篇带有幽默感的怀旧感伤之作。

亦真亦幻的“元小说”感是作者特意营造的。为了郑重其事地指出文本并不是虚构，小说中的叙事者谢宝舒甚至在提供了较多对话细节之后，跳出来提醒读者这不是小说：“大概是职业病，不知不觉就讲成了小说。回到正题吧……”似乎下文讲述的是事实而非虚构，也无任何文学加工。但就小说文本而言，显然并非如此，这样，围绕着叙事者谢宝舒，就形成了一个半真半假的“科幻世界”，在很多细节上以宝树的经历和中国科幻史的事实为基础，但在关键情节和另外一些细节上则并非如此。文本中的多处线索，包括故意使用谐音的人名，如“宝舒”“姚海君”等，以及“燕京大学”等名字，都在产生诙谐效果的同时，提示着情节的虚构性。但这个叙事者又着意伪装成作家宝树，使得读者将叙事者和作者混淆一谈。比如在介绍沈星光时说自己“去年编了一本书《科幻中的中国历史》，序言里专门提到了沈星光对后人的启发”。宝树这篇题为《当科幻遇到历史》的序言简短地梳理了中国科幻文学中的历史幻想，评价了涉及的主要作家和作品，如张祖荣的《东游记》、刘兴诗的《雾中的传奇》、黄易的《寻秦记》等，具有文学史性质。① 假若沈星光确如小说中一样写出该领域重要的作品，他是应该出现在此处的。不过虚构人物当然不可能出现在该书的序言之中，前引的戏言只是增强情节的真实性，使小说具备回忆录的阅读感受。这样，小说中的情绪更容易感染读者，观点也更容易影响读者。

① 宝树．当科幻遇到历史［M］//宝树．科幻中的中国历史．北京：生活·读书·新知三联书店，2017：1－12.

《我们的科幻世界》发表后确实唤起了读者的情绪认同，许多读者表示符合当年的经历，还试图索隐出小说中涉及的一些人物的真实身份。“造梦机”是轻易可辨别的虚构情节，但许多其他虚构内容则达到了以假乱真的效果。

这种虚虚实实的效果并非只为产生幽默感和迷惑性，更多是因题材而起。《科幻世界》作为近 40 年中国科幻文学持续存在的最重要阵地，培养了大批科幻作家和收获了大量的科幻读者，承载着科幻界的许多回忆。在出版环境的变迁下，《科幻世界》（1979 年创刊时名为《科学文艺》）几经周折，在定位和编辑方针方面做了几次大的调整，是中国科幻文学在夹缝中求生存、寻求自我定位的领导者和见证人。它还参与世界科幻协会年会，在中国举办的世界科幻大会中扮演重要角色，对外部世界来说，它是了解中国科幻文学的途径。近 10 年来随着新媒体的发展，科幻文学的创作平台增多，热度升高，《科幻世界》在中国科幻文学版图中的地位有所降低，但它无疑还保持着权威的地位，反映着行业的水准，并且是几代人不可磨灭的记忆。《我们的科幻世界》正是从这个意义上肯定《科幻世界》的贡献和它对于文化记忆的重建。这是作为“80 后”作家的宝树通过一个渗透了个人经历和科幻文学史实的小说文本所达到的独特效果。

而沈星光作为一位被迫“隐居”的无名作者，在小说中也并未为大众所知，他的发明和贡献只是偶然被他的女儿沈淇和宝舒发现。现实生活中，真实的文学史中，在强大的时代偶然性面前，有多少“沈星光”们曾经被埋没呢？虚实交织的叙事留下了这样的问题。

无论是《打印一个新地球》还是《我们的科幻世界》，都使用真实生活素材，着意出入虚构和现实之间，达到与现实对话的目的，使读者产生阅读认同的感受。这不但由渗透文本中的现实因素达成，也与科幻文体本身的特点相关：由于科幻想象的存在，现实问题的深远影响被具体化、浪漫化、诗意化，汇入地球的未来和宇宙的星辰之中，使得情绪认同大大提升。在《打印一个新地球》中，一所名不见经传的小型高校很可能通过教学科研改革拯救地球的未来，实现人类迁居宇宙的可能；而在《我们的科幻世界》中，一个被迫隐居于县城书店中的科幻作家则以个人的执着研究改变了世界。将身边普通人的琐碎人生与宇宙想象相联结，这在许多科幻小说中已有表现，比如刘慈欣的《乡村教师》更多地代入作者本身信息，能比纯虚构作品达到更高的情绪感染程度。本节讨论的只是两个例子，许多其他小说也显示出这种特征，如梁清散的《济南的风筝》（2018），将作家本人对晚清史料的兴趣和考据过程写入小说，使科幻和历史悬疑结合在一起。

在非幻想文学（常被称为“纯文学”或“严肃文学”）中，作家个人信息的代入会产生有趣的不同效果。这与文本相应的文体有关，比如史铁生的《我与地坛》，虽然被一些读者和研究者认为是小说，① 但作者本人认为是散文，因此它主要被视为非虚构性写作。而王小波的《黄金时代》等小说，以现实生活为创作灵感，其虚构性就从未受到质疑。这种区分本身与接受者眼中的文体性质有关。这一做法看似创新，实际上在中国传统志怪文学中可以找到先例。如蒲松龄的《聊斋志异》中，许多故事假托为作者亲见或周围人亲历，同样营造非虚构的假象。

有趣的是，科幻文学虽然一直自然而然地被视为纯虚构性文体，甚至在历史上曾经因关注点脱离了科学幻想而转向现实生活遭受批评，但近年来其中的“现实主义”因素（对现实问题的关注）重新受到了重视。从早期到近年来的中国科幻小说中，对于国家、民族命运和时代潮流的关注实际上是一以贯之的。随着“科幻现实主义”提法的再次兴起，科幻小说已经可以以更直白的形式——让作者本人参与情节——来将现实和幻想融为一体，从而对现实生活发言。从幻想到现实，现实到幻想，出入于两个世界间的自由是科幻小说具备的独特文体优势，“互文性”写作是这种优势的直接表现形式。

---

① 王彬彬．《我与地坛》的小说嫌疑［J］．小说评论，2003（4）：11－14．

第六章 | ◆

媒介形态与科幻文体转变

目前发现的最早的中国科幻小说是《月球殖民地小说》，作者荒江钓叟，1904 年发表于《月月小说》。荒江钓叟何许人也，现在并无确切的考证结果。正如《月月小说》这类通俗小说杂志上的许多其他作者一样，荒江钓叟凭借一个无从考证的笔名隐身于书页之中，成为历史中一个匿名之谜。但是根据我们对当时其他通俗小说作者的了解，也许可以对他的身份加以猜测：一个接受过传统教育的旧式文人，但尚未考取功名——事实上一年后中国的科举考试即将被清政府取消——迫于生计，在商业出版日益繁荣的 20 世纪初，他尝试拿起笔连载章回体小说。《月球殖民地小说》连载 35 回，但并未完成。作者真正的故事还根本没有展开。

叶永烈认为，作者可能穷困潦倒，疾病缠身，以至于未能完成小说。① 这是一种合理的猜测，但具体的原因我们不得而知。不过，完不成小说连

① 叶永烈．1904，中国科幻小说闪光的起点［J］．世界科幻博览，2005（1）：4－6.

载在晚清时期并不是个例，著名的如梁启超，有《新中国未来记》等多部作品未写完。就梁的个例来说，兴趣转移肯定是一个主要原因，但对长篇小说的形式把握能力不足，恐怕也是一个因素。同样未写完的有萧然郁生的《乌托邦游记》，写到主人公乘坐有诸种高科技设施的飞艇，但未到达乌托邦本地，小说就戛然而止。《月球殖民地小说》完成的部分已有 13 万字，但还尚未进入情节主体。这可能显示了作者本身在展开小说构架时缺乏清晰的整体规划，或者有规划而没有足够将规划转换为实践的科学知识或叙事能力；更可能的是，对月球生活的想象实在困难。同期完成的其他科幻小说，比如《电世界》《新法螺先生谭》，在篇幅和规模上就小一些，适于操作，其中构想的小说世界，也不像未完成作品中的那样宏大新奇。

荒江钓叟未能完成的究竟是怎样一个故事，虽然没有办法获知，但有一些事实可以确定：其一，这个故事受到了凡尔纳《气球上的五星期》的影响。气球、探险、博学之士，这些主要故事因素都存在于两个文本之中。凡尔纳小说的影响之大，与当时中译西方著作并加以商业印刷的文化潮流密不可分。显然，作者是一位翻译小说的读者。其二，如当时的许多其他通俗小说作者相似，作者本身具有相当的文学素养，对白话章回小说的写法很熟悉。他对新旧文化都有所了解，书房内很可能同时堆放着明清白话小说和林纾的译著。

无论如何，是报纸、杂志连载的形式给了作者们“写不完”的自由：梁启超在《新小说》刊发《新中国未来记》，开首云：“余欲著此书，五年于兹矣，顾卒不能成一字。况年来身兼数役，日无寸暇，更安能以余力及此？顾确信此类之书，于中国前途，大有掉助，夙夜志此不衰。既念欲俟全书卒业，始公诸世，恐更阅数年，杀青无日，不如限以报章，用自鞭策，得寸得尺，聊胜于无。”梁启超的小说虽然没有写完，但是已经做好全书章节目录。不过就算写不完的书稿，也可以在杂志上连载，因为杂志本身就是分段出版，没有完结期，小说一旦写完，再行续刊即可——何况是写作计划还不周全的小说呢。

所以不管从实操性角度还是从商业化潮流的角度来考虑，科幻小说的产生都与现代独特的媒体环境密不可分。无论是出于教育民众的愿景，还是出于娱乐大众的商业化目的，科幻小说最终是要通过文字魅力吸引读者，而不是借助于其他办法——比如政府或同人的支持。这样它在商业化印刷的时代才有可能发展繁茂，与新兴的报纸、杂志等共享读者。

在 20 世纪三四十年代，被称为科学小说的作品多发表在科学教育杂志上，已经呈现出偏向青少年读者的倾向，比如《科学趣味》《中学生》《科学世界》等。科学小说并不是这类刊物的最重要组成部分，普及科学知识的短文和其他教育类内容占据了最大的篇幅。作为对教育内容的补充，科学小说为刊物增加了可读性和趣味性，其目的与期刊的目的相符合：以各种形式，将知识与价值观传达给读者。比如《科学世界》于 1932 年第 9 期发表筱竹的《冰尸冷梦记》，以冷冻人体为知识点，同期“科学纪新”栏目则介绍了“冰冻活尸之复活”相关的研究成果——作者同样是身为《科学世界》主编的筱竹（高行健）。还有虽然在原创性上遭到质疑，但顾均正的《伦敦奇疫》《和平的梦》等小说带有科学公式和说明图，本意在于增强科学教育的效果。

由于符合国家与社会的期待，上述这一面向青少年的科普、教育倾向在 1949 年以后得到了出版管理机构和出版机构的支持。通过编辑出版方针的鼓励，科学幻想小说得到了发表机会，这类作品的作者也得到了施展才华的空间。叶至善在这一时期的创作可以视为一个典型的例子：在写出对行业具有一定示范作用的重要作品后，一旦发现在重复写作套路，就停止此类小说的创作，转而实验其他文体形式。叶至善并不只是科学幻想小说家，他的创作中更多的是编辑相关内容、诗歌、科普和儿童文学等。他希望通过写作科学幻想小说所达到的目标是对行业起到示范作用。

一个有趣的现象是不少科学教育类期刊或出版社编辑纷纷投入这类符

合编辑方针的科学幻想小说的创作，如上文提到的筱竹、顾均正、叶至善等，而他们的创作实践，尤其是1949年后的创作实践，确实影响和带动了一系列的作者。编辑是出版行业选题倾向的直接执行人，即媒体文化的直接塑造人。在当时的媒体和出版环境下，作者对编辑支持的仰赖程度很高。这一时期，编辑以创作和其他形式（比如对作者的指导和建议）起到的示范作用值得作者注意。

在20世纪六七十年代停滞了的科幻小说在1978年之后又焕发了生机。尤其是，科幻小说进入了主流文学期刊，长篇单行本也获得了极大的成功——童恩正的《珊瑚岛上的死光》成为《人民文学》重点推出的小说；叶永烈的《小灵通漫游未来》的发行量史无前例；童恩正的考古题材科幻小说也多次重印。《珊瑚岛上的死光》在当时读者中影响非常大，它是在《人民文学》倾向科幻小说推介的条件下被刊用的，后拍成电影，带动了反特文学的流行潮流。叶永烈的小说完成于60年代，在将近20年后，应少年儿童出版社编辑之邀修改面世。主流文学界的接纳和儿童文学界的积极推介使得科幻文学的影响在这个阶段迅速提高，而文学期刊和儿童文学书籍是科幻文学最强的阵地。

在这些阵地中，后来成长为中国最重要的科幻文学发表空间的期刊是《科幻世界》。它成立于1979年，创刊时名为《科学文艺》，是科普类期刊——这从它的名称就可以直观地看出。它的办刊宗旨是“以科学文艺的形式普及科学知识”，因此涵盖的文体有科学家传记、报告文学、科幻小说、科技电影剧本、科学童话、科学诗歌、科普散文、科普小品、科学考察记等。《科学文艺》创刊在1978年全国科学大会召开之后，可谓正当其时，内容也吸引了大量的青少年读者。在1980年的鼎盛时期，发行量达到了20万册。

在“清污运动”之后，科幻小说的发展陷入了停滞。主流期刊给予科幻小说的关注告一段落，科普内容也受到了极大的影响。当年同为科普期刊且发行量较高的“四刊一报”（成都的《科学文艺》、北京的《科幻海洋》、天津的《智慧树》、黑龙江的《科学时代》和《科幻小说报》），以及其他的刊物和报纸都停刊或转向，只有《科学文艺》坚持了下来。

《科学文艺》的坚持发展得益于灵活的管理体制。刊物的编辑部从属于四川省科学技术协会（科协），属事业单位，在科幻文学遇冷、刊物事业无以为继的时候，《科学文艺》从科协中以“自寻出路、自主经营、自行组阁、自负盈亏”的方式半脱离出来经营，成为一个独特的存在。① 而在当时的情况下，继续以科幻文学和科普内容为主是无法维持刊物生存的，所以编辑部陆续编辑出版了一些儿童图书，甚至有一些成为全国性的畅销书，如《晚安365故事》等。但主攻科幻小说方向是《科学文艺》编辑部对未来的计划，所以在解决财政危机后还是回到以办刊物为主的路上来。②

不过科幻刊物仍然在经历生存危机。除了财政危机之外，1988年，此前还在勉力支撑的《智慧树》也停刊了。这无疑给了《科学文艺》巨大的压力。1989年，为了改善刊物销量，《科学文艺》改名《奇谈》，以“和科学有关的标新立异”为卖点，注重以奇谈怪论吸引眼球。但过度市场化的结果是饱受各界诟病，于是在1991年再次更名为《科幻世界》。这次更名也明确了刊物的定位为科幻文学刊物，明确了发展方向。③ 自此，中国科幻界一个重要的发表平台开始稳定发展。1986年，为了拓宽稿件来源，《科幻世界》联合天津《智慧树》开始举办中国科幻银河奖征文，设立了中国科幻界最重要的奖项。1991年，《科幻世界》在成都承办了世界科幻协会（World Science Fiction，WSF）年会，1997年又参与北京世界科幻大会筹办，成为中国科幻界举足轻重的组织力量。

1992年，《科幻世界》根据调研对内容进行改版，将读者对象定位于初中

---

① 杨潇．当仁不让，天道酬勤［M］//侯大伟，杨枫．追梦人：四川科幻口述史．成都：四川人民出版社，2017：4.

② 杨潇．当仁不让，天道酬勤［M］//侯大伟，杨枫．追梦人：四川科幻口述史．成都：四川人民出版社，2017：6－7.

③ 杨潇．当仁不让，天道酬勤［M］//侯大伟，杨枫．追梦人：四川科幻口述史．成都：四川人民出版社，2017：12－14.

生，增加漫画等新形式，挽救了当时征订不足的形势。在找准定位之后，又恰逢中国的改革开放程度进一步提高，“清污运动”的影响基本消散，社会和文化界对科技文化日益重视，《科幻世界》终于开始稳定健康地发展。正如宝树的《我们的科幻世界》中所写到的，《科幻世界》在 1999 年发表的内容与当年的高考作文题有所重合，因此引起了又一番订阅热潮。在 2000 年以前，《科幻世界》几乎成为中短篇科幻小说唯一的发表渠道，也因此极大地影响了中国科幻文学的形制状态。刘慈欣、王晋康、韩松、何夕等“新生代”科幻作家都在《科幻世界》发表了写作生涯中早期的作品，更新的作家则一方面在《科幻世界》的滋养下长大，另一方面以《科幻世界》为发表作品的平台。

也正是由于《科幻世界》的巨大影响，20 世纪八九十年代直至 21 世纪之交这段时间，中国科幻小说的重要作品以中短篇为主，定位读者也主要是中学生水平以上的青年人群。举例来说，1982 年，韩松中学时在《红岩少年报》发表处女作《熊猫宇宇》，这是他的科幻创作试水习作。1987 年后他开始稳定地创作和发表科幻短篇小说，这时的发表平台就是《科学文艺》。当年他在《科学文艺》发表《第一句话》《青春的跌宕》，次年又发表《超越现实》和《天道》。到了 1991 年写出《宇宙墓碑》，不过这一篇发表于台湾的《幻象》杂志并获奖。何夕（本名何宏伟）早期主要在《科幻世界》发表作品。1991 年在《科幻世界》发表处女作《一夜疯狂》，次年发表《光恋》并获得银河奖，此后又陆续在这本刊物上发表中短篇小说《电脑魔王》《漏洞里的枪声》《平行》等，多次获得银河奖，成为专业作家。王晋康于 1993 年在《科幻世界》发表《亚当回归》，在当年获得银河奖，此后保持了较高的创作热情，陆续在期刊上发表了《科学狂人之死》《黑匣子里的爱情》《魔鬼梦幻》《天火》等多篇中短篇小说。刘慈欣于 1999 年在《科幻世界》发表《鲸歌》，开始科幻写作历程，同年又发表《微观尽头》《宇宙坍缩》《带上她的眼睛》，并凭《带上她的眼睛》获得银河奖。刘慈欣早期的其他重要作品如《地火》《流浪地球》《乡村教师》

《微纪元》《全频带阻塞干扰》等，都发表于《科幻世界》，产生了巨大影响并获得雨果奖的《三体》，也是最先在《科幻世界》连载的。

历数这一时期中国科幻文学的重要代表作家和代表作品，几乎都以中短篇为主。这些小说普遍适应杂志的中短篇小说要求，含有一两个核心科幻创意（比如《流浪地球》中太阳毁灭、地球利用发动机逃离太阳系），叙述一个科幻事件（比如《带上她的眼睛》中的女孩被困在地下的缘起和结局），以集中的人物讲述集中的故事。

一、新的可能性的敞开与科幻文体形态的变化

在《科幻世界》一枝独秀的年代里，要在科幻领域崭露头角，一个作者几乎必须经过向《科幻世界》（及其前身《科学文艺》《奇谈》，当然《奇谈》时期较短，而且这一时期的刊物定位比较受人诟病）投稿并通过这一考验。但在新世纪，媒体环境提供了大量新的路径。

在世纪之交到近年来的这段时间里，随着科幻小说的热度逐渐升高，许多科幻文学期刊创办，各种机构设置的科幻文学奖项越来越多，科幻文学的发表又有了新的平台。新科幻杂志包括1994年创刊的《科幻大王》（后改名《新科幻》，已于2014年停刊），2016年创刊的《科幻Cube》（后改名《科幻立方》），2018年创刊的《银河边缘》，等等。《科幻世界》则细分成主刊、《科幻世界·少年版》、《科幻世界·译文版》、《科幻世界画刊》等，以此适应不同的阅读群体和需要。中长篇科幻小说越来越得到出版社青睐，2019年，中长篇科幻小说单行本的发表数量已将近百部，中短篇小说集也有多部。① 科幻内容的图画书、漫画等新形式也繁荣发展着。

此外，新创许多科幻小说奖项，除了已经成为传统的银河奖之外，还有科学与幻想成长基金支持的"晨星奖"、重庆出版集团支持的"未来大师奖"、

---

① 吴岩，陈玲. 中国科幻发展年鉴2020［M］. 北京：中国科学技术出版社，2020：3，9，17.

北京市科学技术协会主办"蝌蚪五线谱"网站举办的"光年奖"、全球华语科幻星云奖、京东图书科幻奖、"未来局"举办的"引力奖"、企鹅科幻举办的"水滴奖"、豆瓣网举办的"豆瓣科幻奖"，等等。此外，一些单位和出版机构等发起了影响较大的科幻文学征文活动，包括大连出版社的"大白鲸奖"、青海省冷湖镇和八光分文化发起的"冷湖奖"等。一些优秀的科幻作者从评奖中出道，给中国科幻文学版图带来了新的气象。这些评奖活动要求文体、内容多元化，有的在长度上有不同要求，有的在内容元素上有专门要求，如"冷湖奖"要求小说背景设定在青海冷湖，"大白鲸奖"要求针对少年儿童等。评奖活动催生的一批优秀小说大大丰富了原有的科幻文学样式。

在世纪之交兴起的网络文学中有科幻小说的一席之地。随着网络空间作为发表渠道的快速发展，文学的形态发生了巨大的改变。传统纸媒出版和征文竞赛等不同的发表渠道，都有出版机构和承办主体作为小说的把关人，因而发表门槛较高，但网络文学则把这个门槛大大降低。网络文学有自己的发展态势，出现了许多新兴文体和类别，比如玄幻、修真、穿越、种田等，但是科幻仍是网络文学中的组成部分之一。不同于纸质出版物中的科幻小说，作为与奇幻、玄幻并列的文体，典型的网络科幻小说常常也带有奇幻、玄幻和其他因素，这符合网络小说文体杂糅的特征。

在起点中文网，科幻小说的几个主要类别分为古武机甲、未来世界、星际文明、超级科技、时空穿梭、进化变异、末世危机等，新作只要包含这些因素中的一个或多个，就可以被科幻小说类别收录。比如著名网络作家我吃西红柿的《吞噬星空》（2010—2012），一般被划分为东方科幻，设定于远未来世界，经过灾难和物种变异后，武力格斗对于人类格外重要。这部小说带有一定的科幻因素，并且将玄幻、武侠等文体结合在一起。再如远瞳的《异常生物见闻录》（2014—2018）和晨星 LL 的《学霸的黑科技系统》（2018—2020），将带有科幻因素的设定——时空穿梭、智慧生物、超级科技系统——和轻小说结合在一起。

学术界在讨论科幻小说时往往跳过网络科幻小说这一部分，对这部分小说的研究一般包含在对网络文学的专项研究之中。这与网络小说的杂糅性质相关，许多人因此认为网络科幻小说根本“不是科幻小说”，其判断标准是已形成的科幻小说文体传统。但是，即便不如“主流”科幻小说一般遵循科学规律和叙事传统，带有其他文体的特征，网络科幻小说的“科幻性”仍然值得讨论和认真对待。在网络文学蓬勃发展的时代，谈论网络科幻小说对于科幻小说文体总体形态的增益，并非是一个无意义的课题。不过由于研究规模的限制，在此只能先提出这个问题。

上文讨论的只是狭义的网络科幻小说，即以“科幻小说”为标签发表在网络文学平台上的小说。网络作为媒介，提供给科幻文学的并不仅是特定的一类文学文本，也是一个相对更为宽松的发表渠道，容许一些具有创新性的作品出现。比如最初只是作为同人小说的《三体×》和后来的《虚纪元》等，连载于水木社区；郝景芳后来获得雨果奖的《北京折叠》也最初发表于水木社区；韩松的《美女狩猎指南》发表于网络；等等。更有大量小说只发表于网络，不见于传统媒体。首发或仅发表于网络、不以盈利为目的的小说，有的是因内容、形式或其他问题不适合传统出版，有的是作者出于兴趣在网络上创作，原因不一而足，但共同之处是，网络小说在内容与形制方面具有独特之处，因而形成一种新媒体下的新文学图景。

近年来兴起的 IP（intellectual property，知识产权）交易①对科幻文学亦有一定的影响。IP 交易的一个主要目的是从纸媒作品中发掘改编成电影、电视剧、游戏等形式的资源，在投资的催化下，利用传统出版行业的成果，在其他媒体形式中获得收益。2019 年，根据刘慈欣中篇小说《流浪地球》改编的同名电影上映，获得全球票房 46 亿人民币，并且获当年的金鸡奖最

---

① “IP 交易”是中国特有的说法，一般指的是跨媒体的知识产权产品交易，比如出售小说 IP，用于改编电影或制作游戏。IP 交易的目的一方面是使用原文本的人物、情节等，另一方面也是开发原文本的粉丝，以便改编作品能够在不做过多宣传的条件下直接获得一定数量的粉丝流量。因此，IP 交易的理想对象是已经有较高知名度的作品，以文字作品为多。

佳故事片奖以及多项国内电影奖项。这无疑给科幻小说的电影改编带来了美好前景的希望。舆论界多次谈到的“科幻电影元年”① 终于开启的同时，科幻小说 IP 的交易更为活跃。

这看似与科幻小说的创作本身无关，但在实践中，科幻小说的创作已经开始具有影视化的趋势。这种趋势有时候是作家自觉意识的产物。获光年奖、坐标奖等奖项的科幻作家尹洲曾在演讲中表示，在创作时考虑到影视化改编的需要，会着意营造小说的画面感。② 这在他的处女作《女神之心》（2013）中就有所显示：③ 从序幕到正文八个部分，都由富有画面感的环境或细节描写开篇，并且调动了视觉、听觉、嗅觉等多种感官的感受。尽管从影视编剧的角度，全文的几个场景并不必然符合改写成剧本的要求，也并不足够用于改编，但小说文本毕竟提供了可供参考的情节与画面。

这种画面感、场景感甚至视频效果的营造不单是一位作者的经验，更是当代科幻小说中常见的特质。这在 21 世纪新出现的作家作品中体现得更为充分。比如程婧波的中篇小说《宿主》（2019），文本的主体是 18 段“视频”，打破时序，用“视频”片段以插叙的形式讲述故事，其中的文字叙事部分非常少；陈楸帆的短篇小说《这一刻我们是快乐的》（2019），甚至直接采取了剧本的形式，在场景和人物对话为主体的文本中加入场景切换、画外音等导演和剪辑提示。

这种趋势的产生，一方面是作家自觉地为了后续的影视开发前景而做出改变和适应，另一方面也是全媒体科幻作品潜移默化影响的结果。飞氘的小说集《中国科幻大片》（2013）在风格上继承了鲁迅的《故事新编》，又进行了创新，对中国神话和传说进行重编，将中国历史和经典科幻电影元素进行拼贴。虽然小说集中涉及电影元素的只有《蝴蝶效应》一篇，且全集的文本

① 隗延章．追寻中国科幻电影“元年”［J/OL］．中国新闻周刊，2019－05－06．［2020－08－08］．http://www.inewsweek.cn/life/2019－05－06/5706.shtml.

② 尹洲在中国科协“作家影人共话科幻”研讨会上的发言，2014 年 7 月 6 日，北京。

③ 尹洲．女神之心［J］．科幻世界，2013（11）：28－48.

叙事并没有明显的影视化痕迹，但小说集的命名吐露了当代科幻故事的媒体背景，弥漫着当代文化中的影视风格。在后记中，飞氘这样写道："尽管看上去有点二，但这其实仍是个挺严肃的书名：中国历史中的每一段伟大故事，那些开天辟地、慢慢求索，那些劳形苦心、舍生取义，那些慷慨悲歌、壮士断腕，那些不辞风雪、肝胆相照，那些厚德载物、扶危济世……每一个都让后来者浮想联翩感怀不已，每一个都可以演绎成一部波澜壮阔的科幻大片。"① 这一解释从一个侧面反映出了"大片"作为一种时代文化产品的代表，如何成为一种经典的叙事，突破影视的范围，进入狭义的文学领域。

当然，影视对小说的影响并不仅在科幻小说中发生。近年来对于文学的"影视化"问题，学者已经有一些讨论。② 不少学者对于这种现象持警惕和批评态度。然而，作为一种文化现象，媒介融合已经在社会生活的所有领域显现出了影响，文学的变化只是其中之一。媒介环境越来越发达和复杂化，因此文学的变化是必然的。与其说文学不再"纯洁"，还不如说此种变化恰如其分地反映了时代的特征——每个领域都不再"纯洁"，它们只是变得更加多元化，而且更重要的是，更加具有想象力。

因此，如果总体意义上的文学（尤其是严肃文学）向媒介融合趋势的变化还令一部分怀旧的读者和批评家不悦（这种不悦其实是不必要的），那么至少在科幻文学领域，今天这种变化是普遍受读者和批评者欢迎的。创新性、想象力和多样性是在科幻文学中备受珍视的特质，无论是体现在科幻创意上还是文学体式上。当今的科幻文本不仅在科幻的标志性因素——科学内涵、惊奇感、认知性等方面突破以往，也在叙事上寻求创新。这些变化与媒介环境的变迁相辅相成，共同构成了中国科幻文学的新图景。

---

① 飞氘. 中国科幻大片［M］. 北京：清华大学出版社，2013：230.

② 参见：冒建华. 新世纪长篇小说叙事影视化之审美倾向［J］. 文艺争鸣，2014（1）：172－176；胡瑛，刘继红. 小说—影视的互通模式初探：以九十年代影视化小说为例［J］. 新闻天地（下半月刊），2011（5）：246；周红. 试论影视化小说策略与规约［J］. 短篇小说（原创版），2012（2）：98－99；等等。

结论

突破和探索的文学

科幻文学归根到底是一个关注未来的文体。之所以说“关注”而非“关心”，是因为科幻文学容纳了各种不同的愿景，未来是其中一个重要的部分。此处的未来，常常是和当下紧密相关的。虽然科幻必有较多想象的成分，但是正如前文提到的，与现实的紧密联系是中国科幻文学的重要特征。在中国科幻文学肇始的晚清民国时期，科幻想象多与民族主义想象相联系，而民族主义正是在内忧外患的环境下凸显出来的。对未来的想象，显示了对社会现状的评论和希冀。在 1949 年到 20 世纪 80 年代之间，虽然科幻文学和社会现实都经历了巨大变化，但是在科幻文本中，文学的教育功能与生产生活相联系这一点仍普遍存在。90 年代以后，科幻文学经历了由少年儿童文学“长大”为成人文学的过程，并且在此过程中变得愈加多元化。在当下，科幻文学变得比以往任何时候都糅杂，宏大叙事与个人体验相并存。但这糅杂性正是基于丰富多元的社会生活和思想状况，科幻文本中的主体部分仍然显示了社会责任感，只不过其故事展开的背景常常扩大到历史与未来、脚下与宇宙之间的阔大时空之中。

在中国如此独特的背景下建构起来的中国科幻文学文体体系是复杂的，在历史上它从处于巨大转变中的晚清报刊文化起步，成长在本土传统与外来文体的交流互生之中。最先以“科学小说”的面目示人，在文言和白话、想象和科学之间出入，带有晚清特有的文体杂糅的特征。此后在民国时期，科幻文学的阵地仍然主要是期刊，主要在“科学小说”的标签下存在。这一时期针对青少年的科普性、教育性杂志成为“科学小说”继续发展的空间，因而教育性成为科幻小说的特质，短篇成为其主要形态。这种以期刊为依托的发展模式几乎贯穿了中国科幻文学文体建构的全过程：在 1949 年后的很长一段时间内，科普期刊编辑对科幻文学从组织创作到亲身参与创作实践等各个方面，都起到了重要的作用，在科幻史上留下了痕迹。编辑型作者在文体上的探索也值得注意。20 世纪 70 年代末开始的科幻文学热潮是在国家政策层面对科学探索的鼓励之下出现的，掌握现代科学知识的作者创作热情释放，产生了许多具有全国性影响的科幻文学文本。这一时期主要还是以面向青少年的科学教育作品为主，因而仍然具有篇章短小的特征，但是相对来说，期刊的限制被突破，单行本和作品集有许多成功的例子。不过，“科幻文学”仍然被视为与“文学”不同的东西，它被许多论者赋予了教育功能，而在负载这一现实功能的同时，科幻文学又缺乏在探索文学品质和思想意义上应该拥有的空间。在 20 世纪 90 年代科幻文学的复苏之中，仍然是期刊——主要是《科幻世界》——扮演了勉力支持的角色。

在世纪之交直至今日科幻文学发展的过程中，期刊和其他媒体都参与了建构，尤其是互联网的发展，使得包括科幻文学在内的文学总体呈现出许多新的特质。这也在客观上促成科幻文体的多元性发展，这种发展不但体现在内容上，也体现在形式上。科幻文体在形制和内容上所受到的规约越来越少，其文学和思想上的追求也产生了多元发展的局面，但关于现代性、民族国家未来以及集体记忆等重大问题的讨论始终吸引着科幻文学的关注。在科幻文体中，这些问题常常在宏大的物种级、宇宙级视野中展开，极大跨度的情节和瑰丽的想象赋予文本思想内核以令人战栗的浪漫诗意。而在那些个人化、微观化的科幻故事中，往往也蕴含着以科学逻辑为基础的万物相连的绵长想象。

值得指出的是，在很长一段时间里，使用梦境、游历、回忆等框架结构是科幻文学文体的显见特征，使科幻文学明显有别于同时代的其他文学文体。这一特征产生于中国文学传统之中，但在科幻文体的建构中具有深远的意味：科幻的展开之处被认为是其他时间——或过去或未来；或者其他地点——或游历之所，或探险之地。当时的科幻文学观似乎是，既然是科幻，就只能曲折地关乎现在。但是，科幻文学的思想指向又经常是深刻的社会现实。形式和内容之间的冲突塑造了这一突出的文体特征，而框架与故事本身之间也因此产生了诸多孔隙，能够容纳种种微妙的解读。这一文体形式上的重要特征在一定时期内赋予科幻文学不同于其他类型文学的现实评论空间。这种结构在讲述故事、表达思想和情怀上具有便利的优势，但它也是一把双刃剑，伤害了创新性，使得科幻文体具有了一定的模式化倾向。

当形式的束缚被打破，科幻文学在文体方面的巨大可能才被更好地释放出来。无论是与其他类型相借鉴、融合，还是以科学幻想视野拓宽文学的探索空间，科幻文学的独特性都在多元化的创新中得到越来越丰富的展示。

从根本上讲，独特的深层价值追求与中国文学传统和现实环境塑造了科幻文体的形态，但是科幻文学最重要的特征不是形式特征，而是美学和价值特征。其一，科幻文学的文学世界和现实世界不同，具有不同程度的推测性和假定性。其二，科幻文学所要讲述的东西往往在宏大的想象空间中才能得到体味。达科·苏恩文以科幻小说的“认知性”来总体概括科幻文学的特征，强调文学在智识层面对人类思维的提升。这种提升也产生审美的效果，使得文学中的诗意加入了抽象与宏观的科学幻想，不论这种幻想是在人类层面上还是个人层面上。

一百多年的中国科幻文学，始于现代性体验和民族危机带来的心灵震撼，在不同时期受到文学传统和社会现实的影响，在具体媒体环境中逐渐建构清晰。以科学知识和科学价值为基础认知，中国科幻文学关注宏观的社会生活，亦关注微观的个体感受。由于其背后的庞大知识体系为构建无数个想象世界提供了可能，科幻文学为中国文学乃至中国想象力提供了突破和探索的强大动力，以及无限的可能性与敞开性。也正因此，中国科幻文体的建构对于中国文学和中国文化具有极其重要的意义。